O QUILOMBO QUE GEROU BRASÍLIA
OS ACONTECIMENTOS SILENCIADOS E A HISTÓRIA CONTADA A PARTIR DA PERSPECTIVA DO QUILOMBO MESQUITA

Editora Appris Ltda.
1.ª Edição - Copyright© 2024 dos autores
Direitos de Edição Reservados à Editora Appris Ltda.

Nenhuma parte desta obra poderá ser utilizada indevidamente, sem estar de acordo com a Lei nº 9.610/98. Se incorreções forem encontradas, serão de exclusiva responsabilidade de seus organizadores. Foi realizado o Depósito Legal na Fundação Biblioteca Nacional, de acordo com as Leis nºs 10.994, de 14/12/2004, e 12.192, de 14/01/2010.

Catalogação na Fonte
Elaborado por: Josefina A. S. Guedes
Bibliotecária CRB 9/870

S187o
2024
	Samir, Antonia
	    O quilombo que gerou Brasília: os acontecimentos silenciados e a história contada a partir da perspectiva do Povoado Mesquita / Antonia Samir. – 1. ed. – Curitiba: Appris, 2024.
	    283 p. : il ; 16 x 23 cm. – (Coleção Educação Ambiental).
	
	    Inclui referências
	    ISBN 978-65-250-6028-6
	
	    1. Educação ambiental. 2.Brasília (DF). 3. Quilombo mesquita. I. Samir, Antonia. II. Título. III. Série.
	
	                                                      CDD – 372.357

Livro de acordo com a normalização técnica da ABNT

Appris
editora

Editora e Livraria Appris Ltda.
Av. Manoel Ribas, 2265 – Mercês
Curitiba/PR – CEP: 80810-002
Tel. (41) 3156 - 4731
www.editoraappris.com.br

Printed in Brazil
Impresso no Brasil

Antonia Samir

O QUILOMBO QUE GEROU BRASÍLIA

OS ACONTECIMENTOS SILENCIADOS E A HISTÓRIA CONTADA
A PARTIR DA PERSPECTIVA DO QUILOMBO MESQUITA

Appris editora

Curitiba, PR
2024

FICHA TÉCNICA

EDITORIAL	Augusto Coelho
	Sara C. de Andrade Coelho
COMITÊ EDITORIAL	Marli Caetano
	Andréa Barbosa Gouveia - UFPR
	Edmeire C. Pereira - UFPR
	Iraneide da Silva - UFC
	Jacques de Lima Ferreira - UP
SUPERVISOR DA PRODUÇÃO	Renata Cristina Lopes Miccelli
REVISÃO	Cristiana Leal
DIAGRAMAÇÃO	Andrezza Libel
CAPA	Eneo Lage

COMITÊ CIENTÍFICO DA COLEÇÃO EDUCAÇÃO AMBIENTAL: FUNDAMENTOS, POLÍTICAS, PESQUISAS E PRÁTICAS

DIREÇÃO CIENTÍFICA Marília Andrade Torales Campos (UFPR)

CONSULTORES

Adriana Massaê Kataoka (Unicentro)	Jorge Sobral da Silva Maia (UENP)
Ana Tereza Reis da Silva (UnB)	Josmaria Lopes Morais (UTFPR)
Angelica Góis Morales (Unesp)	Maria Arlete Rosa (UTP)
Carlos Frederico Bernardo Loureiro (UFRJ)	Maria Conceição Colaço (CEABN)
Cristina Teixeira (UFPR)	Marília Freitas de C. Tozoni Reis (Unesp)
Daniele Saheb (PUCPR)	Mauro Guimarães (UFRRJ)
Gustavo Ferreira da Costa Lima (UFPB)	Michèle Sato (UFMT)
Irene Carniatto (Unioeste)	Valéria Ghisloti Iared (UFPR)
Isabel Cristina de Moura Carvalho (UFRGS)	Vanessa Marion Andreoli (UFPR)
Ivo Dickmann (Unochapecó)	Vilmar Alves Pereira (FURG)

INTERNACIONAIS

Adolfo Angudez Rodriguez (UQAM) - CAN	Laurence Brière (UQAM) - CAN
Edgar Gonzáles Gaudiano (UV) - MEX	Lucie Sauvé (UQAM) - CAN
Germán Vargas Callejas (USC) - ESP	Miguel Ángel A. Ortega (UACM) - MEX
Isabel Orellana (UQAM) - CAN	Pablo Angel Meira Cartea (USC) - ESP

Dedico este livro a Firmino e Clarisse, meus pais, e a toda minha ancestralidade negra de Santa Luzia da Marmelada.

Ao seu João de Dito, ancestral e griô do Mesquita, guardião das histórias, um dos responsáveis por resguardar a memória ancestral, transmitida de forma oral às novas gerações.

Ao valente povo Goyá que deu nome a essa terra...

AGRADECIMENTOS

Agradeço ao povo do Mesquita e *in memoriam* ao seu João de Dito (João Antônio Pereira), a sua esposa Dona Elpídia Pereira Braga, filha de Aleixo Pereira Braga da linhagem da qual surgiu o Quilombo Mesquita, e a todos os filhos e netos que lutam para manter viva as tradições. Agradeço em especial a Sandra Pereira Braga, nossa líder quilombola, e a Walisson Braga, esperança, resistência e força na luta em defesa dos modos de vida, da tradição e do território do Quilombo Mesquita.

*"É aminhã, é aminhã" sussurram Malês... Bantus...
Gêges... Nagôs... "é aminhã, Luiza Mahin falô"*

(Miriam Alves, 1998)

APRESENTAÇÃO

Sou de uma família goiana de cinco irmãos, pai negro e mãe branca "de olho azul". Meu pai nasceu e cresceu nas terras de Santa Luzia da Marmelada, na região dos pretos papudos, atual Luziânia, trabalhando para diferentes "senhores" num processo muito próximo à escravidão. Em 1940, o governo de Getúlio Vargas idealizou as colônias agrícolas, buscando consolidar a marcha rumo ao oeste, e convidou para construir a Colônia Agrícola Nacional de Goiás (CANG) o engenheiro carioca Bernardo Sayão. Quando Sayão chegou a Goiás, necessitava de trabalhadores, e papai, que era um excelente motorista de caminhão, foi contratado para trabalhar na construção da estrada que iria até a colônia, e depois até a Uruaçu. Manso, tranquilo, sábio, alegre; são essas as lembranças que guardo de Firmino, meu pai, filho de Antonia.

Papai e mamãe se conheceram quando ela trabalhava com Dr. Domingos, no hospital da Colônia (hoje cidade de Ceres, em homenagem a deusa romana da Agricultura). Papai era gente do agrado do "Dr. Sayão". Eles se casaram em 1950, e, a convite do Dr. Sayao, em 1956, vieram para Brasília (papai na verdade retornava à terra onde nascera). Moraram em barracas de lona, ouvindo miado de onça, na G1, onde hoje é a Granja do Torto. Nasci, no ano de 1959, na Cidade Livre, hoje Núcleo Bandeirante, na época a primeira aglomeração de operários vindos para a construção de Brasília. fui batizada, em 21 de abril de 1960, dia da Inauguração de Brasília, pelo padre Roque Vitti, padre histórico da Cidade Livre.

Brasília e minha história se mesclam, se amalgamam... Carrego o nome da minha avó Antonia, que, pelo passado escravocrata da Vila de Santa Luzia, nasceu ali após a Lei do Ventre Livre. Os assentamentos de batismos das crianças filhas de escravas as denominavam ingênuas, assim foi com Antonia, minha avó, negra ingênua, nata da região do Mesquita, território quilombola desconsiderado no processo de demarcação para a construção da nova capital. Este livro busca repertoriar os saberes tradicionais do povo do Mesquita.

A autora

PREFÁCIO

Este livro resulta da pesquisa de doutorado de Antonia Samir, que tive a honra de orientar entre os anos 2010-2014 na Universidade de Brasília e que prosseguiu nas trilhas do futuro marcadas pelas inquietações e indagações da sua autora na busca de reencontrar sua ancestralidade e nela o inconsciente coletivo dos povos quilombolas que conquistaram seus territórios como grupos de resistência religados pela memória ancestral identitária.

Para Antonia Samir trata-se de " uma modesta contribuição para desconstruir o discurso que invisibiliza o negro na história do Distrito Federal, em uma viagem pela história negra no interior de Goiás. [...] Assim, pude ficar de frente à minha ancestralidade, pulsante em meu peito, não tão presente na cor da minha pele. Essa compreensão cresceu como uma cura, me depurando."

A experiência de resistência, que se encontra no passado, pulsa no presente e se projeta no sonho de futuro da comunidade quilombola de Mesquita, ancora a trajetória de Antonia para reconhecer-se negra e resistir a qualquer forma de aniquilamento da sua origem mestiça, confirmando a tese de Boaventura Santos (2008) de que todo conhecimento é autoconhecimento e todo objeto de pesquisa abordado será sempre uma extensão do sujeito. Em Antonia, o ato de conhecer implica uma experiência de ser que se realiza por meio de um diálogo de saberes e pela escuta sensível do outro como legítimo outro.

Os moradores de Mesquita trazem a natureza, a cultura do seu povo e os ritmos do seu território imbricados. São saberes encarnados que se atualizam na transmissão dos saberes da tradição quando o tempo presente os convocam. O registro corpóreo da lida na terra, em constante movimento entre passado e presente, nos remete à noção de corpos-território de Miranda (2014) e ao sentido de topofilia de Tuan (1980). Os corpos-território dos filhos de Mesquita são enraizados pelos registros psíquicos, corpóreos e ambientais vividos por sucessivas gerações de povos africanos escravizados e seus descendentes nos distantes rincões do centro-oeste do Brasil

Antonia nos incita a refletir sobre a transmissão dos saberes tradicionais dos moradores de Mesquita que acontece na vida cotidiana e ressignifica ritos, festejos, rezas, cultivos, coleta de frutos do Cerrado e toda produção artesanal local. A autora compreende que a educação informal voltada para preservação ambiental e cultural do território sustentou e sustenta a identidade e o sentido de pertencimento à comunidade quilombola de Mesquita. Esse sistema autopoético de práticas de cuidado pessoal e ambiental, manejo do território, sentimentos e valores equiparam-se aos princípios, fundamentos e práticas de educação ambiental propostos na Conferência de Educação Ambiental de Tbilisi (1977). A proposta de fazer dialogar os saberes/fazeres tradicionais e as práticas pedagógicas da educação ambiental se realiza na pesquisa e nos conduz à descoberta de uma relação corpórea entre ancestralidade e modernidade.

Para Antonia, a forma de ser, de saber, de habitar e de compartilhar saberes ancestrais resistem aos efeitos da modernidade e, no Quilombo de Mesquita, sustentam-se pelos laços afetivos ao lugar, pelo mito de fundação da comunidade e pelo sentido de pertença étnica e territorial.

Esse mesmo sentido de lugar habitado por saberes e fazeres não reconhecidos como legítimos saberes é também onde se ancora a luta por justiça ambiental como afirmação de direito à propriedade das terras coletivas dessa comunidade. A autora constata que o território que os negros utilizavam no quilombo de Mesquita foi reduzido por contigências históricas da crescente urbanização, sendo a principal delas decorrente da construção de Brasília. Na esteira de um desenvolvimento que tratora gente e natureza, a lógica perversa de grilagem, legitimada, muitas vezes, com apoio do Estado, tem usurpado parte considerável das terras quilombolas.

A ideia de um crescimento econômico constante e sem limite dilapida simultaneamente o patrimônio ecológico, ambiental e cultural dos povos tradicionais e aborta as conquistas cidadãs previstas constitucionalmente para todos os brasileiros. Apesar de tudo, os povos originários e tradicionais insistem em encarnar modos de viver que reconhecem a natureza como sujeito de direito e mãe generosa de todas as comunidade de vida.

O quilombo que gerou Brasília nos convida ao conhecimento de uma comunidade que está a 40 km de Brasília, cidade símbolo da modernidade para o Brasil. Como juntar saberes tradicionais e científicos, natureza e cultura, justiça socioambiental e desenvolvimento humano? Com Antonia Samir indagamos sobre os sentidos ancestrais que apontam setas para o futuro da humanidade. Um outro mundo será possível se a fraternidade nos mover para a unidade na diversidade e o encantamento pela vida fizer emergir a *poética do agora*.

Vera Margarida Lessa Catalão

Professora e orientadora de pesquisas em educação ambiental e ecologia humana no Programa de Pós-Graduação em Educação da Universidade de Brasília

Peço licença e a benção a meus ancestrais, peço licença aos ancestrais e ao povo do Quilombo guardiões de conhecimentos e tradições, para apresentar a história desse grupo desde o tempo do Brasil Colônia, tratar da história, dos modos de aprender/ensinar, de como se constrói uma educação intrincada por tradições, valores e culturas, resguardadas apesar da forte pressão externa e transmitidas por memórias ancestrais, em práticas cotidianas de solidariedade, de cuidado, de respeito à natureza, ao chão de pertencimento do povo do Mesquita. Este livro chama a uma escuta sensível, a formar-se cidadão ouvindo aos anciãos que nos oferecem caminhos para uma educação das relações étnico-raciais, plural e integradora. O Povoado Mesquita é um território com muito a nos ensinar, com uma história viva a nos rememorar o quanto as práticas culturais dos povos africanos escravizados no Brasil estão presentes em nossas existências e como não prestamos muita atenção, pois nossa visão de mundo está impregnada de contextos colonizadores.

SUMÁRIO

DAQUI PARTIMOS...21
  O QUILOMBO MESQUITA 22
  DESNUDANDO O OLHAR SOBRE O QUILOMBO MESQUITA 38

CAPÍTULO I

A HISTÓRIA DE GOIÁS, DO CERRADO E DOS NEGROS DESSE LUGAR: OS CAMINHOS DA MEMÓRIA, DA IDENTIDADE E DA ETNICIDADE .. 39
  1.1 A OCUPAÇÃO DA CAPITANIA DE GOYAS 41
  1.2 A DIÁSPORA RUMO AO PLANALTO CENTRAL 47
  1.3 HISTÓRICO DA CIDADE LUZIÂNIA: UMA CIDADE DE ESCRAVIZADOS 50
  1.4 HISTORICIDADE NEGRA NO QUILOMBO MESQUITA: O ATO FUNDANTE DA VIDA LOCAL..72
  1.5 AS INFLUÊNCIAS DE BRASÍLIA SOBRE A COMUNIDADE DE MESQUITA91

CAPÍTULO II

A EDUCAÇÃO AMBIENTAL: DE TBILISI A UMA ECOLOGIA DE SABERES 111
  2.1 A EDUCAÇÃO AMBIENTAL NAS POLÍTICAS PÚBLICAS BRASILEIRAS 119
  2.2 EDUCAÇÃO AMBIENTAL EM UM DIALÓGO DE SABERES E FAZERES NA QUILOMBO MESQUITA 122

CAPÍTULO III

CAMINHOS PERCORRIDOS.....................................133
  3.1 O QUILOMBO QUE GEROU BRASÍLIA........................141

CAPÍTULO IV

O TEÓRICO DIALOGANDO COM O EMPÍRICO.......................143
  4.1 JUSTIÇA AMBIENTAL – DIREITO A UMA VIDA DIGNA EM UM AMBIENTE SAUDÁVEL..144
    4.1.1 A justiça ambiental no Quilombo Mesquita 145
      4.1.1.1 Racismo ambiental 149
  4.2 TOPOFILIA E MEMÓRIA NO QUILOMBO MESQUITA 152
    4.2.1 Memória 153
  4.3 TERRITORIALIZAÇÃO 160

4.3.1 As perdas territoriais 166

4.3.2 O reconhecimento da territorialidade quilombola 176

CAPÍTULO V
DIÁLOGO ENTRE TRADIÇÃO E MODERNIDADE 185
5.1 A (RE)INVENÇÃO DAS TRADIÇÕES NO LÓCUS DA PESQUISA..........187
5.2 OS SABERES OBSERVADOS NA COMUNIDADE 189

5.2.1 Tradição oral 192

5.2.2 O maior dos saberes: a marmelada do Quilombo Mesquita – uma forma de resistência 194

5.2.2.1 A marmelada no movimento internacional Slow Food...........................207

5.2.3 História popular 210

5.2.4 Calendário festivo...214

5.2.5 O terreiro de casa, lugar de saberes....................................221

5.2.4.1 O viveiro e as mudas para reflorestamento 228

5.2.5 Sistema de saúde 230

5.2.6 Conhecimento do ciclo de vida...232

5.3 CONFLITOS NO QUILOMBO MESQUITA...............................236

5.3.1 O impacto das estradas...240

5.3.2 Extração ilegal de madeira e incêndios 242

5.3.3 Áreas de lazer nos ribeirões 243

5.3.4 Condomínios...243

5.3.5 Divergências quanto à titulação das terras como de quilombo 251

5.3.6 Uso da água 253

CAPÍTULO VI
AQUI CHEGAMOS 259

REFERÊNCIAS 265

DAQUI PARTIMOS

*Abre o marmelo, tira as suas sementes, lava o fruto e o coloca para
ferver por 30 minutos no tacho de cobre.*
(*Seu Joao de Dito – Líder Quilombola do Mesquita*)

Escolhi as palavras de seu João, líder no Quilombo Mesquita, para abrir este livro, pelo que elas representaram e ecoaram repetidas vezes no meu pensar quando me recordava do Povoado Mesquita, pois, assim como no ritual secular de fazer a marmelada em Santa Luzia, a proposta deste livro foi gestada em etapas, buscando o adocicado, os ingredientes e o ponto corretos.

Esse processo artesanal rememorou valores e saberes tradicionais que nortearam a educação de muitos filhos de negros no Brasil, eu me incluo nesse grupo que teve o privilégio de receber valores de educação "ecológica" nos terreiros de casa, nos passeios no Cerrado, nas conversas cotidianas, na lida dos pais. Antes de se conhecer o termo "educação ambiental", muito antes de a Conferência Intergovernamental de Tbilisi (1977)[1] definir parâmetros para a educação ambiental, os saberes tradicionais vivenciados nas famílias eram o balaio onde coexistiam todas as teorias que explicavam a vida na terra e as relações entre as criaturas que nela vivem. Não havia pergunta de menino sem resposta, e as respostas das avós traziam a sabedoria ecológica de todos nossos ancestrais. Entender como se processa a educação ambiental é valorizar o conhecimento tradicional e a experiência dessa população.

Este será o primeiro e principal mote deste livro: repertoriar os saberes locais da comunidade do Quilombo Mesquita por meio do "diálogo entre o fazer e a reflexão teórica" (FREIRE, 1999, p. 102). Trata-se de verificar como e em que medida os conhecimentos científicos se articulam com os saberes quilombolas, de modo a revitalizar um ou outro e observar, nas experiências e relações cotidianas, como esses saberes se manifestam, por meio de imagens, relações de familiaridade, laços afetivos, diálogos intergeracionais, instrumentos de trabalho, mitos fundadores, ritos comunitários, e como

---

[1] A Conferência Intergovernamental sobre Educação Ambiental aconteceu em Tbilisi, Geórgia, ex-União Soviética (URSS), de 14 a 26 de outubro de 1977.

esse ecossistema sociocultural produz conhecimento ecológico, conforme afirmou Fazenda (2008, p. 28) "buscar a essência do todo (conceito) nas partes/retalhos (teóricos) que já foram tecidos".

O QUILOMBO MESQUITA

O Quilombo Mesquita é uma comunidade negra existente no entorno de Brasília, na Cidade Ocidental, estado de Goiás. Está localizado na microrregião do entorno do Distrito Federal, distante 48 km da capital federal e 192 km de Goiânia. A proximidade com Brasília e a distância de Goiânia criou uma contradição, pois, apesar de estar vinculada jurisdicionalmente a Goiás, cuja capital, Goiânia, deveria desempenhar um papel centralizador, as relações socioculturais efetivas acontecem com Brasília. O quilombo era denominado como Povoado Mesquita, apesar de refutarem essa denominação, pois acreditam que o termo "povoado" lhes tira a identidade étnica enquanto comunidade quilombola. Tem como mito fundador a doação de terras feita a três escravas da antiga Fazenda Mesquita, há mais de 200 anos, e atualmente busca a titulação das suas terras de quilombo.

A busca por modelos de desenvolvimento autossustentado nos leva a reconhecer que sociedades diferentes, convivendo secularmente com diferentes ecossistemas, desenvolveram práticas de uso e ocupação do espaço e dos recursos naturais que poderiam ser consideradas modelos para uma ocupação regional sustentável.

A comunidade do Quilombo Mesquita é autorreconhecida como comunidade dos quilombos na Fundação Cultural Palmares, nos termos do Decreto 4.887 de 20 de novembro de 2003 e da Portaria Interna da FCP n.º 06, de 6 de março de 2004. Teve a sua certidão publicada no *Diário Oficial da União*, no dia 7 de junho de 2006. Além disso, reivindicou a regularização de seu território em 2009 (INSTITUTO NACIONAL DE COLONIZAÇÃO E REFORMA AGRÁRIA – INCRA, 2011).

Figura 1 – Placa indicativa do Quilombo Mesquita

Fonte: foto Antonia Samir (2010)

A ocupação dessa região se deu, a partir do século XVII, como consequência da busca por ouro no Arraial de Santa Luzia, atual Luziânia. O nome Fazenda Mesquita era em função de o proprietário ser o sargento-mor português José Correia de Mesquita (BELTRAN, 2011).

A área pretendida pela comunidade quilombola do Mesquita abrange a extensão de 4.160,03 ha. No território, os quilombolas ocupam atualmente uma área total de 761,257 ha, num total de 339 famílias, conforme levantamento feito pelo Instituto Nacional de Colonização e Reforma Agrária (Incra). O restante da área está ocupado por não quilombolas.

A vegetação nativa no território é típica do Cerrado e inclui formações, como Cerrado típico e cerradão, bem como vegetações típicas de áreas de preservação permanente, como as matas ciliares. Algumas espécies vegetais nativas encontradas são: pequizeiro, sucupira, jatobá, aroeira, ipê, entre outras.

O ribeirão Mesquita corta transversalmente o território, no sentido oeste-leste, e é um dos afluentes mais extensos da margem direita do rio São Bartolomeu. De maneira geral, é desse ribeirão que a população obtém a água necessária à produção agropecuária.

Além dele, há, ao norte do território, o ribeirão Água Quente, onde antes moravam famílias quilombolas, e o córrego Mesquitão, que compõe o ribeirão Mesquita. Um território rico em recursos hídricos; mesmo os cursos d'água não possuindo vazões caudalosas, são rios perenes que permitem sua utilização durante todo o ano

O local conta hoje com quase 400 famílias quilombolas, o cotidiano na comunidade é rico de saberes tradicionais, tanto pelo modo de ser e de viver das pessoas quanto pelas relações entre eles e o meio ambiente circundante. Nas atividades diárias que atendem às necessidades de sobrevivência, surgem os conhecimentos ecológicos, é um cotidiano cheio de saberes e fazeres próprios da cultura local.

Na comunidade é cultivada uma série de produtos agrícolas, como marmelo, goiaba, tangerina, laranja, abóbora, cana, mandioca, e criam-se animais (equinos, suínos bovinos e aves). Assim, uma parte da alimentação é produzida pelas próprias famílias. O quilombo conta também com pequenas fábricas familiares de marmelada e goiabada feitas de maneira secular. No artesanato produzem caixinhas, biscoitos e tapetes, que são comercializados em feiras; hoje, porém a maioria dos seus moradores possui trabalho na área urbana do Distrito Federal.

A comunidade ainda conserva saberes e práticas importantes nos seus aspectos ecológicos e suas correlações com o Cerrado, principalmente na forma de uso e preservação dos recursos naturais. Aprenderam a interagir com o ambiente em que vivem num processo de saber local que, de acordo com Geertz (1997), é passado para as gerações futuras, oralmente ou por meio de observações do cotidiano. Observei, em várias ocasiões, os quilombolas refletirem sobre as transformações sociais e culturais acontecidas no quilombo e em seu entorno e transmitirem conhecimentos aos mais novos. Nessas situações os mais novos descobrem coisas sobre seu passado, que reafirmam o valor dos saberes tradicionais e das antigas práticas da comunidade. É nessa transmissão de saberes que se encontra a principal força positiva do processo de preservação das raízes quilombolas no Mesquita, estabelecida como um discurso de dentro para dentro da comunidade fortalecendo assim a cultural local. Os modos de uso dos recursos naturais do Cerrado pelo grupo garantiram a sobrevivência sustentável da comunidade, pois manteve e conservou a área circundante, além da sua riqueza cultural.

Para entender o processo de transmissão intergeracional desses saberes, é preciso analisar outros aspectos que não se manifestam, mas que estão implícitos. Tais aspectos compreendem as diferentes situações de apropriação de recursos naturais (solo, recursos hídricos e do Cerrado), que são usados segundo uma variedade de formas (posse, compra, invasões, condomínios, loteamentos) e com inúmeros acordos diferenciadas entre uso e propriedade (meação, empregado, o parcelamento de propriedades com fins urbanos) e entre o caráter privado e comum. Esses acordos são perpassados por fatores étnicos de parentesco e sucessão, fatores históricos, elementos identitários peculiares e critérios políticos-organizativos e econômicos. Com práticas e representações próprias, os quilombolas não podem ser considerados simples posseiros, pois sua relação com a terra não se resume à posse, eles participaram sobretudo da formação histórica da comunidade.

A utilização das informações de natureza histórica permitiu evidenciar as razões e motivações do processo de uso e ocupação do solo, desde o surgimento do Arraial de Santa Luzia no contexto da exploração aurífera, na província dos Goyases[2], até o processo de alargamento das fronteiras geográficas promovido pelo ciclo minerador no século XVII e XVIII. É por essa razão que este estudo enfoca a questão fundiária e a ocupação do solo, em virtude da interface necessária entre os aspectos históricos, territoriais, sociais e ambientais e a transmissão dos conhecimentos.

> S LUZIA Villa da Provincia de Govaz situada 38 legoas ao nascente da Capital no seu territorio ha minas de ouro posto que já decadentes e por isso os habitantes se teui aplicado mais á plantações e á criação de gado produzem ahi bem os marmellos de que se faz grande porção de marmellada que se exporta para fora da Provincia assim como bons queijos (PEREIRA,1982, p. 5).

A impressão inicial de quem visita, pela primeira vez, o Quilombo Mesquita é a de que estamos chegando a uma vila do interior de Goiás, com a igrejinha na entrada da comunidade, anunciando a hegemonia deste tipo de fé cristã no lugar. É nessa igreja que, aos domingos e nos dias de festejos, a comunidade se reúne. Trata-se de uma região de Cerrado onde hoje existem pequenos núcleos urbanos formados pelos diversos loteamentos feitos em certos trechos da estrada que leva ao quilombo. Podem ser vistas, a partir da comunidade, as amplas plantações de soja que se avizinham, pressionando e cobrindo algumas áreas do território quilombola do Mesquita. Nas estradinhas dentro da comunidade, na maior parte do tempo, anda-se entre pequenas plantações de tangerina, alguns pés de café, algumas poucas áreas de Cerrado, que acompanham os riachos e a mata ciliar. Na área do Ribeirão Maria Pereira, há diversos tipos de árvores nativas, entrecortados por

---

[2] A Capitania de Goiás (na grafia arcaica: Capitania de Goyaz) foi criada, em 9 de maio de 1748, desmembrando-se da Capitania de São Paulo.

pequenos pastos. Podem ser encontradas ainda algumas poucas residências antigas, de adobe e pintura caiada, mas as edificações, na sua maioria, já não retratam a paisagem secular do povo que ali vive.

Figura 2 – Casa tradicional no Quilombo Mesquita

Fonte: foto Antonia Samir

Diante desse cenário pode-se simplesmente imaginar que é uma zona rural composta de pequenos sitiantes, mas na verdade é um território tradicional de matriz africana, que hoje sofre grande pressão urbana. Em uma visita inicial, pode-se deduzir, pela simples observação, que a região vem sofrendo forte ocupação humana em áreas preservadas de Cerrado.

Hoje cerca de 20 loteamentos erguem-se como se cercassem o quilombo e suas terras. Esses loteamentos, ilegais na sua maioria, constituem-se predominantemente de casas simples, pequenos estabelecimentos comerciais e de serviços, igrejas e até um cemitério, estabelecidos em terras pleiteadas pela comunidade. Além desses loteamentos populares, existe uma grande área ocupada por "empreendimentos imobiliários" para a classe "A" da capital federal. São os mais vorazes sobre o território étnico.

Figura 3 – Pressão sobre as terras quilombolas

Fonte: Google Earth[3]

---
[3] Disponível em: https://earth.google.com/web/search/quilombo+mesquita/@-16.076981,--47.867836,936.02637183a,808.58861809d,35y,0h,0t,0r/data=CigiJgokCXRhBQJ9QzVAEXNhBQJ9QzXA-GaeV3uRdHDFAITrIEnOWiVXAOgMKATA. Acesso em: 20 fev. 2014.

A situação atual na comunidade do Quilombo Mesquita reflete o conflito entre territorialidades, em que várias formas de resistência e enfrentamento estão sendo criadas pela comunidade. Dentre esses conflitos, destaco o que acontece com a empresa Taquari Empreendimentos Imobiliários, que se diz proprietária de uma grande área nas terras requeridas como território quilombola, com 276 hectares. Em 2009, a empresa obteve uma licença de exploração florestal expedida pela Secretaria do Meio Ambiente de Goiás — que, como órgão ambiental, não poderia autorizar o desmate em uma área passível de demarcação. Nessa área a empresa instalou a Fazenda Taquari e iniciou o desmate de uma área equivalente a 40 campos de futebol para abrir um loteamento.

O enfrentamento se deu pela atitude de resistência de uma líder quilombola que fotografou a ação ilegal e solicitou a intervenção do Ministério Público[4]. A obra foi embargada pela Justiça, pois representava um grave risco "à integridade física e simbólica do território quilombola", como registrou a procuradora Luciana Oliveira em ação civil pública de 2010[5].

> [...] espero o mais rápido essa demarcação, não tenho esperança desse Município fazer política para o quilombo, a esperança é fazer direto com o Governo Federal. Hoje, fui à cidade, quando voltei, é uma devastação, parte do quilombo está indo embora, tinha dois caminhões cheinho de madeira, em 3 h de trabalho. A gente luta tanto por uma causa... [se emociona, chora], chega os poderosos aqui e acaba com tudo. Vou novamente ao Ministério Público, já procurei o IBAMA, não tá agindo, parece que há um acompadrinhamento. O dinheiro aqui fala, dizem, se eu abrir a boca, quem vai morrer sou eu, não vou me calar, vou ao Ministério Público, espero que haja uma ação mais rápida. (SPB, 2009, líder quilombola).

James Scott (2011) fala de formas cotidianas de resistência; sem desconsiderar a importância dos movimentos sociais, o autor destaca que, em parte, a resistência às relações de dominação se expressa por meio de práticas e discursos difusos e fragmentados. Nesse cenário, o território passa a ser uma categoria de fundamental importância para que o conflito espaço/comunidade possa ser entendido, já que se trata de um "espaço definido e delimitado por e a partir de relações de poder", segundo Souza (1996, p. 78), guiado por Raffestin (1993).

---

[4] A ação civil pública foi ajuizada, em 4 de maio 2010, na Vara Única da Subseção Judiciária Federal de Luziânia (GO).

[5] Processo 1202-68. 2010. 4. 01. 3501

Os principais conceitos que fundamentaram este livro são baseados nas ideias de Boaventura de Sousa Santos. Trata-se de correlacionar os saberes tradicionais com o que o autor (SANTOS, 2007) chamou de *monocultura do saber*, referindo-se ao critério hegemônico de *verdade* produzido pela ciência moderna. Os critérios hegemônicos modernos e científicos são idealizados e apregoados como o único caminho admissível, e o questionamento sobre essa hegemonia do saber científico busca reabilitar e legitimar os diferentes saberes, incluindo outras formas de conhecimento que não as geradas pela ciência.

Desse modo, a verdade só permaneceria enquanto verdade científica. O conhecimento científico baseia sua hegemonia no descrédito de todos os outros saberes, sugerindo que não são comparáveis, em termos de eficácia e coerência. Como a globalização neoliberal é hegemônica, não surpreende que ela esteja enraizada no saber, não menos hegemônico, da ciência moderna de base ocidental. É por isso que as práticas e os saberes que são objeto de estudo deste livro têm sua origem em pressupostos epistemológicos (o que conta como conhecimento) e em pressupostos ontológicos (o que conta como humano) muito distintos. Mas como limitar o saber a uma única forma de produzir conhecimento?

A abordagem conceitual deste estudo refuta a teoria que diz que o conhecimento científico serve para amparar a produção do saber. Na verdade esses conhecimentos existem, muitas vezes, para proteger a si mesmos, desrespeitando'o caráter plural dos saberes ao criar um prerrogativa exclusiva sobre a produção e a disposição das ideias e pensamentos. É a fabricação de uma superioridade baseada na afirmação ideológica da ciência como um conhecimento de interesse comum a todos.

A bibliografia usada mostrou também que essas populações, como a do Quilombo Mesquita, por meio da fala dos idosos, apontam diferenças na fisionomia do Cerrado que formam seu "território" e que revelam o nível de percepção de sua complexidade. A sabedoria encontrada nos "mais antigos" do Mesquita, por exemplo, permite apresentar com detalhes as diferenças e as mudanças existentes em uma mesma espécie ou entre espécies distintas das plantas do Cerrado, dos animais que ainda resistem naquela área etc. Nas conversas que tive no quilombo, encontrei "parecenças" entre as pessoas e os animais, alusões à vida no mato ou mesmo a preceitos morais calcados em simbologias a seres não humanos. O que está em questão é a vida — o mundo da vida como fala Habermas (2002) —; e as populações tradicionais não somente estão no meio dos processos de mudanças mais profundos de nossa contemporaneidade, marcada pela intensificação da lógica de mercado e das estruturas de poder burocratizadas, como também são chamadas a participar como importantes interlocutoras.

Porto-Gonçalves (2006) enfatiza a necessidade de "problematizar a relação entre saberes e territórios", uma das categorias de análise que este livro vai considerar para atingir seu objetivo. O autor contesta o caráter unidirecional eurocêntrico do conhecimento universal (eurocentrismo), quando recusa a ideia de que exista um conhecimento universal.

O autor referenda sua posição afirmando que as diferentes matrizes de racionalidade são formadas a partir de diferentes lugares e são passíveis de serem universalizadas, o que nos força a analisar os procedimentos por meio dos quais os conhecimentos podem se relacionar, dialogar. Afinal, o que se espera é um "diálogo de saberes" que ultrapasse a superioridade de um saber sobre outro. Porto-Gonçalves (2006, p. 37) critica não a ideia de pensamento universal, mas a "idéia de que há um e somente um pensamento universal".

A Sociologia das Ausências e Emergências, opção epistemológica proposta por Boaventura de Souza Santos (2004), argumenta que a ciência moderna, ao produzir existências, também produz ausências. Busca-se então reabilitar os diferentes saberes por reconhecer, nessas formas de conhecimento, virtualidades capazes de enriquecer a relação com o mundo. Para o autor, o não aproveitamento dos diferentes saberes e experiências favorece o desperdício da riqueza social (SANTOS, 2004a).

O vínculo dos saberes tradicionais com a educação ambiental é o tema que será enfocado neste livro. Embora o termo "educação ambiental" seja comumente usado no sentido de ser a ferramenta destinada a desenvolver nas pessoas conhecimentos, habilidades e atitudes voltadas à preservação do meio ambiente, é impossível não relacioná-lo à proposta de um pensamento pós-abissal e da ecologia dos saberes de Boaventura, definido de forma mais ampla como um "conjunto de epistemologias" que vai de encontro à injustiça cognitiva.

Como tal, a ecologia dos saberes está abancada, entre várias outras teses, na compreensão dos limites internos e externos dos conhecimentos (SANTOS, 2004, p. 158) e, portanto, na necessidade de copresença entre os saberes. Assim, percebe-se que a ecologia dos saberes não se reduz a uma linha de ação, é ampla e a base do pensamento pós-abissal. Dessa forma, este livro tem a intenção de identificar e compreender as afinidades entre os saberes propostos pela educação ambiental e os construídos e repassados por meio da ecologia dos saberes e da relação dialógica com os saberes tradicionais

Esta obra analisa também as relações sociais que se manifestam no território quilombola, na forma de produção e organização comunitária, aspectos que se encontram interligadas e que serão abordados separadamente para as conclusões e análises, assim como as relações de parentesco e do compadrio nessa situação marcada pela pressão territorial e a preservação dos recursos naturais e simbólicos. Outro aspecto a ser destacado são os rituais, tanto no sentido social (festas, modos de fazer, celebrações, formas de expressão, ofícios e modos de fazer, lugares e edificações) quanto no sentido religioso (celebrações, formas de expressão, ofícios), que, como fio condutor, perpassam todas as ações, configurando um ser, um saber e um fazer singular para a comunidade do Quilombo Mesquita.

Figura 4 – Casarão histórico no Quilombo Mesquita

Fonte: foto Antonia Samir

A história da região traz os principais fatos e personagens que referendam este livro. Como ponto de partida para estudar o grupo social do Quilombo Mesquita, utilizei uma espécie de linha do tempo em que processos históricos e culturais foram considerados, bem como todas as peculiaridades das relações interétnicas e a influência exercida pelos fatos na esfera regional e nacional no quilombo. Assim foi possível compreender e vincular historicamente as mudanças no processo de preservação e transmissão dos saberes tradicionais e no papel que eles desempenham na comunidade.

Os momentos históricos de início e término dos períodos vividos no Quilombo Mesquita permitiram o entendimento da dinâmica territorial naquela área e da dinâmica que levou à entrada de parceiros com diferentes ações, próprias de cada época e de cada interesse, pois os arranjos da sociedade variam segundo as interações que ela realiza em seu meio. A respeito da necessidade de periodização para compreensão da constituição espacial, Santos e Silveira (2003, p. 20) afirmam que:

> [...] uma periodização é necessária, pois os usos são diferentes nos diversos momentos históricos. Cada periodização se caracteriza por extensões diversas de formas de uso, marcadas por manifestações particulares interligadas que evoluem juntas e obedecem a princípios gerais, como a história particular e a história global, o comportamento do Estado e da nação (ou nações) e, certamente, as feições regionais.

Bertran (1988) assegura que a mineração de ouro de aluvião foi a primeira atividade econômica do Arraial de Santa Luzia e era realizada por mão de obra escravizada. Com o fim desse ciclo, ex-escravizados ocuparam algumas terras vazias e ali cultivaram alimentos para consumo. Dessa maneira, os negros se transformaram em pequenos agricultores, e muitos se fixaram mata adentro, dando origem às comunidades negras da região.

É importante saber como esse grupo se originou e o que seus membros contam sobre esse início: o mito de origem; é o que marca a descendência histórica narrada pela comunidade. Tudo e todos se originaram a partir desse evento fundador. A comunidade do Quilombo Mesquita revela, no mito da fundação, referências à ocupação da antiga Fazenda Mesquita pelos ancestrais dos atuais ocupantes, iniciando-se com a doação das terras pelo sargento-mor José Correia Mesquita (que deu nome ao ribeirão, à fazenda e ao arraial Mesquita) a três escravizadas de sua propriedade (PALACÍN, 2000).

No procedimento para a construção da hipótese e do problema deste livro, foi possível entender como a afinidade científica com um tema é desenvolvida por escolhas ligadas à história pessoal e coletiva de quem pesquisa. Edgar Morin (1997, p. 9) escreveu, em um de seus textos: "minha vida intelectual é inseparável de minha vida, não escrevo de uma torre que me separa da vida, mas de um redemoinho que me joga em minha vida e na vida. [...]".

O QUILOMBO QUE GEROU BRASÍLIA: OS ACONTECIMENTOS SILENCIADOS E A HISTÓRIA CONTADA A PARTIR DA PERSPECTIVA DO QUILOMBO MESQUITA

Mostro então que essa pesquisa nasceu comigo, das minhas dúvidas de infância, da turva memória do "povo dos pés redondos", comunidade negra vizinha a Luziânia que eu visitava, quando criança, com meu pai e que, na minha longínqua recordação, tinham os pés sempre descalços arredondados. Além disso, lembro que quase todas as mulheres da comunidade tinham bócio endêmico, que nós chamávamos de "papudas". Esses passeios com papai eram uma busca de suas raízes e origens para apresentar a seus filhos, nos levando por sertões de Goiás para conhecer o povo preto de onde ele sabia que tinha vindo, desconhecendo muito das suas raízes e ancestralidade, a não ser a mãe, negra nascida, nos fins do século XIX, na zona rural do povoado de Santa Luzia da Marmelada.

Sou a quarta filha de uma família goiana de cinco irmãos, pai negro e mãe branca "de olho azul". Meu pai, Firmino, nasceu em Santa Luzia da Marmelada, atual Luziânia. Filho de uma negra que trabalhava de fazenda em fazenda, nasceu solto por esses cerrados, trabalhando para diferentes "senhores" num processo muito próximo à escravidão.

Dessa avó negra, orgulhosamente trago o nome, homenagem prestada por meu pai a quem lhe deu a vida, a quem silenciosamente sofreu os filhos tirados pelos trabalhos, quase forçados, nas terras de Santa Luzia. Sanzio dos Anjos (2011, p. 22) afirma que esses "[...] silêncios eram impostos por grilhões invisíveis, mas causadores de danos imensuráveis", o que percebo na história do povo do Mesquita: um caminho cheio de expiação e de silêncios.

Marilena Chauí, ao escrever a apresentação do livro de Bosi (1994, p. XIX) *Memória e Sociedade – lembranças de velhos*, fala que "[...] destruindo os suportes materiais da memória (que são as pessoas), a sociedade capitalista bloqueou os caminhos da lembrança, arrancou seus marcos e apagou seus rastros". Assim as memórias "não interessantes", "não autorizadas", são apagadas, de um jeito tão permanente que a impressão é que nunca existiram.

O desejo de revisitar essas histórias silenciadas, ouvir essas vozes e levar esses saberes não hegemônicos a romper o anonimato me fez trilhar as pontes que ligam os saberes tradicionais e os conhecimentos científicos, entre identificações, reconhecimentos, coexistências do Quilombo Mesquita, e fazer uma releitura desses saberes para estabelecer uma conversação entre eles.

Este livro tem a pretensão de ter um veio antropológico, talvez para gratificar minha primeira vocação de ser pesquisadora da "realidade das gentes". O enfoque antropológico faz com que, a partir da realidade relatada, eu possa ir me reconhecendo e estabelecendo minha identidade pessoal e profissional, que possa ficar de frente com minha ancestralidade, pulsante em meu peito, mas ausente na cor da minha pele. Essa compreensão cresceu como uma cura, me purificando; à medida que lia sobre o tema, ia a seminários, conhecia pessoas, visitava a comunidade, me autodeclarava "negra".

O engajamento político com o tema — fui Conselheira titular do Conselho Nacional de Promoção da Igualdade Racial (CNPIR) por quatro anos —, além da minha prática como educadora ambiental, também me fez rever, reiniciar e reavaliar tudo que escrevia. Esses dilemas me aproximavam dos estudos etnográficos, a indefinição do caminho foi um desafio que me estimulou, na certeza de que a comunidade do Quilombo Mesquita era a fonte capaz de guiar meu estudo na direção de uma educação ambiental estruturada em práticas solidárias e participativas, reconhecendo que ela não se faz solitariamente.

Antes de iniciar este estudo com a comunidade do Quilombo Mesquita, eu já conhecia a história do povo que ali vive, mas faltava conhecer sua visão, assim como a história de todo o processo de legitimização e legalização identitária e territorial. Para atingir a categoria de pesquisadora da comunidade do Quilombo Mesquita, vivi alguns dilemas: me sentia parte daquela história, o sentido de pertença era forte, presente, mas havia a suspeita e a impressão fugaz de não pertença, isto é, de não caber inteiramente nesse mundo, nem nas características do corpo, nem na aparentemente definitiva condição quilombola. Desse paradoxo, nasce minha principal qualidade como pesquisadora, a busca de suas raízes. Então procurei responder minhas dúvidas históricas por meio de alguns fatos

Sou filha de um negro nascido na região, na antiga Santa Luzia da Marmelada, que, apesar de ter sido invisibilizado durante toda sua existência, sempre se manteve honesto, trabalhador, fiel aos amigos e um exemplo para toda sua família. Um homem que não deixou de nos ensinar a sabedoria que trazia de forma autodidata, adquirida na vida, nos trabalhos nas fazendas, no respeito ao Cerrado e aos seus moradores. Sendo filha de um quilombola, sou também quilombola.

Eu conheci a comunidade ainda muito menina, nas andanças com papai pelos cerrados de Luziânia, para visitar os "pretos papudos", ir aos "benzedô", visitar minha tia que morava lá e, acima de tudo, o lugar onde minha avó paterna nasceu. Após a morte do meu pai, na minha adolescência, essa história de vida ficou dormente, estagnada num ponto circunflexo.

Em 1998, revivi meus passeios com papai quando li um artigo de jornal que citava a existência de uma comunidade de quilombos em Luziânia e acreditei que deveria retornar ao nosso lugar e conseguir historiar minha ancestralidade paterna.

Atuei como coordenadora de estudos socioambientais na Bacia Hidrográfica do Rio São Bartolomeu[6], trabalho feito em parceria entre a Fundação Banco do Brasil e a Funatura, que precedeu o Projeto São Bartolomeu Vivo, hoje instalado no quilombo. Passei dois meses coletando dados sobre a vida no Mesquita e caminhando por toda a extensão de terras da comunidade. Nessa etapa, observei que a região pesquisada não tinha só características rurais como antes, existia também uma grande pressão sobre o território ocupado pelos quilombolas, e já havia, na área do quilombo, um grande número de pessoas que não tinham vínculo com a história do grupo e outras do próprio grupo que não tinham terras para trabalhar.

A pressão fundiária desconsiderava a existência de terras comunais, permitindo que fossem loteadas. Observei ainda o surgimento de conflitos internos, porque algumas famílias quilombolas venderam seus lotes a pessoas de fora da comunidade, agravando a assim a questão fundiária e os direitos territoriais da comunidade.

As terras disponíveis para a comunidade, com as desapropriações para a construção de Brasília, passaram por uma restrição agravada pelos anos, o que afetou suas práticas tradicionais. Como falar apenas de saberes tradicionais se o momento exige falar de justiça ambiental? Vivi aqui o que Bachelard (1996) chama de "obstáculos Epistemológicos", é por meio deles que se analisam as condições psicológicas do progresso científico. Nas suas palavras:

> É aí que mostraremos causas de estagnação e até de regressão, detectaremos causas da inércia às quais daremos o nome de obstáculos epistemológicos [...] o ato de conhecer dá-se contra um conhecimento anterior, destruindo conhecimentos mal estabelecidos, superando o que, no próprio espírito, é obstáculo à espiritualização. (BACHELARD, 1996, p. 17).

Como educadora de jovens, me interessei também por saber a forma como eles lidam com as referências culturais do seu meio familiar e da sociedade em que vivem, bem como analisar se, a partir desses conhecimentos intergeracionais, produziriam conhecimento ecológico. Veio daí

---

[6] O Diagnóstico Socioeconômico e Ambiental da Bacia do Rio São Bartolomeu está disponível para consulta e download no site da Fundação Banco do Brasil.

meu primeiro contato com alguns jovens do Quilombo Mesquita. Nas conversas sempre aparecia o discurso do território não respeitado e da forte pressão pelas terras que sofriam no quilombo, questões relativas à justiça ambiental, categoria recorrente quando se analisa a dinâmica territorial em terras quilombolas. Robert Bullard (2013, informação verbal) afirma que:

> *Pessoas de comunidades de cor frequentemente são vítimas de decisões acerca do uso do solo que refletem os arranjos de poder dominantes na sociedade. Historicamente, zoneamentos (ou rezoneamentos) excludentes tem sido uma forma sutil [...] de promoverem e perpetuarem práticas discriminatórias, incluindo o planejamento ambiental.*

Por ser filha de pai nascido na região, sempre me incomodaram essas manifestações de estigmatização em relação ao povo preto da região de Luziânia, tanto pela omissão na implantação de políticas públicas para a comunidade como pelo próprio morador de Brasília, que invisibilizava essa comunidade, seus costumes e, acima de tudo, seu território, como se fosse terra de ninguém, mesmo já existindo há mais de 200 anos.

Não construí meu "objeto de pesquisa", ele nasceu comigo, na busca por dar voz a esse silêncio sobre o povo ancestral da minha família paterna que me incomodava, gerando em mim um posicionamento de tentar entender o porquê da linha que separa as realidades dos moradores de Brasília e dos moradores do quilombo do Mesquita. Ao mesmo tempo, adotei um posicionamento de reflexão e leitura sobre esse silenciamento e distanciamento, uma vez que pude perceber como a visão histórica e o meio social influenciaram, e influenciam, a construção e reconstrução dessas identidades.

As questões da minha pesquisa nasceram das inquietações, dúvidas e preocupações surgidas na crise do paradigma dominante, que não consegue cumprir sua promessa de progresso para todos. A frustração com promessas não cumpridas e sonhos não alcançados da globalização escancara a crise de paradigmas, que invisibiliza e excluí do sistema comunidades centenárias como a do Quilombo Mesquita.

O encontro dialógico entre saberes que proponho neste livro é importante diante dessa crise que alcança a ciência e sua incompatibilidade em responder perguntas, que muitas vezes não possuem respostas. Essas angústias, depois das minhas leituras iniciais, diálogos e observações na comunidade, percepções já vivenciadas na minha trajetória de pesquisadora, foram sendo convertidas em questionamentos que, aos poucos, foram conduzindo ao que apresento neste livro.

A maior das minhas inquietações se dava diante da exclusão e invisibilização dos saberes daquele grupo. Flora Pidner (2010, p. 6) afirma que:

> A história da modernidade é marcada pela monocultura do conhecimento científico, que deslegitima qualquer forma de conhecimento e de saber que não sejam produzidos sob os parâmetros da ciência. A inquietação diante do desperdício histórico e material dos saberes não hegemônicos pela ciência moderna culmina na reflexão utópica acerca da reinvenção dos saberes e da universidade, em busca de outras referências para uma nova vida. A reflexão é utópica, pois se refere à busca de caminhos de realizações possíveis, de futuros diferentes do prometido pela modernidade. Boaventura de Sousa Santos, em sua obra A gramática do tempo: para uma nova cultura política, propõe a teoria da ecologia de saberes para substituir a paisagem de monocultura científica. Essa teoria impulsiona a pluralidade de saberes existentes e possíveis para o diálogo, que, em princípio, passaria pela reafirmação dos saberes produzidos nos lugares, os chamados saberes locais. O objetivo é a valorização da dimensão do lugar — que significa a revalorização das vozes dos sujeitos no cotidiano — no processo de produção dos saberes e para a possibilidade de diálogo entre eles, diálogo esse factível através de um processo de tradução que lhes permita a inteligibilidade recíproca.

A influência política e social é muitas vezes cruel e desumana. Segundo Boaventura de Sousa Santos (2007), por vezes tão desumanas e agressivas contra certas populações que, por serem consideradas inferiores, não se aplicam a elas os critérios de legalidade, por isso se apresenta a arbitrariedade, como é o caso da tentativa de se comercializar lotes de condomínio nas terras do Quilombo Mesquita, como se ali não existissem famílias, uma história e uma lei que os amparasse. São as chamadas linhas radicais que dividem a realidade em dois mundos distintos: "do lado de cá" está o espaço do contrato social, das regras a serem cumpridas, da cidadania, dos direitos — é o território onde se constrói o paradigma da modernidade ocidental. Porém, esse paradigma só existe porque, "do outro lado da linha", existe um mundo onde as leis não são aplicáveis, onde a cidadania não existe e onde predomina outra dicotomia: o conflito entre a apropriação e a violência. Um mundo invisibilizado, produzido como inexistente — entendendo a inexistência como aquilo que é irrelevante ou incompreensível.

> Há produção de não existência sempre que uma dada entidade é desqualificada e tornada invisível, ininteligível ou descartável de um modo irreversível. O que une as diferentes

lógicas de produção de não existência é serem todas elas manifestações da mesma monocultura racional (SANTOS, 2003, p. 744).

Partindo dessas observações e das minhas próprias inquietações, percebi que poderia trazer contribuições de modo a revelar e analisar as possíveis causas da invisibilidade do Quilombo Mesquita, à luz do pensamento abissal[7], escolhendo como objeto de estudo os saberes tradicionais da comunidade quilombola de Mesquita sobre meio ambiente e as alternativas dessa comunidade para a transmissão e transformação desses saberes em instrumentos para a educação ambiental.

DESNUDANDO O OLHAR SOBRE O QUILOMBO MESQUITA

A análise aqui nos mostra que as práticas cotidianas vivenciadas pela comunidade do Quilombo Mesquita trazem, por meio de seus saberes tradicionais, elementos lógicos, simbólicos e uma concepção de relação com o meio ambiente que contribui para seu uso sustentável. Esses saberes estão ameaçados pela degradação ambiental do seu território.

Certo de que a perda da diversidade não é só no ambiente natural, mas atinge também o ambiente social, este livro busca mesclar os saberes locais e os princípios de educação ambiental, criando um processo que evidencie a ecologia dos saberes[8], teoria de Boaventura Sousa Santos. Esse foi o principal desafio que me motivou a realização desta obra.

---

[7] forma de pensamento que, por meio de linhas imaginárias, divide o mundo e o polariza (Norte e Sul). O mundo divide-se então entre os que estão "do lado de cá da linha", e aqueles que estão "do lado de lá da linha". Para Santos (2010b, p. 32) "a divisão é tal que 'o outro lado da linha' desaparece enquanto realidade, torna-se inexistente, e é mesmo produzido como inexistente" (SANTOS, 2010a, p. 92).

[8] Traduz-se na crença que o único saber é o saber rigoroso, e tudo o que não for científico, não se provar ou não se originar de bases científicas é ignorante, automaticamente desconsiderado, provocando o epistemicídio de outros saberes (SANTOS, 2010b).

CAPÍTULO I

A HISTÓRIA DE GOIÁS, DO CERRADO E DOS NEGROS DESSE LUGAR: OS CAMINHOS DA MEMÓRIA, DA IDENTIDADE E DA ETNICIDADE

Busco aqui, como filha de quilombola, reconstituir as origens históricas do Quilombo Mesquita e compreender de que maneira essa comunidade resistiu e existe até hoje, com seus traços culturais, sociais, econômicos e étnicos, ainda conservados diante da influência da construção de Brasília. Abordo a ocupação e a formação histórica da Capitania de Goyas, do Arraial de Santa Luzia e do processo de ocupação do território da comunidade tradicional do Quilombo Mesquita, recorrendo à memória dos idosos da comunidade em busca de fatos.

O Quilombo Mesquita, até a segunda metade do século XX, só abrigava os negros, estratégia para a manutenção da terra entre este grupo étnico (RELATÓRIO..., 2011).

> Não podia entrar outra Nação, branco aí com os pretos, né? [...] Aqui era tudo preto. Depois é que foi entrando... Agora tá preto e branco (C. P. B./RTDI, 2011, s/p).

> Antigamente aqui só era negro reforçado. Não se via miudinho. Era negão forte, nega seiúda. Quando se via um branco era passageiro. (BAP para o *Correio*, 2009).

A principal fonte documental para o desenvolvimento deste capítulo são as informações contidas no *Relatório Técnico de Identificação e Delimitação*, documento produzido pelo INCRA em 2011, no livro *História da Terra e do Homem no Planalto Central*, escrito por Paulo Bertran, historiador goiano, em 2000, no trabalho "Quilombos do Brasil Central: violência e resistência escrava. 1719-1888", de Martiniano J. Silva (2008), no livro *Economia e escravidão na capitania de Goiás*, de Gilka V. F. de Salles (1992) e no trabalho "Trajetórias para a liberdade: escravos e libertos na capitania de Goiás", de Maria L. Loiola (2009), além dos diversos estudos do Prof. Dr. Rafael Sanzio Araújo dos Anjos, em especial *Cartografia Da Diáspora África – Brasil*, outras fontes documentais e bibliográficas disponíveis e o registro da tradição oral dos moradores mais idosos, guardiões da memória local.

À medida que a escrita deste livro acontecia, o tema ia "se anelando em espiral, se alargando e aprofundando" (CATALÃO, 2011, p. 47), assim a reescrita da história de Goiás e da comunidade tradicional do Quilombo Mesquita demandou um trabalho de "bricolagem" de vários autores e trabalhos que foram fundamentais para entender como eventos do passado se relacionam com os processos observados no presente e como se deu o processo de ocupação do território tradicional e a formação social da região em estudo.

O elemento histórico permitiu considerar os fatos cronologicamente, apesar de terem sido analisados e problematizados a partir das relações interétnicas e da influência regional e nacional provocando mudanças sociais na comunidade do Quilombo Mesquita. Desse modo, compreendendo o processo histórico das mudanças, é possível estabelecer relação entre os acontecimentos e interpretar a situação territorial do quilombo, bem como reconhecer se esses processos de mudança afetaram os saberes tradicionais e as possibilidades de transmissão desses conhecimentos às novas gerações na comunidade de Mesquita.

Para Halbwachs (2004), é preciso deixar de ver os eventos históricos como situados somente em uma linha do tempo e problematizá-los em função de um contexto mais amplo de rupturas, transformações sociais e mudanças culturais. Afirma o autor que a memória está ligada a processos históricos mais amplos, e a observação desses processos comprova que o momento histórico de início e término de cada ciclo está ligado à dinâmica territorial circundante e vinculado aos sistemas de objetos e ações próprios de cada época.

A respeito da necessidade de periodização para compreensão da constituição espacial, Santos e Silveira (2003, p. 20) afirmam que:

> [...] uma periodização é necessária, pois os usos são diferentes nos diversos momentos históricos. Cada periodização se caracteriza por extensões diversas de formas de uso, marcadas por manifestações particulares interligadas que evoluem juntas e obedecem a princípios gerais, como a história particular e a história global, o comportamento do Estado e da nação (ou nações) e, certamente, as feições regionais.

Queiroz (2007, p. 30) analisa que o processo de transformação do espaço, ao longo do tempo, é o verdadeiro testemunho da história de uma localidade e de uma região. Assim, pode-se afirmar que o processo de mudança no espaço não é particular, ou seja, não atinge somente a economia, mas igualmente a todos os aspectos sociais, culturais e ambientais. O autor diz ainda que as transformações do espaço geográfico e o tempo histórico são complementares, indissociáveis e contraditórios. São percebíveis pelas visões diferentes, mas são "siameses" da mesma totalidade.

Figura 5 – Casarão representativo da história do Quilombo Mesquita

Fonte: foto Antonia Samir

1.1 A OCUPAÇÃO DA CAPITANIA DE GOYAS

Em meados do século XVII, as pesquisas minerais rumo ao Eldorado imaginado por muitos começaram, com homens que marcharam em território de "[...] índios bravios e animais selvagens, que iam sem pressa, arranchando-se, procurando o melhor lugar da caça e da pescaria, entrando no mato atrás de mel-de-pau ou de outro mantimento" (PALACÍN; AUGUSTA, 1995,

p. 123). Foram esses homens que ajudaram a abrir o caminho por terra até o sertão dos Goyazes, "[...] onde se iam formando sítios e lavouras que além de pouso, forneciam aos viandantes a sobra do que plantavam" (PALACÍN; AUGUSTA, 1995, p. 123). Para Silva e Souza, um desses pioneiros foi o bandeirante que também pode ter realizado esse mesmo itinerário, em 1682, Bartolomeu Bueno da Silva, apelidado pelo gentio de Anhanguera:

> [...] que na linguagem do paiz quer dizer Diabo Velho pelo estratagema de accender aguardente em uma vasilha, com ameaça de abrazar todos os rios e todos os índios que se não lhe rendessem, seguido de um filho do mesmo nome, de idade de doze anos (que veio a ser o descobridor d'esta capitania), e outros aggregados, chegou pouco mais ou menos em 1682 ao domicilio do pacifico gentio Goyá, que agora habitamos: e demorando-se algum tempo no meio das suas correrias, que comprehenderam grande parte d'estes sertões a plantar roça que melhorasse a sua sustentação, reconheceu a riqueza do logar vendo folhetas de ouro bruto pendentes ao collo das índias: e com esta certeza, confirmada de algumas indagações, regressou ao seu paiz natal, seguindo da numerosa presa que tinha feito, a utilizar-se do fructo dos seus trabalhos [...] (SOUZA, 1998, p. 74).

A ocupação da Capitania de Goyas aconteceu em uma política de ocupação e urbanização adotada pela metrópole portuguesa, que começou, em meados do século XVII, em consequência de dificuldades econômicas com a queda do preço do açúcar no mercado internacional e com a perca de algumas colônias no Oriente.

Santos (2007) cita que, diante desse quadro, a metrópole incentivou exploração de áreas não conhecidas, que envolveram expansões territoriais além do meridiano de Tordesilhas, criando o Conselho Ultramarino, o órgão responsável pela elaboração e execução dos novos rumos. Contratou também técnicos especializados para mapear regiões ignota, além de centralizar a economia e a administração das terras americanas e diminuir os poderes dos donatários, que foram sendo eliminados gradualmente até o período pombalino, que cancelou todas as capitanias particulares restantes e proibiu a criação de outras, governadas por funcionários do rei.

Essa política fica evidente, no final do século XVII e início do XVIII, com a efetiva descoberta do ouro, em Minas Gerais, Mato Grosso e Goiás, e com a firme intenção da Coroa de expandir seus domínios a oeste de Tordesilhas. O estabelecimento de algumas povoações e aldeamentos fizeram parte dessa nova política de exploração econômica, ocupação e legitimação territorial.

Figura 6 – Os arraiais da Capitania de Goyas –

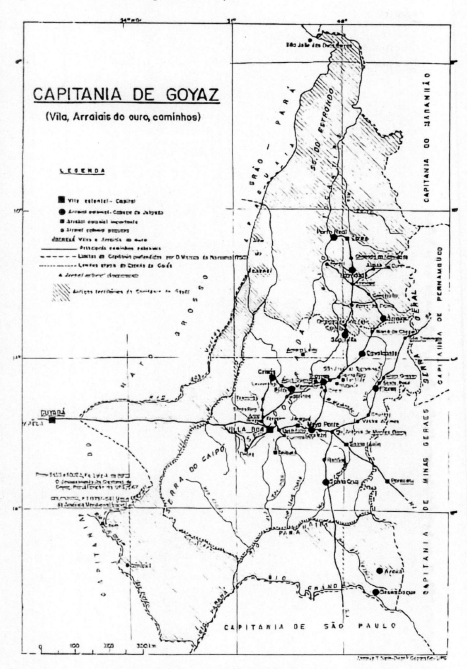

Fonte: Goiás em documentos: Colônia, Goiânia: UFG, 1995, p. 44

O autor (SANTOS, 2007) prossegue relatando que, durante o processo de busca pelo ouro nas "Minas dos Goyazes", ao final da primeira metade do século XVIII, houve reorientações do governo português, de que só os agentes políticos iam se responsabilizar pelo processo de construção do território. Esse fato fez surgir uma vila, mais de 50 arraiais e quatro aldeamentos erguidos às margens da estrada de São Paulo (Fig. 9), em um território que, desde os primeiros momentos do século XVIII, foi controlado por regimentos, levantamentos cartográficos, criação de caminhos, instituição da Prelazia, da Capitania, fundação da capital (Vila Boa), definição de procedimentos jurídico-administrativos, instalação de intendências, formação de aldeamentos, casas de fundição e postos alfandegários

Com o interesse da metrópole portuguesa na expansão territorial, Bartolomeu Bueno da Silva, João Leite da Silva Ortiz e Domingos Rodrigues do Prado, paulistas da Vila de Santana de Parnaíba, em 1720, escreveram ao rei de Portugal oferecendo-se para serem agentes públicos na organização de uma bandeira ao sertão da capitania destinada ao descobrimento de minas, pedindo em troca o imposto das passagens dos rios que necessitassem de canoa, por três gerações, e outras vantagens que o rei costumava conceder nesses casos (PALACÍN, 1979).

A Coroa então aceita, e logo de início Bartolomeu Bueno funda o primeiro arraial de Sant'Anna (hoje Cidade de Goiás), situado entre as margens do rio Vermelho. Em 1731, o companheiro de Bartolomeu Bueno, Manuel Rodrigues Tomás, descobriu as ricas jazidas da Serra dos Pireneus, e junto ao rio das Almas surge o arraial de Meia Ponte, hoje Pirenópolis (PALACÍN; MORAES, 2001).

Após 15 anos de mineração, caminhos e estradas foram abertos, rios e montanhas foram vasculhados, correntes foram desviadas, regiões inteiras foram desmatadas, e indígenas foram explorados (PALACÍN, 1995).

Palacín e Moraes (2001) enfatizam que os bandeirantes exploraram intensamente o território, logo que foi conhecida certa abundância do ouro. Na década de 1730 e no início de 1740, foram descobertas as minas, e assim aconteceu a fundação dos seguintes povoados: o arraial de "Sant'Ana" (atual cidade de Goiás); junto à serra dos Pirineus, o arraial de "Meya Ponte" (atual Pirenópolis); ao norte as "minas dos Tocantins"; entre o Tocantins e o sertão da Bahia: São Luís (hoje Natividade), São Felix, Pontal e Porto Real, Arraias, Cavalcante e Pilar. As últimas descobertas, em meados dos anos de 1740, foram Carmo, Santa Luzia e Cocal.

A descoberta das minas de ouro trouxe dinamismo e aumento populacional. Populações inteiras procuravam a área, provocando, em pouco tempo, mudanças profundas em todos os aspectos do local:

> [...] Suas fases são quase fatais: descobrimento, um período de expansão febril - caracterizado pela pressa e semi-anarquia - depois, um breve mas brilhante período de apogeu e, imediatamente, quase sem transição, a súbita decadência, prolongada às vezes como uma lenta agonia. Tal é o ciclo do ouro (PALACÍN; MORAES, 2001, p. 13).

O povoamento nas regiões auríferas no Brasil colônia, incluindo Goiás, se dava de forma repentina. O fluxo de senhores e escravizados entre novos arraiais era intenso.

A ocupação dessa região insere-se, dessa maneira, no contexto expansionista e de consolidação de posses de terras, garantidas pelas formações de núcleos urbanos, cujas concepções ou modos de organização podem remontar às diversas e complexas formas de fazer cidades possibilitadas pelas ricas experiências da Expansão Ultramarina, não só no Brasil, mas também na África e na Ásia (SANTOS, 2007, p. 25).

Mesmo com todas as iniciativas e propostas setecentistas que ajudaram a construção de Goiás, no século XIX, a antiga capitania se colocou como um apêndice em relação ao Brasil, pois, com o fim da mineração, não surgiu nenhum nexo econômico que a reabilitasse. Esse fato, alimentado desde a época dos viajantes oitocentistas europeus, cuja natureza era mais econômica que política, levou a historiografia tradicional a associar a região às ideias de marginalidade, isolamento, distância do litoral, decadência e espontaneidade na formação dos arraiais, que comprometeram o entendimento da ocupação do território goiano do século XVIII, por desconsiderar, principalmente, a política de controle português adotada em todo período colonial (MOREIRA, 1998, p. 4).

Nars Fayad Chaul é um dos estudiosos que alerta sobre equívocos de interpretação histórica, formados ao longo do século XIX e meados do XX, que marcaram o território de Goiás com traços da pobreza. Sob o paradigma da decadência, confundiu-se crescimento econômico com desenvolvimento social. O declínio do ciclo do ouro ficou estigmatizado, portanto, por uma visão que possui suas raízes na ideia de atraso e que não leva em conta o processo português de ocupação e urbanização que alcançou a região.[9]

---

[9] Em torno da imagem da decadência, vai girar todo o universo interpretativo acerca da sociedade goiana que transitou da mineração para a agropecuária. A partir da ideia de um pretenso desenvolvimento da sociedade mineradora, criou-se o posterior espectro de decadência que passa a rondar a sociedade após a mineração (CHAUL, 1997, p. 46).

É, portanto, sob essa perspectiva que se pode entender a ocupação de Goiás e sua formação urbana, pois são resultado de diferentes modelos de cidades, reproduzidos ora por ações dos bandeirantes, ora por governadores, como Luiz de Mascarenhas, José de Almeida e Cunha Menezes. Os bandeirantes foram os primeiros responsáveis pela maioria dos assentamentos goianos; as bandeiras partiam de São Paulo na expectativa de que os "sertões de Goyazes" importassem na continuidade das Minas Gerais e de Cuiabá (PALACÍN, 1995).

> Cada ano vem nas frotas quantidades de Portugueses e estrangeiros para passarem às minas. Das cidades, vilas, recôncavos e sertões do Brasil vão brancos, pardos e pretos, e muitos índios de que. os paulistas se servem. A mistura é de toda condição de pessoas: homens e mulheres; moços e velhos; pobres e ricos; nobres e plebeus, seculares, clérigos e religiosos de diveos institutos, muitos dos quais não tem no Brasil nem convento nem casa (ANTONIL, 1963, p. 72 *apud* PALACÍN; MORAES, 2001, s/p).

O antigo território goiano era formado por outras regiões, como a do Desemboque, antigo Sertão da Farinha Podre, que estava a sudeste e era, no século XVIII, apenas um caminho cortado pela estrada do Anhanguera, que ligava São Paulo às áreas mineradoras de Goiás e Mato Grosso[10]. Além do Desemboque, outras regiões fizeram parte da capitania: aquelas que se localizavam próximas aos rios Aporé, Pardo, Araguaia e das Mortes, atualmente pertencentes aos territórios de Mato Grosso e Mato Grosso do Sul, e as terras que se situavam a noroeste e nordeste da capitania, região conhecida como Bico do Papagaio. As do noroeste foram cedidas para o Pará, com litígios que duraram de 1804 a 1920, e as do nordeste, para o Maranhão, entre 1810 e 1838[11]. Dessa forma, estendendo-se de norte a sul por quase 2 mil quilômetros quadrados de extensão e avizinhando-se de quase todas as outras regiões da colônia luso-brasileira, formou-se a antiga capitania de Goyas

O governo de toda essa região era exercido pela capitania de São Paulo. Em 1748, foi criada a capitania Geral de Goiás, porém passou algum tempo com menor autonomia para só então se efetuar seu real papel. Um dos últimos veios auríferos descobertos na capitania de Goyas foi o arraial de Santa Luzia, região em que surgiu o Quilombo de Mesquita. A história

---

[10] Atualmente, essa região pertence ao Estado de Minas Gerais e corresponde ao que chamamos de Triângulo Mineiro.

[11] Regiões incorporadas ao atual território goiano-tocantinense: uma que pertencia à Bahia e hoje faz parte do estado do Tocantins; outra que era de Minas Gerais e, atualmente, está incorporada ao território de Goiás (BARBOSA; TEIXEIRA NETO; GOMES, 2004, p. 55).

do Arraial foi escrita detalhadamente por Joseph de Mello Álvares, um historiador nativo, nascido em 1837, que reuniu documentos de diferentes épocas e registrou acontecimentos conforme a tradição oral da região. Essa valiosa documentação e as notas de outros autores permitiram a contextualização de época referente às minas de Santa Luzia (RELATÓRIO..., 2011).

O arraial de Santa Luzia foi fundado, em 13 de dezembro de 1746, pelo bandeirante paulista Antonio Bueno de Azevedo, filho do capitão--mor Francisco Correia de Lima, também explorador de minas auríferas rumo ao Centro-Oeste. Estabelecido em Santo Antônio de Paracatu, em agosto de 1746, formou nessas minas uma grande bandeira de patrícios, amigos e escravizados. Marchando em rumo ocidental, atravessou a serra de Lourenço Castanho, o rio São Marcos, o ribeirão Arrependidos fazendo alto à margem de outro rio que batizou de São Bartolomeu. Arranchou-se à margem de um riacho que denominou Riacho Frio, no período entre setembro e dezembro do mesmo ano, tomando-se por assaltos constantes dos indígenas da região. Partiu, então, rumo a sudoeste e fixou-se no local que correspondia à sua expectativa aurífera (ÁLVARES, 1979).

Bueno resolveu fundar uma fazenda de lavoura que, no presente, lhe desse os meios de subsistência nos trabalhos de mineração que ia encetar e, no futuro, prestasse recuos aos viajantes da estrada que o governador da capitania de Minas Gerais pretendia abrir para Goiás (ÁLVARES, 1979, p. 12). Assim fundou-se Santa Luzia.

1.2 A DIÁSPORA RUMO AO PLANALTO CENTRAL

Neste capítulo busco retratar e desenvolver a questão que me moveu, no início da pesquisa, buscando minha referência ancestral: quais grupos africanos compunham a escravaria de Goiás? De onde foram trazidos? Quais suas trajetórias atlânticas e continentais para chegar ao "Sertão dos Guayazes"[12]?

Assim, para compreensão, analiso à luz do pensamento abissal — linha de pensamento que uso neste livro como elemento comum no diálogo entre os diferentes autores e autoras aos quais recorro como referenciais teóricos — a história da região remota do Distrito Federal e os processos históricos da realidade invisibilizada da comunidade do Quilombo Mesquita.

---

[12] Os índios "goyazes", "guayazes", "guaiás", "guoyá", "goyá" ou "goiá" teriam misteriosamente se extinguido, sem deixar o menor rasto, pouco tempo após a chegada do Anhanguera II, dizimados pelo violento embate com os sertanistas dessa primeira grande bandeira de ocupação e exploração ou miscigenados com esses paulistas bandeirantes. (O TOPÔNIMO "GOYAZ" ANTÓN CORBACHO QUINTELA).

É indispensável iniciar fazendo referência às várias expedições exploratórias que saíram de São Paulo de Piratininga em busca do ouro e se dirigiram ao sertão mineiro, goiano e mato-grossense. Entre elas, as que chegaram a Goiás e foram chefiadas por Bartolomeu Bueno da Silva, em 1676, e posteriormente por seu filho.

O tráfico de africanos escravizados para o Brasil central formou a base econômica da mineração em Goiás, imersos no campo da apropriação/violência, o lado obscuro e invisibilizado da linha abissal, essas populações "não existiam". Entre os séculos XIV e XIX, migraram para o Brasil, escravizados, cerca de 4 milhões de africanos de várias etnias/nações (ANJOS, 2006, p. 49):

> Diáspora Africana – assume uma dimensão peculiar no contexto geopolítico brasileiro. Ela se refere à população africana – arrancada pelo sistema escravista, excluída de direitos, sacrificada violentamente e espoliada segundo as formas de assujeitamento criadas pelo modelo colonial, mas também, mais tarde, pelos recalques e negações contra o Brasil negro-descolonizado e o Brasil-mestiço.

Águas (2011 *apud* ANJOS, 2006) afirma que o silenciamento atravessou o oceano; os negros e as negras que chegaram ao Brasil, mergulhados no território da não existência, continuaram invisibilizados; mesmo em termos estatísticos, era difícil identificar quem e quantos eram.

A autora afirma que, assim como houve o esforço para apagar a história dos africanos no seu continente de origem, também no chamado "Novo Mundo" perdeu-se, em grande parte, o fio condutor capaz de levar à proveniência dos vários povos arrastados pela escravidão:

> Constituem o território brasileiro seres humanos do tipo: minas, congos, angolas, anjicos, lundas, quetos, haussás, fulas, ijexás, jalofos, mandingas, anagôs, fons, pardas, entre muitos outros e outras, que deram origem aos afro-brasileiros, brasileiros de matriz africana ou população de ascendência africana. Estas denominações escondem a riqueza tipológica ainda não devidamente estudada, nem quantificada (ANJOS; CYPRIANO, 2006, p. 37).

Águas e Rocha (2010) cita que os escravizados foram comercializados como peças; estiveram inteiramente à margem do contrato social, sem qualquer direito, e submetidos às vontades dos seus "donos". Abordam duas versões para explicar a procedência histórica do escravizado negro para o Brasil Central. Uma delas afirma que vieram "sob guarda ou fortemente vigiados e feitorizados"; ele explica também que o refluxo do número de escravizados, em algumas épocas, aconteceu com a ocorrências das fugas, perseguições, individuais ou coletivas, resultando na união em torno de quilombos:

> O escravo negro foi trazido à força para o Brasil Central. Já vinha da África desestruturado de sua tribo. A bem dizer, destribalizado. Partia, portanto, dos portos de São Paul, da Bahia, do Rio de Janeiro, de Belém, assim como de Minas Gerais, mutilado e violentado, "cristianizado" pela igreja) e às vezes até marcado a ferro e ainda sujeito a sofrer outras violências, especialmente físicas, durante as longas e temerárias viagens, forçado a acompanhar bandeiras; tanger tropas, a pé;fugir, sorrateiro para os matos ou enfrentar as perigosas (SILVA *apud* MOURA, 1989).

No caso do negro do Planalto goiano, os documentos históricos (XIMENES *apud* LEMKE, 2012) referem-se aos registros de chegadas entre 1759 e 1772 e afirmam que foram emitidos 3.039 passaportes a comerciantes interessados em transportar escravizados da cidade da Bahia para as diversas regiões dentro e fora da colônia. Esses passaportes registraram a transferência de 19.917 escravizados que foram comboiados para fora de Salvador. Apesar das lacunas nesses registros, entre os meses iniciais de 1759 e os finais de 1772, acredita-se que 88,5% desses cativos eram africanos novos originários das rotas do comércio atlântico.

As localidades que mais absorveram africanos novos foram as regiões voltadas para atividades mineradoras, de criação de gado e produção agrícola. As capitanias de Minas Gerais e Goiás juntas absorveram mais de 70% de todo o contingente dos africanos recém-desembarcado. Note-se que nesse momento a exploração de metais e pedras preciosas já se encontrava em queda, pelo menos nas Minas Gerais. Entretanto, em plena atividade nas minas de Goiás e Mato Grosso (XIMENES, 2012).

O processo de escravidão impôs condições forma a desarticular ao máximo todos os indivíduos. Não só a violência física, mas também as investidas para o esquecimento da língua pátria, da religião e dos demais aspectos culturais faziam-se presentes na violência moral e psicológica como paliativos às rebeliões (XIMENES, 2012).

O povoamento inicial do Brasil Central pelo escravizado negro se deu pela principal rota de entrada de africanos em Goiás, que foi o Caminho do Sertão. "O Brasil colonial se estruturou pelas cidades portuárias" (ANJOS, 2012).

Com o uso da guia de despacho dos escravizados de João Francisco Salgado e amparada pela solicitação de isenção da cobrança de imposto encontrada no arquivo do Museu Bandeirante, a pesquisadora Maria Lemke Loiola cruzou essas informações com os dados encontrados nos despachos de Salvador e concluiu que a capitania de Goiás desempenhou papel relevante, enquanto mercado receptor dos africanos novos que desembarcavam em Salvador, na segunda metade do setecentos. Esse porto, segundo Loiola, exerceu papel importante na conexão de Goiás às rotas do tráfico atlântico de escravizados.

A historiadora demonstra que, apesar da abertura do Caminho Novo (via Rio de Janeiro), o maior fluxo de escravizados que chegava à região continuava a ser via Caminho do Sertão, principal "trecho interno do comércio atlântico de almas". Para Loiola, melhores condições de viagem, seja pela maior segurança, seja pelo menor desgaste físico durante o percurso, tornaram essa rota mais atrativa e preferencial aos comboieiros para transportar as mercadorias e os escravizados que abasteciam a Capitania de Goiás, ainda que a corrupção e a sonegação estivessem presentes nesse "trecho continental entre Goiás e África" formando "verdadeiros (des) caminhos do sertão".

1.3 HISTÓRICO DA CIDADE LUZIÂNIA: UMA CIDADE DE ESCRAVIZADOS

> *[...] Finalmente, após uma jornada longa e tediosa, avistei Santa Luzia de Goiás, o arraial a que me destinava.*
> (Saint Hilare, 1819)

A formação populacional de Luziânia data de 1746, quando a Capitania de Goiás foi criada por alvará, atendendo à Metrópole que tinha grande interesse em abrir caminhos por terra para o interior, criando um acesso de São Paulo a Minas Gerais e Mato Grosso passando por Goiás (ÁLVARES, 1979, p. 15), uma das últimas minas descobertas na capitania foi no arraial de Santa Luzia, região do Quilombo de Mesquita.

O historiador Joseph de Mello Álvares, nascido no Arraial, em 1837, reuniu vários documentos de épocas e registrou eventos segundo a tradição oral da região. Segundo Álvares, a Vila de Santa Luzia foi fundada, em 13 de dezembro de 1746, pelo bandeirante paulista Antonio Bueno de Azevedo, explorador de minas auríferas rumo ao centro-oeste. Estabelecido em Santo Antônio de Paracatu, em agosto de 1746, formou nessas minas uma grande bandeira de patrícios, amigos e escravizados. Marchando em rumo ocidental, atravessou a serra de Lourenço Castanho, o rio São Marcos, o ribeirão Arrependidos, fazendo alto à margem de outro rio que batizou de São Bartolomeu. Arranchou-se à margem de um riacho que denominou Riacho Frio, entre setembro e dezembro do mesmo ano, tomando por assaltos constantes dos indígenas da região. Partiu, então, rumo a sudoeste e fixou-se no local que correspondia à sua expectativa aurífera (ÁLVARES, 1979).

> Muito agradavelmente situada na vertente de um cômoro, sobre um vallão assás largo, Santa Luzia se estende parallelamente á margem direita de um regato chamado Corrego de Santa Luzia, que corre no fundo de um valle. No sentido da largura, essa povoação é dividida em duas partes desiguaes por um outro corrego, que, muito menos consideravel que o primeiro, aumenta-lhe o volume das aguas. (SAINT-HILAIRE, 1975, s/p).

Bueno achou o local adequado e resolveu fundar uma fazenda de lavoura que lhe desse os meios de subsistência nos trabalhos de mineração a que daria início e que futuramente desse recursos aos viajantes da estrada que o governador da Capitania de Minas Gerais pretendia abrir para Goiás (ÁLVARES, 1979, p. 12).

> Antônio Bueno de Azevedo seguiu viagem rumo ao oeste, fixando seu arranchamento no local que denominou Arraial de Santa Luzia, em 13 de dezembro de 1746. Conta à tradição que tendo mandado levar um pouco de areia do riacho, tamanha quantidade de ouro encontrado que ele e seus companheiros não conseguiam acreditar no que viam. Mandou repetir a operação de lavagem e a bateia trouxe mais granitos e palhetas de ouro. Ajoelhando-se agradeceu a Deus e invocou Santa Luzia, dedicando a povoação que iria se formar sob os auspícios de seu nome (PIMENTEL, 1994, p. 20)

Assim surgiu Santa Luzia, e, para dar suporte à mineração crescente no Arraial, milhares de africanos foram levados a Goiás diretamente dos portos de Santos, Salvador e Rio de Janeiro.

O fato de o arraial de Santa Luzia passar a depender da agropecuária de subsistência é contrário ao que acontecia no período da mineração, quando a Coroa proibia qualquer atividade agropecuária na localidade, inclusive o plantio de determinados gêneros, como a cana-de-açúcar, visando à não diminuição do ouro coletado e à concorrência com a produção das minas. A agricultura, naquele período, era uma atividade de suporte em locais próximos às minas. Já a pecuária teve maior destaque e obteve um mercado maior, principalmente na comercialização com Minas Gerais e São Paulo (BERTRAN, 2000).

Como ocorreu em Pirenópolis, as pessoas que permaneceram em Luziânia procuraram diversificar e realizar atividades mais rentáveis possíveis. Um dos gêneros da agricultura que prosperou no território de Santa Luzia foi a cana, permitindo a produção de açúcar. Com a elevação do preço do açúcar no mercado internacional, no final do século XVIII, tornou-se um produto novamente atrativo para a colônia brasileira. Nesse sentido, Luziânia teve uma vantagem relativa em comparação aos arraiais do Norte, pois sua distância em relação aos grandes centros da colônia era menor. A produção de açúcar foi uma das principais atividades, no início do século XIX, mas isso não favoreceu o desenvolvimento da localidade, já que a Capitania de Goiás não criou incentivos para o comércio com o Sudeste, mas sim com o Norte (BERTRAN, 2000).

Mesmo tomada por longos períodos de seca, febres paludosas, constantes incêndios, fatores que propiciavam grandes taxas de mortalidade na região, orientada pelo trabalho pesado da mineração, Santa Luzia era palco declinado ao entusiasmo de sua colonização (ÁLVARES, 1979).

> Decorrido três anos, Santa Luzia já havia recebido migração estabelecida maciçamente em Portugal e também em outros pontos do Brasil, de forma que a cultura que ali se instaurava era arraigadamente lusitana e cristã". Álvares pesquisou registros históricos e afirmou ser o Arraial "um pequeno reduto português ilhado à grande distância de sua origem". Outros estudiosos também garantiram que Santa Luzia realmente sofreu uma influência portuguesa bem mais acentuada do que as outras localidades da província de Goiás (PIMENTEL, 1994, p. 24).

Diferentemente do destino de muitas minas, que eram exploradas e abandonadas, Santa Luzia recebeu famílias e um número considerável de mulheres; sua alta sociedade era composta de pessoas ilustres. Esses contingentes populacionais faziam-se acompanhar de suas esposas e filhas, numa prova cabal de que mantinham o ânimo de aqui permanecerem, e não apenas enriquecerem e voltarem às suas cidades de origens (PIMENTEL, 1994, p. 24). Em outubro de 1749, Santa Luzia foi elevada à categoria de Julgado, e no ano seguinte à Arraial.

Existem documentos da década de 1770 os quais afirmam que, até depois da independência do Brasil, os distritos de São Bartolomeu, hoje Distrito Federal, e Itiquira, hoje parte de Formosa, pertenciam e foram regidos pelo julgado de Santa Luzia. Daí, como pesquisadora, acredito ser possível afirmar que o Distrito Federal foi construído em terras quilombolas.

Joseph de Mello Álvares, o historiador de Santa Luzia, fez homenagens a inúmeros nomes, os sobrenomes povoam a região até hoje; como exemplo temos Mesquita, que teve grande importância para a comunidade que levou seu nome.

> Segue: pessoas ilustres, entre as quais ocupavam distinto lugar as seguintes, cujos nomes declinamos, para que a geração presente e futuras bem conheçam os fundadores do município e rendam o devido preito e homenagem à memória deles: Antônio Bueno de Azevedo. Sargento-mor José Correia de Mesquita, português, [...] (ÁLVARES, 1979, p. 24).

A região de Santa Luzia foi a mais rica em produção de ouro no território de Goiás e teve o auge de sua mineração entre os anos de 1747 e 1775. Suas minas, conforme vestígios em suas lavras, ainda existentes em todo o município, eram em números expressivos e com uma produção em alta escala, além do contingente populacional que aqui aportou, com contribuição valiosa não só para o próprio local, como também para toda Província de Goiás (PIMENTEL, 1994, p. 23).

> Todo o entorno das atuais cidades de Luziânia e Santo Antônio do Descoberto transformara-se numa imensa mina [...] Tão grande o afluxo de pessoas e a demanda por novas minerais que houve-se por bem, em 1757, dividir a guardamoria, sobrecarregada destes serviços de repartição, nos dois distritos do Palmital e do Arraial (BERTRAN, 2000, p. 111).

No ano de 1757, tão intenso era o trabalho de guarda-mor que o próprio capitão-general D. Luiz Mascarenhas decidiu dividir as minas de Santa Luzia em dois distritos, nomeando o segundo de Palmital e designando como guarda-mor o capitão Manoel Ribeiro da Silva. No mesmo ano, o capitão José Pereira Lisboa teve conhecimento de que um caçador, ao abater um veado, encontrou palhetas de ouro no bucho do animal, numa região ao norte de Santa Luzia. Ele tratou então de pesquisar melhor o local. Tanto ouro foi encontrado que o ribeirão passou a ser denominado Descoberto, e o lugar do arranchamento do capitão Lisboa recebeu o nome de Montes Claros.

A região do antigo arraial dos Montes Claros está hoje no território do município de Santo Antônio do Descoberto. Em abril de 1758, para explorar melhores as minas denominadas Cruzeiro, foi iniciada a construção do famoso rego Saia Velha, de 42 Km de Extensão, que se tornou legendário na memória do povo luziano. Cavado por milhares de escravizados, sua construção durou dois anos ininterruptos e, por ocasião de sua inauguração, terminou acontecendo grande motim no arraial, que relato alguns parágrafos adiante.

Em 6 de dezembro de 1758, Santa Luzia foi elevada à categoria de freguesia colada (isto é, sede paróquia), e foi nomeado vigário o padre Domingos Ramos. Continuava a chegar gente de todas as partes, aumentando a população e produzindo a ocupação de todos os vales, rios, ribeirões e córregos.

A riqueza extraída do solo da região de Santa Luzia era, em grande parte, transferida para Portugal, por meio de pesados tributos e vigilância militar. Por outro lado, a parte que cabia aos exploradores era transferida para as cidades do litoral para pagamento de bens e serviços importados. Assim, pouco ficou em Santa Luzia para atestar sua grandeza como um dos centros mais importantes de produção de ouro em Goiás. Durante a época da mineração, a notícia da descoberta de ouro em Santa Luzia ocasionou uma migração muito grande para a região, e sua população chegou a 10 mil pessoas segundo metade do século XVII. Já perto de 1800, com o declínio da mineração, muitas famílias foram abandonando a arraial e se fixando na zona rural, passando a dedicar-se à lavoura e à criação de gado.

A população caiu, então, para a quarta parte da que existia no pico da mineração. Em 1763, o local denominado "Morro", às margens direita do ribeirão Palmital e esquerda do ribeirão Inferno (hoje chamado de ribeirão Santa Maria), também rico em ouro, ampliava a extensão do distrito e o povoava rapidamente. Em 1770, houve a lendária canalização do ribeirão Saia Velha para a exploração das minas do Cruzeiro. Em 1772, foram exploradas as minas no Cubango. Segundo Álvares, devido à sua extensão, em 1773, Santa Luzia foi dividida em duas guardamorias. Em 1774, houve a descoberta das minas no Bonfim às margens do rio Vermelho.

A canalização do ribeirão Saia Velha para a exploração das minas do Cruzeiro, é um episódio simbólico e importante para esta pesquisa, pois o ribeirão corta a região em que se encontravam espalhados os antepassados do que viria a ser "Mesquita dos Crioulos". Os negros mais velhos de Mesquita lembram-se de pedaços da história da canalização do Saia Velha vivida por seus antepassados e contada de geração em geração, resguardada pela tradição oral.

Em 1769, três senhores que tinham muitos escravizados se associaram (Manoel Pereira Guimarães, Manoel Ribeiro da Silva e Ventura Álvares Pedrosa) para canalizar o ribeirão Saia Velha; o serviço terminou no dia 11 de setembro de 1770. Um outro senhor de escravizados, o major José Pereira Lisboa, quando ficou sabendo da sociedade para trazer as águas da Saia velha para as minas do Cruzeiro, duvidou e, nas ruas do julgado, afirmava em tom zombeteiro que essas águas viriam era em cabaças. Os sócios da empreitada rapidamente souberam das palavras de Lisboa, e os dois chefes locais, que ainda mantinham as aparências, romperam de vez.

No dia da inauguração do canal (11 de setembro), o capitão João Pereira Guimarães, um dos sócios, estava de cama, mas seus parentes e seguidores juntaram milhares de cabaças e encheram o canal com elas; lá vieram as águas muito fortes, as cabaças boiaram e fizeram um barulho enorme, batendo umas nas outras. O major José Pereira Lisboa, que morava num sobrado na Rua do Rosário, saiu assustado, nessa hora os negros do Guimarães estavam dentro do canal, cantando insultos e quebrando as cabaças com porretes. Com o susto pelo barulho das águas, da canção dos negros e das cacetadas nas cabaças, o major saiu à rua com arma em punho para repelir a agressão feita a ele. O juiz ordinário José Rodrigues Costa tomou o partido do genro de Guimarães, nessa hora chegaram os seguidores dele, seus escravizados, seus feitores e seu filho, indignado. Lisboa, com a reprovação do juiz, jogou fora a arma e, com a espada, atingiu o juiz. Ele recebe voz de prisão, mas o povo ficou do seu lado e passou a dar vivas a Lisboa e morras ao juiz. Lisboa, vendo tudo perdido, pediu ao povo para que aprovasse sua prisão, único meio que tinha de manifestar sua inocência; depois de muito custo obteve o consentimento deles e desceu para a cadeia debaixo das ovações de mais de mil pessoas (ÁLVARES, 1979, p. 93-97).

Essa lembrança ancestral mostra continuidade histórica, já que a memória que se refere à escravidão no passado é sufocada por tabus erguidos ao longo da história da comunidade, afastando de si o tempo do cativeiro.

A lembrança desse episódio faz uma ponte no silenciamento imposto pela representa um lapso na ruptura entre dois tempos distintos e nos possibilita, por meio da análise, inferências de elementos não permitidos expressamente. É compreensível a ruptura com códigos que revivam o passado cativo: além de um estigma projetado nas relações sociais com a sociedade envolvente que se quer desfeito, a lógica da escravidão agride a identidade do grupo hoje, com a origem construída na dignidade do acesso à terra, firmado na conquista de um território.

Outro elemento que a descrição da Guerra das Cabaças deixa transparecer é a relação entre escravizados e senhores. Devido à disparidade entre brancos e negros, ao longo do tempo, as relações que iam se estabelecendo no povoado de Santa Luzia se ajustaram por uma infindável gama de tipologias que envolviam reciprocidades, sobretudo após o declínio da mineração. O resultado disso pode ser apreendido nas relações caracterizadas por serventia, subordinação, mas também lealdade.

Na divisão sociopolítica entre as elites, era comum os negros tomarem partido de seu proprietário em casos necessários, num imbricamento pseudofamiliar que impunha certa ordem. Apontando em igual sentido, Álvares (1979) diz que, nos cartórios de Luziânia, há registros de que, no testamento de alguns senhores, era concedida a liberdade doação de terras aos escravizados, porém não se eximiam as perversidades praticadas no sistema de escravidão. O fato é que o cenário constituído pelas relações sociais em Santa Luzia era complexo e heterogêneo.

A história de Santa Luzia é permeada pela valorização da moral cristã na vida comunitária. Segundo Álvares, em 1767, foi inaugurada a Igreja Matriz, a qual homens pardos e negros podiam frequentar, mesmo com os registros de batismos dos africanos trazidos como mão de obra escravizada. Os proprietários os batizavam para cumprir um "dever divino", e não por que o batismo os fazia ver o escravizado de forma diferenciada.

Em 1769, iniciou-se a construção da Igreja do Rosário, iniciativa da comunidade de pardos e negros que não podiam frequentar a Igreja Matriz. O vigário e os homens da sociedade aprovaram a ideia dos pretos, era uma ideia que manifestava o espírito religioso de "uma raça tão degradada", mas na verdade diminuía a possibilidade de uma insurreição que podia acontecer a qualquer momento com grande perigo para aqueles que estavam sempre em minoria. Determinou-se então que se promovesse imediatamente a licença necessária ao poder competente [...] (ÁLVARES, 1979, p. 81).

O grande número de negros que Santa Luzia tinha, eram mais de 40 oficiais e milhares de pretos, pardos, forros e escravizados, levava a uma relação de "precaução", com batizados e tratamento mais afáveis no trato, apadrinhamentos, trocas materiais, permissão de produção para subsistência entre outras; um quadro de certo equilíbrio. Assim, em 1763:

> Promoveu-se o grande trabalho do censo geral, o qual demonstrou que o distrito continha uma população de dezesseis mil quinhentas e vinte e nove pessoas, sendo doze mil novecentos e oitenta e quatro cativos, mais de quatro partes da população livre que trabalhava e trabalhava muito para matar a sagrada fome do ouro que devorou a metrópole (ÁLVARES, 1979, p. 74).

Os historiadores de Santa Luzia referem-se à ocorrência de muitos batizados de escravizados bantos, os mais caros e desejáveis na mineração, que existiam em um grande número no arraial. Isso me leva a perguntar: seriam os negros do Quilombo Mesquita originários de escravizados bantos?

Segundo o professor Reginaldo Prandi (2000)

> [...] os bantos, povos da África Meridional, estão representados por povos que falam entre 700 e duas mil línguas e dialetos aparentados, estendendo-se para o sul, logo abaixo dos limites sudaneses, compreendendo as terras que vão do Atlântico ao Índico até o cabo da Boa Esperança.

O termo "banto" foi criado, em 1862, pelo filólogo alemão Willelm Bleek e significa "o povo"; não existia propriamente uma unidade banto na África.

> O grosso da atividade agrícola e mineradora, implantada havia mais tempo e espalhada por todo o interior rural, foi garantida por escravos de origem banto, enquanto as atividades urbanas, mais recentes e concentradas nas grandes capitais da costa, estariam mais estreitamente relacionadas aos sudaneses, devido basicamente às mudanças de fluxo da origem do tráfico na África nos diferentes momentos históricos que marcam esta ou aquela atividade econômica no Brasil. (PRANDI, 2000, p. 4).

Devido à disparidade entre livres e cativos, somada a um número irrisório de oficiais e à migração de desordeiros, outra característica de Santa Luzia, não muito diferente de todo o Goiás, foi o estabelecimento de uma milícia própria, pois a força oficial enviada de São Paulo era insuficiente para conter os assaltos à ordem. Segundo Álvares, bandos rebelados roubavam, matavam, insurrecionavam a escravatura, ameaçavam propriedades, constituindo uma ameaça à estrutura social posta. Instaurou-se então nesse local isolado uma forma selvagem de se impor não só as leis, mas também a garantia da manutenção da estratificação social e os interesses dos detentores do poder desta milícia (BERTRAN, 2000).

Muito comum, em todo rural goiano, era o fato de que os negros livres, na terra em que se fixavam, recebiam outros negros "sem procedência", ou mais expressamente, rebelados e fugidos. Assim, estabeleciam-se trocas, e ampliava-se a mão de obra. Esse tipo de processo, em longo prazo, enraizava uma comunidade negra rural, pois com o tempo famílias eram constituídas, matrimônios passariam a ocorrer e tudo o mais que a vida em comunidade impunha (BERTRAN, 2000).

Devido à inexistência de cercas nas imensidões de terra sem ocupação, característica das primeiras sesmarias em Goiás, as comunidades negras iam se expandindo territorialmente nos locais "vagos", mesmo que se soubesse de outro dono — cada uma com sua forma coletiva e peculiar de apropriação. Isso ampliava o raio em que se estabeleciam servindo de refúgio a toda condição diferenciada de negros, inclusive àqueles que, mesmo após a concessão de liberdade, se entendiam melhor entre pares do que inseridos em um sistema escravagista.

O processo de territorialização desses grupos impunha regras próprias de ocupação da terra e relações específicas com o meio em que viviam. Formavam uma microssociedade dentro de um universo mais amplo que abrangia todo Goiás. Por outro lado, os demais grupos sociais que também faziam parte desse universo-Goiás compartilhavam regras próprias na lida com a terra. No real sentido, independentemente do grupo social, eram práticas consuetudinárias que norteavam toda a ocupação territorial em Goiás. Pode-se distinguir o processo de territorialização das comunidades negras como uma forma peculiar, abrangida por uma forma hegemônica, goiana, da lida com a terra. Porém, essa forma hegemônica também pode ser distinguida da forma exigida pela Coroa, a oficial.

Nos primeiros tempos do Brasil Colônia, a administração territorial se deu pelo sistema de capitanias hereditárias perdurando até 1821, antes da declaração da independência. Esse sistema consistia na delegação de grandes porções de terras a particulares que recebiam o título de donatário. Os donatários no Brasil compunham a nobreza de Portugal e recebiam a incumbência de colonizar e explorar o território.

Na história fundiária colonial do Brasil, a instituição de dar, dividir terras, terras para os súditos camponeses chegou com as caravelas e algumas adaptações: as sesmarias. Se em Portugal eram elas mensuradas em palmos de extensão, por aqui se implantou por léguas de terras absolutamente inconcebíveis no limitado espaço português.

O donatário era o responsável pelas sesmarias e promovia a ocupação e produção de renda, engenhos, povoamentos, lucrando com todas as atividades ali exercidas. Também gozavam de isenção de taxas, recebimento de rendas devidas à Coroa e direitos de exportação de escravizados indígenas.

Nas décadas seguintes (1548 até 1808), a Coroa instituiu o Governo Geral, que perdurou até a vinda da família real para o Brasil, com o objetivo de centralizar e submeter os poderes dos donatários e ter um maior controle sobre a Colônia. A partir de 1720, os governadores gerais já recebiam o título de vice-rei, tamanho o poder do papel desempenhado. Nos primeiros anos, o território do Brasil era dividido em 15 capitanias; ao longo das novas explorações, outras foram surgindo. As primeiras investidas rumo às terras hoje conhecida com Goiás se deram um século após a chegada dos portugueses.

Em 1726, foram dadas as mercês das sesmarias ao Anhanguera e seus sócios na "descoberta" de Goiás, uma área duas vezes e meia a atual área do Distrito Federal

Os capitães-mores das conquistas feitas aos indígenas, os governadores recompensavam com sesmarias enormes aos custos das expedições de desinfetação, "que não eram de pouca monta" (BERTRAN 2000, p. 89). Toda a administração da região era submetida à capitania de São Paulo. Em 1744, foi criada a capitania Geral de Goiás, mas sua administração ainda foi submetida a São Paulo até 1749. Quando D. Luiz de Mascarenhas ficou oito anos no governo (1739-1748) (BERTRAN, 2000, p. 88), doou imensas porções de terra que extrapolavam os ditames legais, pouco valor era dado à terra nua, devido a essas condições. Pode ser que, por vias transversas, nessa época os pagamentos dos dízimos acabassem constituindo-se como sucedâneo do requerimento de sesmaria. Algo do gênero: quem paga imposto ao governo dono é, pois o Estado não refuga seu contributo e, portanto, aceita implicitamente a propriedade da terra que gerou o imposto. Isso explicaria com certa facilidade a interrupção em Goiás do Sistema Sesmarial, de 1780 a 1822, até a Lei de Terras de 1850. A "escritura" da propriedade passou a ser o recibo do imposto do dízimo. Até hoje, em remotos rincões do Planalto, amarrotados recibos de impostos do Incra, são orgulhosamente apresentados como provas de propriedade do solo (BERTRAN, 2000, p. 190).

O autor se refere ainda à não coerência no tamanho das terras descrito e o real: por exemplo, falava-se na propriedade de 18 km^2 de terras úteis, e o memorial descritivo abrangia 50km^2. Posteriormente novas sesmarias povoadoras originariam outros desenhos na malha fundiária com latifúndios ainda de grandes proporções.

A concentração fundiária e a existência e terras devolutas (do Estado) propiciaram a formação de grandes vazios, os quais viriam a abrigar, a partir do século XIX, os chamados posseiros (BAIOCCHI, 1999, p. 31). Da mesma forma que a realidade local era a não regular sesmaria, sabe-se de abandonos de terras sem registro documental e diversas ocupações de terra ao longo do século. As tentativas posteriores de regularização fundiária sentiram o impacto dessa época, e suas marcas existem ainda na atualidade.

Nesse momento histórico do Brasil, quase inexistia a delimitação física das fronteiras entre propriedades rurais no interior do país. Assim se dava a pecuária em Santa Luzia.

Inexistindo cercas de arame, o gado era criado à larga, misturado, identificado apenas pela marca do proprietário, costeado apenas uma vez por ano e servido de sal nas águas, pois, durante as secas, os campos queimados forneciam os sais minerais necessários. De tanto em tanto, havia a barra de dois córregos, despenhados o suficiente para impedir a travessia do gado, fazia-se ali uma larga, ou mangueirão, com o lugar para confinamento do gado em torno de um cocho de sal. Às vezes era uma larga "vaiada", ou seja, o fechamento de uma cabeceira à outra por uma trincheira de um metro de profundidade por dois de largura — que o gado não se atrevia a pular —, cujo acesso só era possível pela cancela de madeira "larga" (BERTRAN, 2000, p. 158).

As terras do rural de Santa Luzia eram recortadas sob o nome das ilustres figuras que compunham sua mais alta sociedade e, quando povoadas, eram por escravizados desses senhores, trazidos nos primeiros momentos de mineração. Essas áreas eram dedicadas à produção de subsistência e à criação de gado — atividades secundárias em época em que todos os esforços confluíam para o enriquecimento com a extração de ouro. Dessa forma, não se atribuía a terra um grande valor de bem ou mercado.

A terra em si valia muito pouco, valia mais sua produção. Em tempos recentes, lia-se nos jornais de Goiânia um anúncio jocoso:

> [...] vende-se uma cerca de aroeira com uma fazenda dentro». Ou em um jornal de Brasília: «vende-se um poço artesiano com uma chácara em volta»... São os rebates, modemíssimos, da velha noção de "cascos" (BERTRAN, 2000, p. 89).

Do ponto de vista do senhor, no ciclo da mineração, a terra possuía um valor secundário. Porém, do ponto de vista dos negros escravizados, significava que o trabalho rural era mais ameno em comparação aos garimpos; do ponto de vista dos negros livres e dos fugidos, a terra significava possibilidade de trabalho para subsistência e reconstrução de uma vida. Não se exclui aqui a importância econômica da terra para ambos. Um ponto que deve ser destacado é que para o senhor, empreendedor e proprietário, o valor da terra era mais associado à produção extraída dela do que por sua plena existência física. Para o negro, porém, a "terra nua" em si tinha um valor associado à liberdade (BERTRAN, 2000, p. 90).

Em Santa Luzia, 1775 é o ano que marca o declínio da produção de ouro. Com a baixa da mineração, não só esse Arraial, mas também Goiás como um todo mergulha primeiramente em um período de pobreza nas cidades, o que obriga sua população a migrar para o meio rural investindo nas atividades voltadas à sobrevivência. Em decorrência de uma conjunção de fatores marcada pela escassa renda produzida, o que desestimulava investimento em estradas ou melhorias por parte da Coroa, Goiás hibernou durante um século em economia de subsistência e desenvolvimento de um mercado interno, amparado na pecuária. Sua localização impunha limitações comerciais, pois os produtos que os colonos goianos passariam a produzir também eram encontrados em regiões mais próximas ao litoral.

> A Conversão da economia de mineração para agropecuária significou redefinição da composição social e ocupação de outras áreas do território. Redefiniu o caráter geopolítico de crescimento demográfico, causando esvaziamento, ou certa estagnação, de pequenas áreas urbanas para a expansão de áreas de povoação essencialmente ligadas à cultura rural; economicamente significou mudanças nas relações de produção e comércio. Mesmo ainda existindo áreas de mineração, coexistiu, em processo crescente, a instalação de fazendas agrícolas e de pecuária. Apesar do crescimento dessas áreas, seu impacto comercial foi insignificante, restrito

> a pequenos comércios da própria Capitania [...] No que diz respeito ao aspecto político-administrativo, Goiás continuou como área de interesse da Coroa, no entanto relegada a posição de região distante, bastante ausente dos eventos importantes presentes no longo eixo de interesses políticos e econômicos das áreas litorâneas da América Portuguesa (SOUZA, 2002, p. 26).

Se, por um lado, há a decadência da mineração; por outro lado, o processo de ruralização promoveu a ocupação territorial e nova definição espacial. No período de aproximadamente um século, os diversos grupos goianos foram se organizando e desenhando seus espaços, fluxos e relações sociais internas devido ao difícil acesso. Aos poucos, Goiás envolveu, entre grupos que trabalharam somente para subsistência desenvolvendo a agricultura, novas fazendas de gado, que seriam os futuros pilares econômicos.

Mesmo que em todo do território passasse a prevalecer a realidade agropastoril, configuraram-se diferenças nas predominâncias regionais em consequência das formas de povoamento e frentes de expansão rumo a Goiás (PALACÍN; MORAES, 2001).

Quanto aos quilombos, continuaram a existir sob outra lógica. Com a abolição, os senhores tornaram-se latifundiários, e os quilombolas transformaram-se em camponeses pobres. Assim, o que antes era a luta pelo não aprisionamento transformou-se em luta pela permanência na terra. Situados do outro lado da linha abissal, a necessidade de resistir permaneceu entre eles (ÁGUAS, 2011).

Bertran (2000) relata que, no arraial de Santa Luzia, aconteceu o mesmo, porém em um microcenário. Em um primeiro momento, a comarca do sul, que foi o grande palco da mineração, teve êxito econômico sobre a comarca do norte (atual região de Formosa), que subsidiou intensamente a agropecuária. Com o declínio do ouro, as potências se inverteram. A comarca do norte, por ser localizada nos caminhos às passagens reais, receber e enviar os rebanhos para Bahia, teve êxito sobre a comarca do sul (atual região de Luziânia), um pouco mais longínqua e fora de rota. Por esse motivo, o arraial se retraiu um pouco mais em sua economia de subsistência. Santa Luzia foi assim caracterizada por Saint-Hilaire em sua visita no ano de 1819:

> E a criação de gado que constitui atualmente a fonte de renda mais segura dos fazendeiros de Santa Luzia, mas nem por isso são grandes os lucros obtidos, não só porque eles

> precisam dar sal aos animais se quiserem conservá-los, mas principalmente porque as fazendas ficam distantes demais dos mercadores que poderiam comprá-los. A indolência contribuiu bastante para levar os fazendeiros da região a essa situação de penúria. Mas a miséria, que os embrutece e desanima, deve necessariamente, por sua vez, aumentar sua apatia. E esta chegou a tal ponto, em muitos deles, que, dispondo praticamente de toda terra que lhes convém, eles não chegam a cultivar o suficiente nem mesmo para seu próprio sustento (SAINT-HILAIRE, 1975, p. 27).

A rápida escassez do ouro projetou um quadro de estagnação e a consequência visível de que seu apogeu fora substancialmente marcado pelo rápido enriquecimento de poucos homens em detrimento de todo o complexo de pessoas que passou a viver de subsistência. Enfatiza-se que muitos nomes que compunham a elite de Santa Luzia simplesmente se apagaram no transcurso da história. Senhores de fortuna, iniciada a decadência citadina, emigraram deixando todo o resto. Muitas de suas terras (as irregulares sesmarias) passaram a abrigar os menos afortunados, que acompanharam todo o ciclo de declínio econômico, vivendo suas mazelas (BERTRAN, 2000).

Até o ano de 1850, Santa Luzia pertenceu à comarca de Vila Boa (atualmente Cidade de Goiás). Em 5 de outubro de 1867, a vila passou à categoria de cidade, mediante o Decreto Lei Estadual n.º 8. 305, de 31 de Dezembro de 1943, passando a ser denominada Luziânia (RELATÓRIO..., 2011).

Outra atividade, com menor projeção comercial do que a plantação de cana-de-açúcar e a criação de gado bovino, que tem grande vinculação histórica com o Quilombo Mesquita **é** a produção do marmelo e a fabricação da famosa marmelada de Luziânia, um dos seus patrimônios imateriais. A cidade ainda hoje conserva a identificação com o produto, produzido no quilombo, que, apesar de estar hoje vinculado administrativamente ao município de Cidade Ocidental, permanece como tradição e marca da cidade de Luziânia. Sobre a produção de marmelada, Meireles (1996, p. 36-37) afirma que:

> Das pequenas indústrias artesanais, a fabricação de marmelada tornou-se tradicional e famosa desde o início e foi se impondo no mercado, malgrado os obstáculos consequentes da escassez de transporte. Ainda hoje é símbolo que identifica Santa Luzia em quase todo o País.

Figura 7 – Mapa dos Julgados

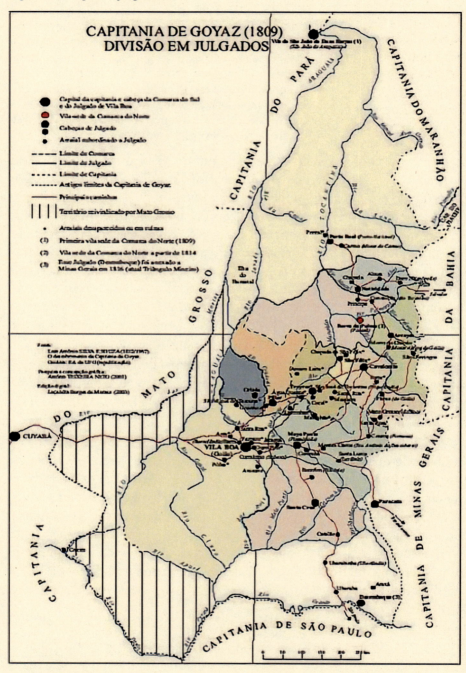

Fonte: Bertran (2000)

O autor continua afirmando que a marmelada de Luziânia foi, talvez, durante o século XIX e parte do XX, o maior exemplo da limitação de atividades econômicas de grande magnitude no arraial. As condições eram pouco favoráveis ou com escassas alternativas para a exploração de outras culturas que oferecessem resultados econômicos satisfatórios. A estagnação econômica foi inevitável com o fim do ciclo do ouro. A região e suas localidades, à mercê de atitudes do Estado, quase sempre ineficientes, careciam da busca por outras atividades rentáveis para a região.

> Segundo a "Relação das Couzas mais Notáveis e notícia formal destes Minas do julgado de Santa Luzia", integrante da Notícia Geral da Capitania de Goiás em 1783, havia no julgado 14 "engenhos de moer cana" e 3 "engenhos de pilões" de fazer farinha de milho. A maior parte encontrava-se nas imediações de Luziânia e citamos os maiores: de Manoel Dias Roriz, com 75 escravos, o famoso engenho da Palma do coronel João Pereira Guimarães com 78, e o maior de todos, do capitão José da Costa Vieira, com 118 escravos. Nas nove lavras de ouro citadas nesse ano, apenas duas tinham uma quantidade superior em escravos a esses três engenhos que não eram, portanto, negócios de somenos. (BERTRAN, 2000, s/p).

Na leitura de Bertran, vemos que esses engenhos, em número cada vez menor, passaram a ser apenas locais de produção agrícola diversificada: dos 17 engenhos citados em 1783, não havia, em 1810, meia dúzia que merecesse essa denominação. Surgem então os sítios de subsistência familiar, uma fórmula simples, de dois ou três homens plantando um pequeno trato de terra, que fornecia os alimentos do ano; era a economia rural da "fartura", termo muito utilizado pelos moradores do quilombo para se referir à prosperidade:

> Seria pura perda se os colonos plantassem milho, feijão e arroz em quantidade superior à necessária ao sustento da família; porque excetuando-se os anos de carestia, como aquele em que eu viajava, esses gêneros não poderiam encontrar compradores. (SAINT HILAIRE, 1975, s/p).

Foi com a transição do sistema econômico centrado na mineração para o da agropecuária, como ocorreu em Santa Luzia, que vieram as mudanças em várias instâncias; por exemplo, parte da população migrou para outras regiões, muitos foram para o arraial de Couros, inclusive o antigo proprietário da Fazenda Mesquita, que mudou para o Arraial de Meya Ponte. Assim as minas foram sendo deixadas de lado, e surgiram as fazendas, com outras lógicas sociais e econômicas, ou seja, implantou-se outro modo de produção. Se nas minas a exploração do ouro era pontual territorialmente, na produção agropecuária o montante de terras utilizadas é enorme. A devastação do Cerrado tornou-se comum, a partir, por exemplo, da formação de pastos (BERTRAN, 2000).

A origem histórica do quilombo se reporta a essa época e narra que todos os moradores são descendentes de três escravizadas. As três senhoras trabalhavam para o sargento-mor português José Correia de Mesquita e habitavam a fazenda Mesquita durante o ciclo do ouro. Com o exaurimento do ouro nas minas do sertão dos Goyases, o fazendeiro abandonou sua propriedade, no caso da Fazenda Mesquita; conta-se que, com a partida do proprietário, ela foi doada às três senhoras.

Oliveira (2012) faz referência ao fato, frisando que o número de matriarcas fundadoras da comunidade é o mesmo das três famílias originarias do quilombo: Pereira Braga, Lisboa da Costa e Teixeira Magalhães, que se unem por parentescos.

A minha hipótese reforça que a formação do Quilombo Mesquita, na área rural do arraial de Santa Luzia, se deu em função da decadência econômica de Goiás. Referendo essa afirmação na descrição que Saint Hilaire (1975), naturalista francês, fez quando visitou sítios e as fazendas no Arraial de Santa Luzia. No primeiro lugar visitado, quando entrou em Goiás pela Estrada Real das Minas, o pesquisador observou que os habitantes "se achavam em extrema pobreza" e que os negros, tanto livres quanto escravizados, "vivem na indigência".

O francês afirma que, após o declínio da mineração,

> [...] com exceção de um pequeno número de artesãos e mercadores, todos os habitantes de Santa Luzia dedicam-se ao cultivo da terra [...]. Afastados do arraial nos dias da semana, dedicando-se ao cultivo nas roças, os habitantes da localidade produziam "plantas de origem européia, tais como o trigo e o marmeleiro".

Apesar de os moradores empenharem-se no cultivo de alimentos, de acordo com o francês,

> [...] seria inútil que os colonos plantassem milho, feijão e arroz em maior quantidade do que a necessária para alimentar suas famílias, pois, exceção feita das épocas de escassez — o que ocorreu quando eu passei por lá — esses produtos não encontram comprador.

Saint Hilaire se referia às dificuldades encontradas pelos habitantes da província para produzir e comercializar os produtos da terra. Fatores, como técnicas agrícolas rudimentares, dificuldades de armazenamento, grandes distâncias entre as vilas, precariedade dos caminhos que dificultavam o transporte de mercadorias para comercialização e dificuldades de ordem fiscal, contribuíram para inviabilizar a expansão da lavoura, levando os pequenos agricultores ao desânimo.

Aqui ancoro minha hipótese no mito fundador do Quilombo Mesquita: com a decadência da fase mineradora, muitos donos de terra no Arraial de Santa Luzia desistiram de suas terras em Goiás, mesmo conseguindo produzir e exportar artigos, como peles de animais selvagens, couros e marmeladas. Saint Hilaire afirmava que a criação de gado bovino, maior fonte de lucros dos fazendeiros da região à época, não assegurava boas condições de vida aos seus moradores. Não havia recursos para prover as necessidades de artigos importantes, como sal e vestimentas apropriadas para sua posição, o que causava ocorrências até cômicas. Conforme Saint Hilaire:

> Alguns agricultores chegam a um tal estado de penúria que passam meses comendo alimentos sem sal por não conseguirem comprá-lo. E quando o vigário percorre as fazendas para a confissão pascal, acontece muitas vezes que todas as mulheres de uma mesma família se apresentam diante dele, uma de cada vez, usando o mesmo vestido. A indolência contribuiu bastante para levar os fazendeiros da região a essa situação de penúria. [...]. E essa chegou a tal ponto que, dispondo praticamente de toda a terra que lhe convém, eles não chegam a cultivar o suficiente nem mesmo para o seu próprio sustento. (SAINT HILAIRE *apud* BERTRAN, 2000, p. 27).

Esse evento, presente na memória da comunidade, representa uma ligação entre os escravizados de Santa Luzia e os negros de Mesquita, uma ligação entre o tempo da escravidão, em um passado distante, e o da minoria étnica, no presente.

O professor doutor em antropologia José Carlos Gomes dos Anjos (2006), do Departamento de Sociologia da Universidade Federal do Rio Grande do Sul (UFRGS), que pesquisa, entre outros temas, assuntos relativos a comunidades quilombolas, afirma também que os "senhores" usavam mecanismos para manter os escravizados. Um deles era doar terras de menor valor aos negros, criando, assim, um compromisso moral. Assim foram fundados muitos dos quilombos rurais que existem até hoje.

Os negros acabavam trabalhando para os mesmos senhores como pagamento pelas terras. A ideia de que seriam livres para vender a mão de obra foi uma grande ilusão, na maior parte dos casos, afirma o professor. Um quilombola confirma isso:

> Os primeiros moradores que vieram morar aqui tinham a idéia de trabalhar por conta. Mas a maioria ficou com medo, porque não sabia se virar sozinho. A miséria também era grande. Então, o pessoal acabava trabalhando como agregado para os outros. Nem era por dinheiro. Era por comida, por um agasalho usado... No fim, continuou todo mundo escravo.

Rosa (2004) afirma que nem todos os quilombos são frutos da mobilização de negros contra a subalternização escravista, muitos existem sem que tenha havido um histórico de confronto. Minha hipótese para a fundação do Quilombo Mesquita é de que, com o declínio da produção do ouro com base na exploração da mão de obra escravizada e a decadência da região mineira em Goiás, a economia ficou centrada somente na economia de subsistência. Assim perdeu o sentido econômico para os senhores, mas havia terras cedidas para que os negros cultivassem seu sustento e, com o abandono da propriedade pelo sargento-mor José Correia Mesquita, permaneceram apenas os ex-escravizados e seus descendentes. As escravizadas que cuidavam da casa do senhor passaram a ser "as donas"; existe a constatação documental da fixação do sargento-mor Mesquita em Meya Ponte (atual Pirenópolis), fato referenciado também por Bertran (1988, s/p):

> Para os três primeiros anos de Santa Luzia, Mello Álvares relaciona mais de cem nomes de fundadores, metade de portugueses natos, alguns vindos com toda a família, e outro tanto de procedência brasileira, mormente paulistas. A maior parte desses nomes não se repetem na história futura de Santa Luzia, ou porque desapareceram seus sucessores legítimos ou porque voltaram a migrar, passada a febre aurífera dos primeiros anos. É o caso do sargento-mor José Correa de Mesquita – que deixou seu nome ao ribeirão, à fazenda e ao arraial do Mesquita – que encontraremos posteriormente em Pirenópolis.

No anexo ao Capítulo XIV — "Extrato das Sesmarias de Pirenópolis, Jaraguá e Corumbá de Goiás com requerimentos existentes no AHEG" — Arquivo Histórico do Estado de Goiás, Bertran aponta que o fazendeiro José Correa de Mesquita requereu uma sesmaria na próspera Meya Ponte:

1779 – **Antônio Pereyra da Cunha** – no ribeirão padre Souza, confrontando com João Rodrigues Santiago (Nascente); Izidoro Rodrigues (Poente); Antônio Leite (Sul); com a serra (Norte). Meia légua de terras.

1779 – **Francisco Soares de Abreu** – crioulo forro, morador no distrito de Meia Ponte para sustentação de seu pai que se acha cego, de sua mãe e irmãos, um sítio no córrego do Mato Grosso, onde confronta pelo Sul com Ignácio José, pelo Norte com José Pires e com o tenente Roque da Silva Álvares, do Oeste com a tapera do defunto Antônio Rodrigues Frota. Meia légua de terras.

-Sesmarias citadas no índice Geral de 1913 (IG), cuja documentação está hoje desaparecida:

1750 – **Sargento-mor José Correia de Mesquita** – sesmaria no Distrito de Meia Ponte, em especificação de situação. 3 léguas em quadra.

1751 – **Sargento-mor Antônio Rodrigues Frota** – ao pé do morro Grande, distante 1 légua.

Para reafirmar minha suposição, na literatura consultada, constato que Meya Ponte (atual Pirenópolis) vivia situação de prosperidade e riqueza, o que pode ser confirmado pelos relatos e itinerários deixados por viajantes que atravessaram a capitania (ou província) de Goiás, depois de passar por Santa Luzia, e que se referiam à região como "desertos", "sertões", "decadência", "ruínas" e "abandono". Chegando perto de Meya Ponte, com as fazendas e os estabelecimentos rurais em muito melhor situação, o discurso muda e se referem ao local como um "contraste com as "ruínas" e a "decadência" de Goiás", principalmente na fala de Saint-Hilaire sobre a capitania.

Álvares (1997, p. 67) afirma ainda que o sargento-mor José Correia de Mesquita participou também das comissões para construir a Igreja Matriz em 1762, ano da caça aos jesuítas em Portugal pelo Marques de Pombal, quando ele mandou executar em praça pública o padre Malagrida, que era amigo de muitos em Santa Luzia, um reduto português em Goiás. Essa reforma religiosa que acontecia em Portugal assustava esse grupo que era fervorosamente cristão.

Há na literatura também referências às estratégias de resistência femininas, cito aqui o estudo "Escravas em Ação: Resistências e solidariedades abolicionistas na Província de Goiás – Século XIX", de Thiago Fernando Sant'Anna (2008), que relata práticas cotidianas das escravizadas como práticas abolicionistas. Elas souberam resistir silenciosamente no trabalho e no vínculo solidário cotidiano com seus donos. Seguindo a teoria do autor, e interpretando a doação da Fazenda Mesquita às três escravizadas em uma matriz de caracterização do sistema escravista cujas relações se davam em termos de "resistência" e "acomodação", bem como na existência de espaços de negociação entre proprietários e escravizados, pode-se dizer que a doação da fazenda envolveu uma prática comum nos discursos abolicionistas da época e na cultura da sociedade escravista, em que as relações entre escravizados(as) e proprietários(as) eram, ao mesmo tempo, de aprisionamento e libertação.

A literatura histórica reafirma a posição de refém na qual a política escravista colocava tanto os escravizados quanto seus donos, pelos laços de dependência estabelecidos. Essa relação era aumentada pelas estratégias construídas pelos escravizados, especialmente na esfera doméstica, uma vez que nessa relação havia um jogo de incentivos a projetos de alforria e de limites aos mesmos. Sant'anna (2008) afirma que mesmo as elites procurando atribuir à alforria o sentido de "concessão", de ação "benemérita", a emancipação aconteceu principalmente por essas suaves ações de resistência.

John Scott (2011) diz que, para a maioria das classes subalternas que, de fato, tiveram historicamente escassas possibilidades de melhorar seu status, essa forma de resistência foi a única opção e que as ações dentro dessa camisa de força simbólica são um testemunho da persistência e inventividade humana, como ilustra este relato sobre a resistência das castas inferiores na Índia:

> Empregados presos a um vínculo vitalício de trabalho [lifelong indentured servants] caracteristicamente expressavam descontentamento quanto a sua relação com seus patrões através do desempenho descuidado e ineficiente de seu trabalho. Intencional ou inconscientemente, eles podiam fingir doença, ignorância ou incompetência, criando transtornos para os patrões. Muito embora o patrão pudesse retaliar, recusando-se a conceder benefícios adicionais ao empregado, ele continuava obrigado a mantê-lo em um nível de subsistência para não perder inteiramente seu investimento. Desde que não se expressasse como uma contestação ostensiva, esse método de resistência passiva era quase imbatível; ele reforçava o estereótipo dos Havics a respeito do caráter das pessoas de casta inferior, mas lhes dava pouco recurso para agir. (GONZÁLEZ, 2010, p. 48-49).

Esse tipo de "teimosia" (resistência), como se costuma chamar, é encontrada também na escravidão nos Estados Unidos, onde a forma ostensiva era temida. Assim os negros do Sul, antes da Guerra Civil, em sua maioria, faziam a resistência à escravidão por meio do corpo mole, da falsa aceitação, da fuga, do fingimento de ignorância, de prejuízos de caso pensado (sabotagem), do roubo e, o que me interessa para esta pesquisa, da resistência cultural.

Com base na vasta literatura consultada e em documentos de arquivos diversos, e atentando para não confundir diferentes realidades no tempo e no espaço, pensei no contexto do sistema escravocrata vigente em Goiás e defendo aqui a hipótese de que, no Arraial de Santa Luzia, as práticas de resistência podem ser analisadas a partir dessa noção de "resistência cotidiana" de Scott (2002). O autor afirma que:

> [...] a defesa dos interesses perpassa por escolhas morais articuladas a um repertório cultural dos camponeses em suas diferentes vivências cotidianas, permitindo que estes resistam àqueles que estão em posições dominantes nas relações em que participam. (SCOTT, 2002, p. 12).

Penso que os escravizados em Santa Luzia, à época, não afrontaram diretamente aos "senhores", mas resistiram agindo de forma não explícita e sem violência. Parecia haver o entendimento, sobretudo entre as mulheres, de que, na maior parte das situações, só sairiam vitoriosas se sua resistência acontecesse dissimulada sob a forma da submissão. Essa leitura "analítica" pode explicar a "benesse" da doação da fazenda usando como referência os possíveis "bons serviços prestados" pelas três escravizadas. Acredito que o sargento-mor José Correia de Mesquita, conforme relata Bertran, além da fazenda no Arraial de Santa Luzia, possuía propriedade também em Meya Ponte, onde se fixou em função da prosperidade daquela região em contraste com a escassez de Santa Luzia, deixando a fazenda Mesquita para as negras que lá viviam e cuidavam com esmero.

Referendo essa minha hipótese sugerindo que a resistência pacífica das três à escravidão se deu no trato diário com o "dono", mediante a leitura que faço de Sidney Chaloub, em *Visões da Liberdade: uma história das últimas décadas da escravidão na corte* (1990, p. 52), em que o autor afirma que

> [...] trabalhar, de forma obediente e silenciosa, enquanto escolha tomada pela própria escrava, ao invés de uma fuga ou tentativa de assassinar seus proprietários, poderia ser uma estratégia das escravas para conquistar a alforria.

> [...] sob a escravidão, as mulheres negras serão, na maior parte dos casos, as únicas responsáveis pela manutenção da cultura material e simbólica, além da sobrevivência

dos membros do grupo familiar. Serão elas as figuras centrais dessa nova família estruturada sob a escravidão e no período pós-abolição. As mulheres negras no Brasil que, quando escravas eram "negras de ganho", quando livres passaram a negociar bens materiais e simbólicos (ANJOS, 2006, s/p).

O território de Mesquita é assim fruto da resistência secular da comunidade por sua autonomia econômica e social. O uso da terra e dos recursos ambientais existentes na comunidade do quilombo refletem essas relações parentais e sociais fundadas ao longo do tempo. Assim, o território está imbricado com a organização social de Mesquita, os traços diacríticos eleitos pela comunidade são as relações de parentesco, assim como a fabricação da marmelada de Santa Luzia e as festas de Nossa Senhora D'Abadia, do Divino Espírito Santo e do Marmelo. Em Mesquita, segundo Oliveira (2012), as famílias originarias do quilombo — Pereira Braga, Lisboa da Costa e Teixeira Magalhães — coincidem com o número das escravizadas fundadoras da comunidade.

1.4 HISTORICIDADE NEGRA NO QUILOMBO MESQUITA: O ATO FUNDANTE DA VIDA LOCAL

O evento fundador é o que importa para a constituição da identidade do grupo. "Mesquita nasce em Mesquita" (RELATÓRIO..., 2011). Seu mito de origem pode ser considerado o real originário, sem qualquer ônus, para sua afirmação étnica — mesmo que se busque um rompimento com o símbolo do cativeiro, da escravidão. A partir da doação da terra a três ex-escravizadas, surge todo o grupo. Embora as fontes documentais a respeito sejam escassas, não é o mais importante para este livro colocar em questão tal fato, posto que, apesar do conhecimento sobre o contexto de seu nascimento e a provável variedade das questões que a originam, é essa a memória que organiza a comunidade hoje.

Em um contexto de abandono da fazenda Mesquita, que resultou na doação de terras às senhoras por seu proprietário, abriga, a partir de então, uma comunidade negra rural que assimila seu nome, que é a origem de um enraizamento ao lugar e a gênese de um grupo no interior do qual se constrói uma memória e tradição, que se comunicam e comunicam aos indivíduos de cada geração a própria história formando o quilombo de Mesquita, objeto de estudo deste livro.

A pesquisa afirma ainda que, com a emigração de senhores brancos, que constituía uma minoria populacional, os negros tendiam a ocupar a terra e desenvolver sua liberdade e sua cultura própria. A escravidão em si passou a ser economicamente impraticável após a decadência da mineração em Santa Luzia. Assim, ao mesmo tempo que ocorria o processo de ruralização em Goiás, o contingente de escravizados diminuía substancialmente. Por isso, no relato do morador mais idoso do quilombo, é expresso "[eles] foram libertados". Alforrias, emancipações, abandonos, mortes, fugas etc. A manutenção e o trato exigiam gastos incompatíveis com a realidade local (PALACÍN; MORAES, 2001).

A libertação dos escravizados em Goiás ocorreu mais por interesse particular daqueles senhores que não conseguiram sustentar a mão de obra escrava na sua propriedade, sendo a decadência econômica maior motivo para as cartas de alforrias. Daí a Província de Goiás ter passado por uma crescente diminuição do número de escravizados em todo o século XIX. A libertação dos cativos em Goiás esteve mais ligada ao empobrecimento produtivo da Província do que a interesses humanitários (FUNES, 1986).

O antigo morador nos dá a notícia de que, em um primeiro momento, uma área muito extensa era ocupada pelos negros fugitivos, abandonados ou alforriados. Os quilombos abrangiam pontos localizados desde o rural de Luziânia até Santa Maria, Alagado e Formosa com fluxos e trocas entre si. Eram ilegais à luz da legislação em vigor:

> [...] Aí o pessoal foi vivendo, produzindo e enchendo de gente aqui, por que era muito escravo. Já foi dez acampamentos de escravos, de Mesquita até Santa Maria, quem era aqui de Mesquita ia lá. (JPB, RELATÓRIO..., 2011, s/p).

Bertran (1988) refere que, anos mais tarde, com o declínio econômico e o êxodo dos senhores, todos os negros se tomariam "libertos", primeiramente com as fugas e posteriormente, em 1888, com a abolição da escravidão. Porém, a maioria da população negra já fixada no rural goiano, com o agravo para aqueles que tinham fugido, ainda vivia à sombra da "libertação" proveniente da abolição. Os negros não eram mais caçados, mas também "não existiam" legalmente. Muitos dos libertos se agregaram aos grupos invisibilizados, encontrando nos antigos quilombos um local em que a vida pudesse se desenvolver melhor entre pares do que inseridos em uma ordem societária na qual eram sempre considerados ser inferior. O fato é que, mesmo após a abolição, esses grupos continuaram vivendo à margem da organização social do país.

Os negros migraram da área de extração de ouro para o rural de Santa Luzia. Em grupos, direcionaram-se a diversos locais. O assentamento na fazenda Mesquita se deu pela vastidão de "terra virgem" e, principalmente, pela disponibilidade de água no local. O morador continua seu relato aos técnicos do Incra:

> *Eles veio que foram tocado... veio do garimpo os escravos... Uma comitiva dos escravos. Não tinha ninguém. Era mato, uma coisa deserta mesmo... Fazia aquele limpão aí, muita água por todo lado, né?*
> *[...] Todo mundo trabalhava em Luziânia arrancando ouro, quando libertou, aí mandou tudo embora, o negócio foi assim. [...] Isto aqui foi comprado, arremataram por oito primitivo isto aqui... 600 alqueires.*(depoimento de morador, 2008).

No relato de história oral, o morador idoso se refere a *"outras turmas"*, usando uma terminologia local. Seguiram rumo ao norte da região, se fixando em outras áreas e estabelecendo trocas entre si. A que se tem maior notoriedade de aproximação com os negros de Mesquita, foi núcleo que se fixou em área que atualmente é delimitada como a Região Administrativa de Santa Maria do Distrito Federal. Embora *"as turmas"*, ou grupos de parentesco, apresentassem certa distinção entre si, os negros de Mesquita consideram *tudo parente, da mesma família: os daqui eram daqui e os de lá os de lá, mas era dos mesmos* — como dizem. Eram grupos distintos de uma mesma família. *"O povo que foi para Santa Maria era duas turmas. Uma foi pra aqui outra pra aculá* (SLC, RELATÓRIO..., 2011, s/p)".

Entre esses grupos, existia um mesmo pertencimento étnico. Eis a tomada de consciência da etnicidade, embora o termo *étnico* não seja de uso comum para a comunidade de Mesquita. Nessa passagem histórica, o entendimento do que somos "nós" em contraposição ao que são os "outros" representa uma fronteira. As relações entre esses grupos de parentesco eram construídas e permeadas de toda uma vida social que fazia essa "família negra" diferente dos outros grupos humanos ali existentes.

Os assentamentos das turmas se davam em pontos distintos, mas um extenso território ambientava a vida comunitária. Entre esses pontos, estabelecia-se uma rede de reciprocidades dos humanos que os habitavam.

> *Quando tinha festa a gente ia em Santa Maria. Tinha casamento com os de lá. Um bocado de Pereira Braga.*
> *Era tudo aberto. Ninguém fechava [propriedades cercadas]. Andava tudo isto aí. Ia de cá, vinha de lá... Era assim* (SLC/RELATÓRIO..., 2011, s/p).

Casamentos, trabalhos, mutirões... A configuração espacial também refletia esta estrutura social de trocas envolvendo o uso comum das áreas. Caminhos, extração de madeira, extrativismo vegetal... O uso dos espaços e fluxos que ambientavam e sustentavam a vida — o território propriamente dito — se dava em uma extensão para além dos pontos de fixação dessas comunidades negras.

Na cosmografia do grupo, Mesquita possuía áreas destinadas à ocupação e fixação, ou seja, terra ocupada por assentamento humano, trabalho e produção. Utilizava-se um extenso território, onde a paisagem se diferenciava em muito da atual. As terras não eram cercadas, tendo a comunidade livre acesso à região. A noção de apropriação do espaço era específica do grupo: na realidade, a apreensão do sentido de propriedade se diferia muito do que viria ser ao longo do tempo. *A terra não era de ninguém* — por diversas vezes, a exclamação é repetida entre os mais velhos. Na história de Mesquita, o crivo da noção de propriedade, como é dada hoje pelo Estado brasileiro, é algo recente. Os anciãos da comunidade viveram esse processo de mudanças; iniciaram suas vidas tendo a terra valores e sentidos diferenciados dos padrões atuais.

> *Não. Nada! A terra tinha... Era em comum. Não tinha negócio de [registro]... essas coisas não. Você podia ficar em um lugar, a terra não era sua não. Morava alí. Agora hoje não, hoje tá tudo cheio de dono, que tá usando essas coisas...* (CBP/RELATÓRIO..., 2011, s/p).

A terra não era considerada "propriedade". O território utilizado extrapolava os limites entre propriedades de outros senhores. Não havia cercas. O gado era criado solto. O código de conduta, a moral do grupo, sustentava uma forma específica na lida com o ambiente. *"Era tudo em comum, não fechava pasto"* (RELATÓRIO..., 2011, s/p).

> *Essa terra tinha pouca casa, era só dos mais velhos, então nesse caso era tudo mato. Você andava aqui era mato grande mesmo (R./RTDI 2011, s/p).*

Nem a tradicional "herança" fazia parte do sistema de relações com a terra, ao menos explicitamente. Como era "uma família só", a ocupação se dava nos locais de "terra virgem". O trabalho de limpar a área e puxar água do canal orientava a ocupação.

> *O pai não mandava em terra nenhuma, num tinha disso. [...] Quando casava podia ficar em qualquer lugar. Qualquer lugar que podia fazer a tirada d'água... porque aqui pra perto tinha água*

> *por todo lugar, viu? Podia puxar o rego e fazer sua casa. [...] Vixe aqui tinha lugar de morar até! Aonde puxava a água podia fazer morada. Quando casava podia morar onde quisesse. Aqui neste tempo era em comum a terra (C. P. B././RELATÓRIO..., 2011, s/p).*

Seu S. hoje afirma que a fazenda Mesquita foi *"arrematada por oito primitivos". "Não herdou, arrematou"*. Embora pareça contraditório, o dado reforça a versão da doação a três escravizadas quando foram essas mesmas que *"arrematararram"*, "compraram" a terra. Considerando as práticas consuetudinárias em Goiás, para as quais muitas vezes o registro é só a memória, ambas as versões são possíveis, e não nos importa contrastá-las, posto que apontam ao mesmo sentido: a legitimação da aquisição da terra.

> *[...]Vieram muitos escravos pra cá, e três escravas registraram a terra depois de medir e pagaram no cartório. Vinha desde o Maria Pereira. [...] Uma dessas três escravas era mulher do meu bisavô (SLC/RELATÓRIO..., 2011, s/p).*

Observa-se nessa fala a necessidade de legitimização da ocupação para os "de fora". Se o código é a doação de um senhor (como o era no início do século XIX), que seja a doação. Se o código privilegia a compra (como é atualmente), que seja a compra. Nesse contexto pode ser apreendida mais uma fronteira étnica. "Herdar" a terra de um senhor era um código utilizado na relação com a sociedade envolvente, e não um código que balizava as práticas internas do grupo. O mesmo ocorre com a situação da compra. Se é evocada a herança ou a compra, o arremate, é para validar "para os de fora" sua ocupação sobre terra com vistas a garantir a permanência dos negros nessas áreas. Distintamente, no ordenamento interno da comunidade, o trabalho sobre a terra era o código que validava a ocupação, e não a proximidade de parentesco às três escravizadas, nem a comercialização da terra.

Independentemente do código necessário à legitimação da ocupação para a sociedade envolvente, a terra conquistada era uma fortaleza onde se podia viver uma outra dinâmica estruturalmente diferenciada daquela que os condenou. "Um tratado para dentro, outro para fora" (RTDI, 2011, s/p). Esse equilíbrio externava a própria alteridade do grupo e o fortalecia. Essa capacidade de organização de dois ordenamentos distintos, um interno e em externo, com duas noções diferenciadas de legitimação da ocupação, demonstra certa estratégia de sobrevivência comunitária e denuncia intrinsecamente um caráter identitário. O resultado dessa estratégia é que de fato a ocupação dos negros na fazenda Mesquita foi legitimada e perdurou séculos, mesmo no contexto de êxodo urbano que reconfigurava o rural Goiano.

Esse momento histórico de Goiás, se observado pela perspectiva do colonizador, é retratado como retrocesso sociocultural propiciado pela decadência econômica do sistema aurífero.

> Esta evidente decadência trouxe para Goiás uma defasagem sócio-cultural. [...], costumes e hábitos da civilização branca foram esquecidos em decorrência do isolamento no qual os goianos passaram a viver; ocorreu a ruaralização da sociedade e desumanização do homem (PALACÍN, 1995, p. 46).

Porém, por um lado, se é enunciada uma decadência da elite, por outro pode ser considerada a emancipação por parte do maior contingente populacional local. Essa profunda decadência para os investidores, que abandonaram seu empreito deixando suas terras e alguma escravatura, é contemporânea ao mito de origem de muitas comunidades quilombolas. Se, em um cenário econômico mais amplo, atribui-se a esse momento histórico um rótulo de declínio; do ponto de vista das comunidades negras rurais, inverte-se a lógica: sua micro-história denuncia o período de ascensão.

Antes de prosseguir, é importante ponderar que se observa sim um contexto de ascensão para as comunidades negras, mas há de se ter em mente suas limitações. A ideia de ascensão e decadência sempre é relacional. Os negros ascenderam da vida cativa para a vida liberta. As relações de servidão, de liberdade condicional e a condição hierárquica no poder permaneceram. O mundo rural no Brasil sempre foi marcado pelo coronelismo. Essa estrutura factível pode ainda ser apreendida na atualidade. A estratégia de sobrevivência de muitos dos grupos menos favorecidos, que representavam a imensa maioria do contingente populacional, em vez de enfrentar a estrutura hegemônica impondo guerrilha ou liberdade à força, utilizou-se de um universo de trocas veladas (reciprocidades implícitas) com um mínimo retomo imediato, cumprindo seu papel de subordinação e fortalecendo as bases do coronelismo.

Para os negros que antes só possuíam ônus em todo o sistema posto, relações de apadrinhamentos que ainda operavam sob a lógica pseudofamiliar entre escravizados e senhores desenharam um universo mais imediatista de pequenas conquistas. O acesso à liberdade para quem só possuía a referência do cativeiro já era grande ganho. O que houve foi uma adaptação às necessidades locais da força de trabalho que se caracterizou por um imbricamento da esfera pública e privada em uma relação assimétrica entre os segmentos sociais mais favorecidos e menos favorecidos.

> A escravidão em Goiás não mais movimentava a economia local desde o início da decadência da mineração, no período que contemplou as décadas de 1780-1820. A agropecuária não conseguiu se desenvolver e competir com outras províncias e manter um elo com o mercado inter-regional e internacional. Assim, com a decadências da mineração e a conversão econômica para agropecuária, a utilização da mão de obra escrava foi decaindo consideravelmente no interior da Província [...] A saída para isso foi oferecer liberdade condicional aos cativos que ainda existiam e passaram à utilização do trabalhador agregado, fosse colono ou jomaleiro, geralmente residente nos arredores das fazendas (SOUZA, 2002, p. 86-87).

A organização dos grupos negros mais isolados também passou por transformações com essas adaptações. Com a expansão de um mercado interno em Goiás, outras características nas relações traçadas expressaram as necessidades contingenciais constituindo um novo cenário. Comunidades negras rurais já estabelecidas em lugares remotos, algumas mesmo em total isolamento, receberam o afluxo do povoamento paulatino das terras virgens, antes não imaginado. Assim adaptaram-se e inseriram-se na rede de trocas e reciprocidades da economia de subsistência local com diferentes segmentos sociais (dos coronéis aos posseiros), os quais, há pouco, eram ilegais. Se muitos quilombos ainda ocupam suas terras ou parte delas, é devido à resistência às várias formas de violência, por meio dessas relações estabelecidas.

> Analisando melhor as questões relacionadas à agropecuária do século XIX, o que se percebe é uma lenta transformação nas relações de trabalho e produção. Mesmo coexistindo a escravidão, o tipo de trabalho tendeu a sofrer modificações com a expansão da criação de gado por todo o território goiano em extensas fazendas. Estas se tomaram espaços de sociabilidade e agregação humana. [...] O crescimento foi lento e ocorreu pela forma extensiva de ocupação territorial por que passou a população goiana no processo de adaptação à economia de subsistência, ou de abastança, no Centro-Oeste, como já havia descrito Palacin e Bertran (SOUZA, 2002, p. 30- 31).

Essa transformação da força de trabalho também exigia certo equilíbrio na manutenção da ordem. Embora a relação de poder sempre fosse assimétrica, existia uma codependência dos estratos sociais que por si exigia tratos mais amenos com o trabalhador. O fazendeiro, mesmo imbuído de um poderio reinante, era consciente de que estaria sozinho sem o contingente negro.

> *Coisa que eles [os escravos mais antigos de Mesquita] ajudava lá pro fazendeiro lá sem ganhar [nada em troca]... eles ia lá buscava a vaca [do fazendeiro], chegava lá matava a vaca e ia comer na turma deles. Porque ele [o fazendeiro] não podia brigar com eles [os negros]. Porque eles que era o povo deles brigar e aí ficava sozinho, né? Aí os cara [os fazendeiros] não podia brigar. Via, mas não podia falar nada (SLC/RELATÓRIO..., 2011, s/p).*

Muitas comunidades negras, ou grupos recorridos aos quilombos — incutidos do catolicismo popular e acostumados a determinado trato do trabalho — reproduziram, em seu modo de vida, as mesmas práticas culturais antes vistas nos engenhos, fazendas ou minas, não valorizando a distinção por oposição cultural às práticas produtivas, apenas inspirando liberdade. Outros, ao contrário, expressaram uma forma radicalmente diferenciada do seu viver comunitário, cultivando traços mais africanos, como afirmação da identidade. Em ambas as situações, ao longo do tempo, esses grupos foram construindo uma cultura própria a partir das peculiares circunstâncias que a vida impunha.

Mesquita é uma comunidade que mais se aproxima à primeira situação. Os negros de Mesquita reproduzem, em seu modo de vida, muitos dos traços culturais predominantes da região. O calendário católico, por exemplo, organiza o ano e as festividades tradicionais desde sempre. Mesmo que as configurações das festas tenham mudado ao longo da história, foi o catolicismo popular a base comum. A festa do Divino Espírito Santo, que ocorre entre os dias 15 e 30 de maio, é uma das mais antigas do quilombo, remontando uma tradição secular. Já a festa que atualmente é a mais importante para Mesquita remonta apenas 60 anos de tradição: a de Nossa Senhora D'Abadia, em homenagem à padroeira da comunidade, que ocorre entre os dias 6 e 15 de agosto. Nessa festa há, em todo o território, as casas de pouso. Os foliões chegam a cavalo acompanhados de uma multidão. O anfitrião oferece o bendito de mesa para os foliões e o pouso. Brinca-se Catira e Dança da Raposa — duas manifestações artísticas com música e danças baseadas em viola, sapateios e palmas. Essa festividade é marcada pela agregação entre quilombolas e não quilombolas e extrapola os limites territoriais do quilombo.

No período em que os negros conseguiram se firmar em Mesquita, a comunidade teve, em sua história, a ascensão marcada por um produto alternativo que se destacou por ampla comercialização. Apesar de todos os entraves anteriormente descritos pelos quais passava Goiás, como alternativa econômica, associada à pecuária, Santa Luzia desenvolveu o plantio de marmelo e a feitura de seu doce cristalizado — esse produto, por sua especificidade, deparou-se com certo mercado disponível. A "Marmelada de Santa Luzia" teve, na comunidade de Mesquita, uma exímia produtora.

> Em 1804 apenas dois gêneros eram objetos de exportação na capitania: o bom fumo de rolo de 2, p. 804$000, e a desde então famosa Marmelada de Santa Luzia, cuja produção para aquele ano amonta 3 mil quilos no valor de 960$000 2, 3 quilos de ouro - expressão de toda a riqueza a que se resumia agora Santa Luzia: 1 por cento do ouro extraído em 1764 é de se observar que os dois únicos gêneros de exportação da capitania provinham do Planalto (BERTRAN, 2000, p. 185).

> Não será de todo exagero afirmarmos que esse produto exerceu singular influência na economia luziana, de igual forma, ou em maior escala, com o ocorrido com a pecuária, pois se muitos viveram com a atividade comercial bovina, outros viveram e convivem com a industrialização desse doce (PIMENTEL. 1994, p. 43).

Segundo Pimentel (1994, p. 43) doce era exportado ao litoral, pois um fazendeiro do arraial comprava o excedente dos mesquitenses e o atravessava. Conta-se na região, ressaltando-se orgulhosamente a projeção nacional desse produto, que o imperador dom Pedro I degustava a marmelada de Santa Luzia. No período de ruralização de Goiás, o status simbólico da marmelada rompeu com a ideia de isolamento e abandono. Porém, ao que concerne à legalidade de sua comercialização, rendia infimamente aos seus produtores, que eram praticamente extorquidos pelas cobranças reais.

> Em 1804, era cobrado no julgado de Santa Luzia quase pelo mesmo valor que rendia, ainda em boa fase, a Contagem de São João: 867$000, valor equivalente a toda marmelada exportada por Santa Luzia (BERTRAN, 2000, p. 186).

Se, por um lado, a Coroa não assistia Goiás, por outro se fazia presente na cobrança dos impostos. Vivendo à margem, práticas ilícitas, como o próprio quilombo, foram a sina dos resistentes.

> A desobediência civil da época apesar de não documentada, pode ser imaginada com pinceladas de realidade. Contrabando, cachaça, rituais afros, não- pagamento de impostos, descaso para com a lei, entre outras, foram atitudes notórias no cotidiano do povo do lugar. A sociedade local parecia construir seus hábitos e sua cultura por elementos pró-

prios, de tradições locais e atávicas de memórias seculares, distante da cultura europeia. Formavam um mundo à parte de um governo não reconhecido ou indiferente aos olhos da população. (CHAUL, 1997, p. 74 *apud* SOUZA, 2002, p. 27).

A história de Mesquita é marcada por diferenciados períodos em relação à produção deste doce. Primeiramente a Marmelada foi um marco na afirmação do território e propiciou a resistência da comunidade neste momento da história de Mesquita. Posteriormente, no início do século XX, quando novas rotas começam a inaugurar o período republicano de expansão rumo á Goiás, a produção da Marmelada de Santa Luzia crescerá e junto ocorrerá uma significante ascensão comunitária. A decadência da produção do doce também denunciará uma concomitante desarticulação social. E já no século XXI, com a emergência de uma cidadania e reivindicação de direitos étnicos em prol de sua coletividade e etnicidade, a Marmelada de Santa Luzia será retomada como símbolo da identidade do quilombo. Posto que a comunidade a considera como prova de uma ancestral idade aos negros escravos e remonta os tempos do Brasil Colônia. Será, então o estandarte simbólico da luta por seu território e sua identidade negra (SANTOS, 2007, s/p).

De volta à história de Goiás, e observando-a com um olhar mais atento, pode-se afirmar que foi justamente a configuração do desenvolvimento interno de sua economia de subsistência que representou o fator característico de sua resistência.

A expansão territorial proveniente da ocupação do interior de Goiás e o estabelecimento da agropecuária como atividade principal impuseram a terra outros valores e novos recortes nas imensas sesmarias. Porém, como ela não era um bem escasso, mesmo imputando-se uma nova importância, preponderava-se ali a mesma lógica da sobrevalorização das benfeitorias, ou seja, o trabalho sobre a terra.

Devido ao seu isolamento, por um século, os eventos de cunho nacional pouco afetaram a vida em Goiás que, a não ser por uma insignificante minoria, era alheia a eles. Assim ocorreu até os novos fenômenos históricos que marcaram outras frentes migratórias ao interior do país já no início do século XX.

A resistência se mostrou no isolamento da população, que se espalhou pelo imenso território. O mundo externo aos seus limites constituía uma realidade para uma pequena parte da sociedade. Para a grande maioria da sociedade goiana, o progresso tecnológico e as idéias modernas que portavam no litoral eram notícias de um mundo distante e desconhecido (SOUZA, 2002, p. 30-31).

Alguns acontecimentos nacionais serão mencionados com a finalidade de contextualizar a expansão rumo à Mesquita. Não é o foco deste estudo as passagens da história do país, mas serão abordadas, pois, direta ou indiretamente, tiveram alguma vinculação com a história de Goiás e do quilombo Mesquita.

O declínio do ouro e a emergência do século XIX foi logo seguido pelo estabelecimento da família real no Brasil em 1808 culminando na invasão metropolitana e propiciando a abertura dos portos, o que intensificou a comercialização sobretudo na faixa litorânea. Dissolvido o papel do Governador Geral com o estabelecimento da Coroa na colônia, todas as terras eram de propriedade do rei, que podia doá-las conforme interesse próprio. Porém em contraposição, neste período se prolifera a apropriação da terra através da posse: não só em Goiás como em toda a colônia, indivíduos e comunidades instalavam-se em terras menores que as conhecidas sesmarias com a finalidade de garantir sua subsistência. Nenhuma lei foi feita para regulamentar este tipo de situação não balizada no regime de doação real (BERTRAN, 2000, s/p).

Em 1822, proclamou-se a Independência do Brasil, e estabeleceu-se o Primeiro Reinado, que durou até 1831, quando D. Pedro I abdicou do trono. De capitania à província, Goiás pouco se modificou.

No aspecto político, as transformações foram pequenas. Os presidentes nomeados pelo poder central, sem vínculos com a terra, ainda continuavam sendo de nacionalidade portuguesa. Os goianos os identificavam como os detestáveis Capitães Generais de um passado próximo que não se apagara [...] Com a abdicação de D. Pedro I, rebentou em Goiás um movimento de caráter nacionalista, que alcançou vitória pelas condições da política geral do Brasil (PALACÍN, 1986, p. 54-55).

Santos (2006, p. 45) fala que esse movimento de caráter nacionalista durou pouco. Com a abdicação do Imperador, em 1831, os ideais liberalistas ganharam certa visibilidade. Goianos, nesse parco espaço de tempo, assumiram o governo da província. Foi introduzida a imprensa e, com isso, a tentativa de mobilização popular. Ocorre que, em poucos anos, com a corrente dos "liberais regressistas" aliados aos conservadores — em busca de sanidade ao quadro instável na administração do Brasil —, estabeleceu--se o Segundo Reinado, em 1840, pelo "golpe da maior idade". Em Goiás, das pequenas mudanças ao retrocesso à velha ordem: presidentes de fora assumiam a província com todas as problemáticas postas e pouco eficazes se faziam.

> Na década de 1850, a criação do Registro Paroquial como instrumento precário de cadastramento rural, levava a corrida aos chamados cartórios eclesiásticos. A subdivisão das propriedades decorria de efeitos demográficos, do suceder de gerações, das migrações, dos pequenos posseiros e, sobretudo, da conversão à agropecuária, consequência do processo de ruralização de Goiás (BERTRAN, 1988, p. 48).

Com o Registro Paroquial, algumas porções de terras seriam requeridas pelos negros como propriedade, mas, como o registro de nascimento em si era privilégio de poucos, apenas os negros com situação legal, o que incluía a carta de alforria, podiam fazê-lo. Na realidade, mesmo para os aptos ao requerimento, em sua maior parte, não se entendia o real funcionamento do registro de terra: tratava-se de uma comunidade etnicamente diferenciada. É comum ainda hoje em Mesquita, oriundo de uma cultura agrária, um indivíduo apresentar certo papelucho sem valor ou que diga respeito a outro assunto dizendo "este é o documento da terra"; para aqueles que sabem ler, apresentam outro tipo de documento acreditando ser o título da terra.

> ESTADO DE GOIÁS PROCURADORIA -GERAL DO ESTADO GERÊNCIA DE DEFESA DO PATRIMÔNIO PÚBLICO E DO MEIO AMBIENTE
> **CERTIDÃO N° 028/2011 2* ViaFreguesia de Santa Luzia - Província de Goiás**
> Em cumprimento ao Oficio n° 882/2011-INCRA/SR (28)/G DATADO DE 07/07/20U dirigido ao Sr. Dr, Ronald Christian Alves Bicca, Procurador Geral do Estado, pelo Superintendente Regional-Substituto SR-28/DFE Sr. José Ribeiro de Andrade, cópia anexo, localizado na S1A Trecho 1 lote 1730/1760 Bloco D e, Brasília-DF (Fone: (061-3462-3947 - Fax: 3462-3990), constante na inicial do processo n° 201100003006243, no qual solicita as certidões dos registros paroquiais da Fazenda Mesquita n".: 126 e 144 da Vila de Santa Luzia, visando Estudo e conclusão do Relatório de identificação e Delimitação (TRID) do Território Quilombola de Mesquita, solicitado pela própria comunidade e imposta

pelo Ministério Público Federal através de decisão judicial proferida nos autos da Ação Civil Pública - Processo n° 2008. 35. 01. 000868-0. CERTIFICAMOS que revendo os livros de registros paroquiais, em nosso poder encontramos o livro findo de lançamentos dos registros de terras possuída da freguesia da Vila de Santa Luzia, aberto conforme regulamento de 30 de janeiro de 1. 854, arquivado sob o n° 20 e nele às folhas 60v, o registro paroquial n°126, como segue: "N°126 - Declaração que faz Delfino Pereira Braga de humas terras que possue no município deste Villa de Santa Luzia, para ser registrada na conformidade do Regulamento de 30 de janeiro de 1. 854. O abaixo assignado possue hum Citio denominado o Misquita, contendo no dito Citio terras de cultura, e campos de criar, distante deste Villa tres léguas mais ou menos, dividindo pelo Nascente com terras do Senr. Alferes Profírio Ozano Baptísta, e pela parte do poente divide com Augostinho Camello, e pela parte do Sul divide com o RyoSào Bartholomêo, e pela parte do mesmo divide com o Senr. Tenente Francisco Pereira de Mello, cujas terras possuio por compra epocia que comprei do Senr. Capitão Delfino Machado de Araújo, desde 27 de Janeiro de 1855, tendo de estenção de nascente a poente huma legoa e meia, mais ou menos, e de Norte a Sul huma legoa mais ou menos. Villa de Santa Luzia 15 de julho de 1. 858. Delfino Pereira Braga E eu Padre Simeão Estylita Lopes Zedes Escrivão dos Registros que escrevi nesta Villa de Santa Luzia aos 23 de julho de 1. 858". Nada mais à certificar dos aludidos assentamentos nos reportamos em vista do que foi requerido, dato e subscrevo a presente certidão de inteirc teor Certidão com os Registros Paroquiais em nome de Delfino Pereira Braga (Goiás, 2011).

A promulgação da Lei n.º 601/1850, a Lei de Terras, visava operar uma regulação da estrutura fundiária no Brasil, porém, segundo Costa (1976), era a única maneira de garantir o trabalho livre nas fazendas: dificultando o acesso à terra aos ex-escravizados. Dedicados, em sua grande maioria, ao trabalho rural e não incluídos como assalariados, eles permaneceriam submetidos à grande propriedade e afastados da participação da economia.

A Lei de Terras incidiu na reorganização espacial dos diversos grupos sociais e refletiu na composição da malha fundiária local. Alguns escravizados, ex-escravizados ou já seus descendentes conseguiram se fixar em áreas, porém a maior parte ainda não está regularizada nos dias de hoje, ficando esses grupos vulneráveis. Outros se apossaram, ou mesmo receberam doações de terras daqueles senhores que, desistindo do empreito, largavam todo o resto. Muitos grupos foram e ainda serão futuras vítimas de despejos com a chegada dos "donos" da terra que ocupam, sejam reais (de direito) ou grileiros. Outros continuaram, e continuarão, trabalhando em regime semisservil, pela moradia.

Há também aqueles que, em determinado momento de sua história, seguiram errantes, seminômades de futuro incerto. Todos que desfrutavam da cercania de uma imensidão de "terras vagas" e "terras virgens" presenciaram as cercas subindo e delimitando propriedades no transcurso do século seguinte. Assim as populações negras, no rural goiano, adaptaram-se às intempéries, criando as mais diversas estratégias de sobrevivência, testemunhando uma série de modificações da sociedade da qual já faziam parte, mesmo enquanto segmento marginalizado. Esses processos alcançam a atualidade. Essa demarcação, porém, não foi simplesmente apagada com as independências:

> As linhas cartográficas "abissais" que demarcavam o Velho e o Novo Mundo na era colonial subsistem estruturalmente no pensamento moderno ocidental e permanecem constitutivas das relações políticas e culturais excludentes mantidas no sistema mundial. (SANTOS, 2007, p. 1).

As localidades de Goiás desenvolviam-se internamente. Em 1867, Santa Luzia foi elevada à categoria de cidade. Seguindo a lógica coronelista, as famílias tradicionais se organizavam em busca de alternativas econômicas e alguma projeção além daquela ligada a um pequeno circuito inter-regional.

Em Goiás como um todo, as elites tinham na família a base da vida política, bem como o clientelismo. A troca de representantes locais se revezava nas famílias favorecidas, e a vida política se resumia a perdas e ganhos de privilégios por parte desses, em detrimento de melhorias das condições da província.

> Em Goiás, anteriormente à existência de partidos organizados, aos goianos impunha-se a subordinação generalizada dos grupos políticos locais aos presidentes desconhecidos. Essa realidade provocou muita instabilidade nos rumos políticos, ocasionando trocas e perdas de privilégios por parte de grupos opostos. Todas as vezes que se chegava um novo Presidente, os representantes locais se dividiam a partir de interesses familiares, expressos na prática do clientelismo político e aceitavam passivamente as interferências de fora (SOUZA, 2002, p. 61).

> A organização política e busca por melhorias em Goiás eram minadas por este clientelismo conservador. Os primeiros eventos liberais que a Província de Goiás experimentou fora tardiamente, em 1870. Surgiram as primeiras organizações clubistas de famílias goianas que almejavam progresso, ascensão econômica e maior autonomia política. Comum a partir de então que as famílias mais abastadas enviassem filhos para estudar fora e para retomar com novos conhecimentos. Uma reação ao isolamento. Assim, iniciava-se na cultura local uma prática que refletirá a possibilidade de acesso ao mundo político e acabará por distinguir intelectualmente as classes acirrando as diferenças étnicas e a relações de poder. Entre as reivindicações aspiradas pelos liberalistas, as lutas abolicionistas foram incorporadas significando neste micro-cenário mais a luta por mudanças do poder político local e nacional do que uma contestação ao trabalho compulsório em si. Ou seja, operava mais simbolicamente do que em sentido literal, posto que a escravidão não era a extrema realidade de Goiás. As regras consuetudinárias estabelecidas em diveas relações de trabalho, como por exemplo a liberdade condicional dos negros, eram resultados de mecanismos sutis de troca que explicitavam as relações de poder - o que na lógica atual de um Estado democrático de direito podem ser comparadas à escravidão, mas para a época representavam verdadeiro avanço na questão.
>
> A economia goiana há décadas já prescindira do trabalho compulsório, portanto, a escravidão na província estava mais associada aos status dos fazendeiros e proprietários de escravos. Geralmente, eram eles os que resistiam a mudanças radicais e compactuavam com a política conservadora. Portanto, os abolicionistas procuram demonstrar a importância da associação entre o fim da escravidão e as mudanças no cenário do poder político local (SOUZA, 2002, p. 99).

Assim, a abolição em 1888 representou para Goiás, antes de tudo, a ascensão dos ideais liberalistas e a possibilidade de representações goianas, confirmadas pela subsequente Proclamação da República, em 1889. Novos olhares e perspectiva já se anunciavam rumo ao Centro-Oeste. O negro ainda imerso em um cenário excludente.

Mesmo após a extinção do sistema escravista, em 1888, pela Lei Áurea, Goiás não garantiu o acesso das populações negras à terra. Aquelas que ocupavam as imensas áreas vagas irregularmente ficavam até que algum advento histórico que impusesse saída ou luta por permanência. Também não houve qualquer espécie de política pública de reparação ou agregação dos ex-escravizados. Ao contrário, no processo de transformação nas relações de produção para o trabalho assalariado, houve políticas declaradamente racistas de migração europeia para o Brasil, com o objetivo do embranquecimento da raça, permitindo a livre entrada de migrantes nos portos brasileiros (NASCIMENTO, 1978).

Com a instauração da República em 1889, Goiás, de província, passou a estado. Com a reforma política, uma medida que supria os anseios da elite goiana foi a defesa da ideia de interiorização da capital. A Constituição Federal de 1891 estabeleceu, em seu artigo 3º, a área de 14.400 quilômetros, no planalto central, a ser demarcada para transferência da futura capital federal:

> Art 2º - Cada uma das antigas Províncias formará um Estado e o antigo Município Neutro constituirá o Distrito Federal, continuando a ser a Capital da União, enquanto não se der execução ao disposto no artigo seguinte.
> Art 3º - Fica pertencendo à União, no planalto central da República, uma zona de 14. 400 quilômetros quadrados, que será oportunamente demarcada para nela estabelecer-se a futura Capital federal. (Brasil, 1891).

Já em 1892, Floriano Peixoto nomeou uma Comissão Exploradora para o Planalto Central do Brasil com o objetivo de iniciar os estudos para a demarcação de uma área onde se instalaria a nova capital do país.

A expedição, que ficou conhecida como Missão Cruls, mapeou aspectos climáticos e topográficos, estudou a fauna, a flora e os cursos d'água do trajeto, o modo de vida dos habitantes, os aspectos urbanos e arquitetônicos das cidades pelo caminho, além de fazer levantamento de doenças possíveis naquelas áreas.

A comissão delimitou um quadrilátero indicando o local mais propício à sede da nova capital. Em 1894, uma segunda missão foi realizada para estudos mais detalhados. Com a saída de Floriano Peixoto da presidência, o projeto de transferência da capital foi paralisado.

Embora a comunidade convivesse com violações de seu território, estabelecendo-se a normalidade cotidiana — o que incluía a lida com os agentes de poder externo —, não havia dúvidas sobre os benefícios e impactos que a rodovia e a Estrada de Ferro faziam chegar à Mesquita, pois é justamente esse o período que marca o pico de abundância do marmelo e do feitio da marmelada. Os negros vendiam grande produção para Santa Luzia, que, por sua vez, atravessava-a por ter novos meios de escoamento, aumentando assim a demanda.

> *Aqui fazia 400, 500 arrobas de marmelada, mandava para Luziânia em carro de boi. De lá, mandava até pra trindade. [...] Vixe esta marmelada teve um nome aqui medonho, né? (C. P. B./ RELATÓRIO..., 2011, s/p).*

Se, em um primeiro momento, a marmelada é reconhecida como alternativa de produção, nesse novo século o empreendedorismo desenvolve a ascensão do quilombo. Um vasto plantio e a preparação do doce eram orquestrados por Aleixo Pereira Braga que, à frente da família, liderava a comunidade. Sua importância é tão elevada para a memória do quilombo que, assim como opera o mito de origem conectando todos os indivíduos de Mesquita às ex-escravizadas herdeiras, as "heroínas fundadoras", todos também descendem da força organizadora e produtiva do marmelo personificada em outro herói, Aleixo Pereira Braga.

> O tempo do Aleixo, como assim é relacionada a época em que a plantação do marmelo se fazia sentir na maioria das casas dos moradores daquele povoado, é relembrado, pelos mesquitensses, como sendo o período em que as pessoas sobreviviam às custas da terra, onde era possível retirar boa parte de seu próprio sustento através da comercialização da marmelada, da farinha de mandioca, bem como da plantação de roçados, como feijão, arroz, milho e outros produtos destinados ao sustento daquela unidade familiar (SANTOS, 2009, p. 8).

Essa época marca um tempo de abundância de desenvolvimento e coesão social. Aleixo Pereira Braga foi o lendário líder comunitário que estruturou Mesquita e trouxe avanço das conquistas materiais por possuir um olhar empreendedor que fortalecia a família. Aleixo é filho de José Pereira Braga e de Maria do Nascimento, que, por sua vez, segundo o mito de origem, é a descendente direta de uma das três ex-escravizadas que herdaram a terra. Ou seja, Aleixo é neto de uma das "heroínas fundadoras".

> Aleixo nasceu em 1881, na própria Fazenda Mesquita. Deu início à maior plantação de marmelo que houve naquelas terras, pois possuía um sítio com mais de 86 alqueires. Por conta disso, empregava em seus marmelais outros mesquitenses, todos parentes, pois, segundo afirmam até os dias atuais, o trabalho com parente é melhor porque não correm o risco de colocarem pessoas estranhas dentro de casa. Aleixo, no entanto, não pagava seus empregados com dinheiro; muitas vezes, dava um capado (porco) como forma de pagamento ao serviço prestado. Deste forma, este tipo de relação não

> constituía um mutirão, pois era um trabalho permanente, ainda que realizado por familiares, e também não tinham um caráter essencialmente capitalista, já que não visava a subordinação pelo trabalho (SANTOS, 2009, p. 9).

A vida comunitária era organizada pelo trabalho. O modelo tradicional de produção era baseado em trocas intrafamiliares, e o que estruturava essas trocas era a rede de reciprocidade que se estabelecia entre os grupos domésticos. Não apenas o porco ou qualquer mantimento era a forma de pagamento, mas também a certeza de que, assim como se prestou serviço a um familiar, certamente ele fará o mesmo. As trocas e o trabalho coletivo eram os mantenedores dessa vida social e funcionavam como rodízio entre as terras de produção.

Outro modo tradicional de produção era a "meia". Usavam uma só terra para cultivo e dividiam o que dela se extraía. No mesmo sentido, trabalhar "na meia" para a família significava agregação de trabalho e o uso comum das terras — ao contrário do que ocorria quando se trabalhava na "meia" para um fazendeiro, que disponibilizava a terra para a comunidade rural subordinando-a pelo trabalho. Na "meia" entre os próprios quilombolas, todos trabalhavam, dividiam a produção, e não eram subordinados uns aos outros. Todos eram "donos da terra e do trabalho". Uma espécie de união associativa.

Os mutirões também eram eventos de vital importância para a sociabilidade e sobrevivência. A comunidade se juntava e trabalhava um dia inteiro na produção de um membro familiar, e em troca ele providenciava a comida, a bebida e a festa ao final dia. *"Aquela época era bom. Terminava o serviço, tinha comida e pau comia no forró* (C. P. B./RELATÓRIO..., 2011, s/p)".

Internamente, enquanto comunidade Mesquita vivia seu período de glória e alguma riqueza, o impacto das diretrizes nacionais rumo a Goiás havia trazido melhorias. Importante citar que, em 1922, nas proximidades do quilombo, houve uma nova investida na ideia de interiorização da capital, que mais valeu por seu ato simbólico: o então presidente da República Epitácio Pessoa determinou o assentamento da Pedra Fundamental nas proximidades de Planaltina. Os acontecimentos pátrios passavam a afetar essas longitudes com mais significância.

Em 1926, a Coluna Prestes alcançou Santa Luzia e aportou em Mesquita causando horror e pânico — eram os ventos que anunciavam as mudanças políticas do país que se seguia rumo a essa comunidade, que não tinha ideia da dimensão dos subsequentes acontecimentos. Em Mesquita fala-se da passagem dos revoltosos como evento traumático para a população local.

Os revoltoso quando passavam aqui, eles saía assim na carreira nos cavalo aí chegava em fazenda... aí o fazendeiro era obrigado a correr. Se não pegava junto e botava pra montar no cavalo também, né? Aí saía daquela casa, pegava porco no chiqueiro, matava repartia dava pros outros. Daí levou uns dois daqui do Mesquita. Três! Três aqui do Mesquita. Aí soltaram eles lá pra frente e eles voltaram lá pra trás. [...] Tem um que nunca voltou (C. P. B./RELATÓRIO..., 2011, s/p).

A década de 1930 foi marcada pela queda da conservadora República Velha por meio da "Revolução de 30". A era Vargas duraria 15 anos, incluindo a instauração do Estado Novo (1937-1945); com uma meta de cunho desenvolvimentista, emergiu na era Vargas a ideologia conhecida como "Marcha para o Oeste".

A criação de colônias agrícolas, o desenvolvimento da Estrada de Ferro", a construção de rodovias, o estímulo à agropecuária — que se firmava como o novo pilar da economia de Goiás — incentivavam a migração para o estado. Com a movimentação da economia, ampliaram-se os fluxos de comércio e a consequente emergência de centros urbanos — a partir de então se destaca o nascimento de cidades com planejamento prévio.

Nesse contexto, em 1933, assentou-se a pedra fundamental da cidade de Goiânia, construída de forma planejada para transferir a capital do Estado — até então sediada na cidade de Goiás (Arraial de Sant'Ana). O objetivo era definir a capital em uma localização mais estratégica, privilegiando o acesso e, com isso, o desenvolvimento local. Pode-se dizer também que houve um importante significado na transferência: a imponência da antiga capital era associada ao período áureo de mineração e, posteriormente, em consequência, também à imagem da decadência citadina. Uma nova cidade criada sob as demandas do progresso, dissociada do passado letárgico do declínio da mineração, imputava um marco simbólico para o estado. Apesar de a inauguração oficial de Goiânia ter ocorrido em 1942, em 1937 a cidade já era reconhecida como a nova capital de Goiás.

Em 1934, a nova Constituição estabeleceu o voto secreto, o voto feminino, o ensino primário obrigatório e diversas leis trabalhistas. O voto secreto significou um obstáculo ao "voto de cabresto" preponderante na República Velha. Os direitos trabalhistas e o acesso à escolaridade eram tentativas de minar o poderio das velhas oligarquias e de comunhão nacional balizada por um Estado brasileiro. Em Goiás, embora a Constituição sinalizasse a compreensão de determinadas demandas, havia o histórico de um governo ausente, não possuindo um aparelho de Estado que se fizesse cumpridor das leis, sobretudo para aqueles que ainda não entendiam a nova lógica impressa e eram oriundos de um mundo agráfico e muito distante, na prática, do novo modelo estatal.

Em Mesquita sempre houve a referência ao ator de poder, o coronel ou "quarteirão".

> *O Governo nesta época era Goiânia, Goiás Velho e Luziânia. Mas era assim: nas fazendas tinha o "quarteirão". Lá no Mesquita, lá no Garapa. Então cada... Igual Mesquita ali tinha um senhor que se chamava senhor de um jeito que era Quarteirão. Então ele é que mandava na área (J. A. P./RELATÓRIO..., 2011, s/p).*

Importante também ponderar que, com as novas investidas rumo ao interior, os hábitos e traços culturais em Goiás, caracterizados por muitos autores como "embrutecidos", passaram a refletir, em forma e graus diferentes para cada estrato social, pequenas mudanças. As elites mais abastadas passaram a se distinguir ainda mais pelo capital intelectual em relação às classes menos favorecidas de cultura rural, por isso sentiram as transformações bruscas de urbanização de forma mais amena. O acesso ao mundo político e o preparo para a inteligibilidade das mudanças, que já se iniciavam imputando nova lógica, nova ordem e novo dinamismo local, foram privilégio de uma elite que pôde absorvê-las melhor.

As novas investidas de interiorização da capital representaram a expansão não só de cidades, progressos e acessos, mas também de uma lógica econômica que seria afrontada com a lógica local. O Brasil passava por um processo de alinhamento às novas demandas internacionais orientadas pelo capitalismo, mas ainda com um forte teor nacionalista. Todas essas investidas rumo ao interior do país começavam a apresentar os primeiros impactos direcionados à região de Mesquita. O assédio de terras em suas proximidades se dava pela frente de expansão da agricultura, que se instalava paulatinamente.

O aumento da produção desenvolveu um outro olhar sobre a terra e o trabalho. Em certa medida, nessa época, a comunidade que vivia basicamente de subsistência começava a lidar com um acúmulo de maiores proporções. O excedente, o crescimento da produção e o desenvolvimento familiar, em contrassenso, também foram fatores de pressão para a divisão da terra, que ocorreu orientando a comunidade para uma nova forma de lidar com o território. Feita a divisão, a vida comunitária estabilizou-se, inclusive os casamentos, que eram feitos normalmente entre Pereira Braga e Teixeira Magalhães.

Figura 8 – Uso da terra cidade ocidental – 1989

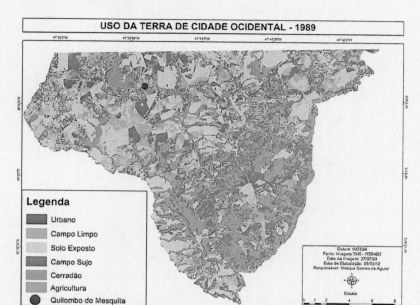

Figura 9 – Uso da Terra cidade ocidental – 2011

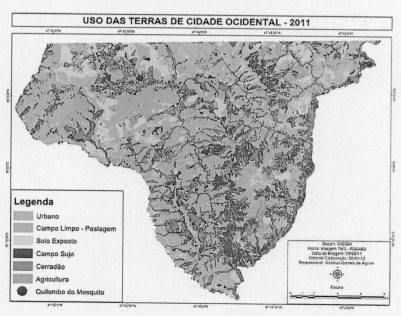

O marco da paisagem de referência, na memória da comunidade de Mesquita, é todo o território dividido e pertencente aos núcleos familiares. Por mais que já tenham perdido a posse de muitas áreas, ainda no presente, a terra tem um concomitante familiar e guarda a memória. *E lá que tá enterrado o meu umbigo.*

Os técnicos do Incra relatam, e eu pude observar também, que ainda hoje, ao caminhar com os mesquitenses pelas terras de Mesquita, eles se referem às localidades indicando os núcleos familiares a que pertence cada parte do território, muito embora essas terras já estejam em poder de terceiros.

> *-Ali é do meu avô. Meu umbigo tá enterrado ali.*
> *-Seu avô mora alí?*
> *-Não, quem tá hoje é Manuel Junqueira.*
> (Diálogo entre técnico do INCRA e R./RTDI, 2011, s/p)
> *Sabe ali nas terras de seu Dito, então, desmataram tudo.*
> *Eles quem?*
> *Os que tão lá agora.*
> (Diálogo entre técnico do Incra e J. A. P.)

As necessidades e a disposição individuais sobre a gestão do território, inaugurada no evento da divisão territorial interna, fizeram com que a comunidade fosse imersa em um efeito dominó sem fim previsto. Em pouco tempo, ocorreu o desmembramento de todo o território sem que fosse percebido a priori.

Por isso, os mais velhos declaram hoje que a divisão de terra acabou sendo um divisor de águas na história da comunidade. *Aí é que tudo mudou* — dizem. Mesquita, caracterizada há séculos pelo uso comum da terra e da produção — possuindo o domínio dos códigos que norteavam a vida coletiva nestes termos, por isso coesa — encontrou, nas consequências futuras deste evento, uma bifurcação na trajetória social cujo caminho traçava-se sob códigos que ainda não se tinha domínio. Se antes a alteridade apresentada na própria organização social e no acesso à terra — que denunciava o equilíbrio entre o ordenamento interno e externo na ocupação do território, *"um tratado para dentro, outro para fora"* — era a mantenedora de uma estrutura social diferenciada da estrutura hegemônica; percebe-se nesse momento a penetração de códigos hegemônicos que entrarão em conflito com a harmonia interna do grupo. A própria alteridade, o limite de entendimento lógico, os valores, a percepção de mundo, a cosmografia... enfim, bases de distinção étnicas, que também serão agentes de desequilíbrio. Sem domínio suficiente das "regras do novo jogo", Mesquita entrará em um circuito assimétrico de relação com a sociedade envolvente que a encaminhará ao colapso de sua ordem estrutural.

Intuíam-se as necessidades de novos voos e entendimentos da ordem econômica que surgia. O empreendedorismo da época captava inclusive a urgência para a alfabetização da comunidade; ainda que de forma improvisada, como alguns membros da comunidade descrevem, iniciava-se a primeira escola na sala da casa de Aleixo. Pouquíssimos de fato foram alfabetizados nesse contexto. Apesar da iniciativa, havia muitas dificuldades.

> *As primeiras escolas foi meu pai, o Benedito Antônio, que trazia professora de Luziânia, em 1949... que trazia professora de Luziânia, a cavalo. Ela passava a semana inteira na casa do sogro Aleixo Pereira Braga, era aquela casona azul que tem lá na frente. [...] Só que ainda era muito fraco (J. A. P./RELATÓRIO..., 2011, s/p).*

A paisagem da região era diferenciada substancialmente da atual. Matas e poucos caminhos: muita dificuldade de acesso inclusive para cidade de Santa Luzia. Contam que essa dificuldade de acesso era sentida mais na hora de uma emergência médica.

> *Muita gente morreu à míngua. Porque a cidade mais perto que tinha aqui era Luziânia. Não tinha carro, saí daqui pra salvar de um aí, já morreu (CBP/RELATÓRIO..., 2011, s/p).*

As mudanças e os ventos da modernidade sopravam rumo ao interior e chegaram provocados pelas emergências das elites locais, atribuindo-se novas características estéticas e socioculturais que aspiravam ao progresso. Nesse contexto, um ato simbólico que traz um significado dessa emergência: em 1943, a cidade de Santa Luzia teve seu nome alterado e passou a se chamar Luziânia, segundo a tendência americana, "conforme o desejo de muitos de seus filhos ilustres" (PIMENTEL, 1994, p. 65).

Em 1946, já no governo de Gaspar Dutra, foi estabelecida a Comissão Técnica de Estudos de Localização da Nova Capital, porém sem muitas medidas práticas. Em 1952, no segundo mandato de Vargas, o Congresso Nacional aprovou a lei que determinava estudos para a edificação da nova capital brasileira no Planalto Central. Em 1954, o então presidente Café Filho homologou os estudos que foram concluídos após três anos, abrangendo uma área superior — 52.000 quilômetros quadrados, incluindo parte de Goiás e Minas Gerais. A Comissão de Planejamento e Localização da nova Capital, sob a presidência de José Pessoa, a convite de Café Filho, foi a responsável pela exata escolha do local onde hoje se ergue Brasília. Em 1956, sob a grande meta do então presidente Juscelino Kubitschek, os trabalhos foram. Em meio a todo esse movimento de estudos e início das construções, Mesquita se assustava com elementos que nunca tinha visto. *"Passava avião aqui o pessoal não sabia o que era aquilo. Se tocava pra casa. Pensava que era guerra mundial"* (CBP/RELATÓRIO..., 2011, s/p).

De fato, poucos anos antes, depois que o Brasil declarou sua entrada na Segunda Guerra Mundial, em 1942, mesquitenses foram recrutados para o Exército. Essa era a única referência que tinham de aviões — por meio do rádio de pilha e das notícias dadas na concentração do exército. Embora a população rural tenha sido recrutada, e seu S. foi um deles, ninguém chegou a ser enviado à Itália, onde se deu a pequena participação brasileira em campo de batalha. *"Lá [no exército] que tiram o registro, a identidade, que ninguém tinha aqui. Nem de nascimento"* (SLC/ RELATÓRIO..., 2011, s/p).

Assim, os aviões ficaram associados na comunidade a situações extremas, de guerra, de combate; o grupo desconhecia a intenção e os planos do Estado e o que viria a acontecer por essas terras.

> *Eu lembro das histórias de vovô Dito. Ele diz que quando passava os aviões aqui o povo se escondia pensando que era guerra (Sandra Pereira Braga).*
> *O primeiro avião que passou lá no Mesquita, tinha uma mulher, uma vizinha nossa, a Anísia, a menina tava buchuda e com uma guria pequena no braço, quando viu saiu correndo gritando: socorro, o mundo ta acabando!*
> *Aí caiu no chão nós tivemos que pegar ela dá a ela água. (ALC/ RELATÓRIO..., 2011, s/p).*

A população de Mesquita só compreenderia o que ocorria naquela área anos depois. Hoje contam essas histórias com certo deboche de si, o que denuncia: as coisas mudaram, um ato simbólico que traz um significado dessa emergência.

1.5 AS INFLUÊNCIAS DE BRASÍLIA SOBRE A COMUNIDADE DE MESQUITA

Em maio de 1892, uma Comissão Exploradora do Planalto Central foi explorar e demarcar, no Planalto Central Brasileiro, o local onde seria a futura capital. Em 9 de junho de 1892, após a nomeação da comissão,

Luís Cruls, diretor do Observatório Astronômico do Rio de Janeiro, e outros 21 membros, entre cientistas, técnicos e militares, partiram do Rio de Janeiro até Pirenópolis, Santa Luzia (Luziânia) e Formosa. Após isso, retornaram ao Rio de Janeiro onde, em 1894, Cruls recebeu do governo Floriano Peixoto a incumbência de realizar uma segunda missão, na qual deveria instalar uma estação meteorológica no local; providenciar ligação telegráfica à rede mais próxima; proceder ao reconhecimento da ligação férrea ou férreo-fluvial; escolher o local da cidade dentro do quadrilátero e aprofundar levantamentos sobre o clima, abastecimento de água, topografia e natureza do terreno (CORREIO BRAZILIENSE, 2010).

Em 21 de agosto de 1948, o presidente Eurico Gaspar Dutra nomeou uma Comissão de Estudo para a localização da Nova Capital sob a presidência do general Djalma Polli Coelho. Vinte meses depois, o general entregou o relatório final no qual endossou a proposta da Missão Cruls, mas ampliou a área sugerida, estendendo-a em direção a alguns rios que deveriam funcionar como limites naturais. A nova área de 52 mil Km² ficou conhecida como "Retângulo do Congresso"[13], e a mensagem encaminhada ao Congresso foi assinada em Corumbá, Mato Grosso. Pela sua importância, ficou conhecida como "Mensagem de Corumbá".

Em mensagem encaminhada pelo presidente Eurico Gaspar Dutra com relação às conclusões a que chegou a Missão Polli Coelho, o Congresso Nacional, após cinco anos, aprovou a Lei n.º 1.803, de 5 de janeiro de 1953, que autorizava a realização de estudos definitivos para a escolha, no Planalto Central, de um sítio para a nova capital brasileira. Com a sanção da lei, coube ao presidente Getúlio Vargas, em junho de 1953, designar a realização desses estudos definitivos por meio de uma Comissão de Localização da Nova Capital, presidida pelo general Aguinaldo Caiado de Castro.

O estudo deveria selecionar os cinco sítios que apresentassem a melhor solução de compromisso entre os condicionantes. A escolha do local, em que se situaria a futura cidade, sairia da avaliação desses cinco sítios e da definição de qual deles seria melhor ao estabelecimento da Capital Federal. Para isso, seria necessário sigilo, pois, com a escolha do sítio, poderia acontecer uma corrida especulativa para compra das terras da região e empecilhos jurídicos, processo de desapropriação indispensável à construção da cidade. Dos sítios identificados apenas por cores, a escolha caiu sobre o chamado *sítio castanho*.

---

[13] Retângulo do Congresso: 52.000 quilômetros quadrados, ou 52 mil Km² escolhidos pelo Congresso Nacional.

> *Quanto à minha opinião, formada desde já, é com a mais solida e franca convicção que vos declaro que é perfeita a salubridade deste vasta planície, que não conheço no Brazil Central logar algum que lhe possa comparar em bondade. A esta qualidade primordial do Planalto convem acrescentar a abundancia dos mananciaes d'agua pura, dos rios caudalosos cujas aguas podem chegar facilmente às extensas collinas quenas proximidades se vão elevando com declives suavissimos.* (Luiz Cruls - Relatório Cruls, 1892).

Só em 1955, no governo do presidente Café Filho, foi solicitada a delimitação do Distrito Federal, em torno do sítio castanho, para que o presidente oficializasse a escolha e a decretação da utilidade pública das terras para fins de desapropriação. Essa última teria de ser feita em sigilo para evitar a especulação imobiliária, teriam que desapropriar as terras sem noticiar qual o sítio fora o escolhido (ERNESTO SILVA, 1971).

Figura 10 – Mapa geral do retângulo com localização dos limites das áreas indicadas pela Missão Cruls e pelo relatório Belcher

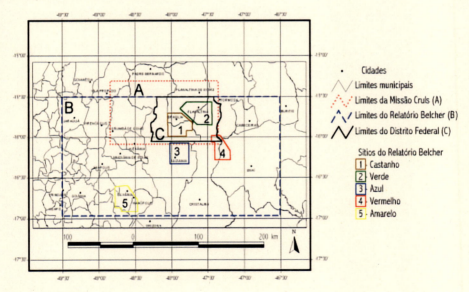

Fonte: CODEPLAN

Esse receio de especulação imobiliária, caso vazasse a informação sobre o sítio escolhido, antes de se tomarem medidas legais, tinha raízes na história do Grupo de Santa Luzia (onde está localizado o Quilombo Mesquita), que, desde a Missão Cruls, sempre defendeu a escolha do local:

> Em 1927, Germano Roriz deu novo impulso às ações do movimento mudancista, implantando um loteamento denominado Planaltópolis. Os lotes ficavam próximos ao local onde estão atualmente os palácios da Alvorada e do Planalto, em terras então doadas pelo fazendeiro Delfino Machado de Araújo, que havia se sensibilizado com a campanha de Roriz. (Silva, 1971).

Foi formada uma subcomissão com três engenheiros, dois deles do Serviço Geográfico do Exército, que fez o traçado dos limites do futuro Distrito Federal (DF) em torno do *sítio castanho*, compreendendo também uma parte do *sítio verde* (segundo colocado na avaliação).

O presidente Café Filho, em 28 de abril, não quis assinar o decreto, passando para o governador de Goiás a missão. O marechal Pessoa, responsável pelo processo à época, foi em um avião da Força Aérea Brasileira (FAB) para Goiânia; após conversar com o governador José (Juca) Ludovico, explicou a situação e pediu a decretação da utilidade pública das terras do futuro DF, para fins de desapropriação. O governador, segundo Ernesto Silva, em uma longa reunião, fez o decreto estadual, que foi assinado em 1° de maio, com data da véspera.

O decreto estadual foi lido à noite, no Palácio das Esmeraldas, diante da sociedade de Goiânia. Ainda segundo relato de Ernesto Silva (1971, s/p), "todo o Brasil tomou conhecimento dos limites definitivos do novo Distrito Federal".

> Claro está que o anúncio do decreto estadual não tinha esse poder de estabelecer os "limites definitivos do novo Distrito Federal". Na prática, porém — além de instrumento legal contra especulação imobiliária —, foi um golpe de múltiplos efeitos: divulgou em primeira mão o sítio escolhido e os limites traçados pela **Comissão de Localização**; incluiu o governo e a elite de Goiás como atores legítimos do processo de mudança; deixou para trás a equipe de Juscelino e o governo de seu adversário político, Café Filho; colocou o marechal Pessoa na pauta da imprensa para novas entrevistas. (ERNESTO SILVA, 1999, s/p).

Ernesto Silva afirma ter tido nessa época uma intensa atividade de "marketing" para a mudança da capital; a questão foi popularizada; e o Marechal Pessoa foi o responsável pela pergunta feita por um morador de Jataí sobre a transferência da capital a Juscelino Kubitschek no primeiro comício da campanha.

Estava, pois nas ruas, na consciência do povo, a necessidade da mudança. O marechal Pessoa havia participado, através de sua palavra, desse necessário preparo psicológico: agora era o próprio povo que exigia a transferência da capital (ERNESTO SILVA, 1999, s/p).

Em maio. o engenheiro-agrônomo Bernardo Sayão, vice-governador de Goiás, foi incumbido de abrir a primeira pista de pouso do futuro DF na Fazenda do Gama, com 800 metros de extensão. e iniciar o campo de pouso (então considerado) *definitivo*, de 2.700 metros, onde hoje existe a Estação Rodoferroviária. Ainda em maio, foi armada a cruz de madeira na atual praça do Cruzeiro (Eixo Monumental), o ponto mais alto do Plano Piloto de Brasília.

Só em 1º de setembro, quatro meses depois, o *Diário Oficial da União* publicou despacho de Café Filho, em processo interno da Presidência da República (n.º 19. 685/55), aprovando e homologando a escolha do sítio e os limites do futuro Distrito Federal.

Com a vitória de JK, em 3 de outubro, já comprometido com a localização da nova capital no planalto, foram destinados recursos pelo Congresso para a transferência. Empossado em 31 de janeiro de 1956, JK criou a Novacap, e o *Diário Oficial da União* publicou o edital do Concurso Nacional do Plano Piloto de Brasília, cujo resultado sairia em março de 1957.

Figura 11 – Campanha em defesa da posse de JK – 1954

Fonte: Silva, 1971

Em novembro de 1956, chegaram a Brasília 250 trabalhadores, que foram instalados em barracas de lona. Quando Sayão chegou a Goiás, necessitava de trabalhadores, nessa época meu pai, nascido nas "terras de preto" de Santa Luzia. era um excelente motorista de caminhão e foi contratado para trabalhar na construção da estrada, que iria até a Colônia Agrícola Nacional de Goiás, do Ministério da Agricultura. O plano dessas colônias agrícolas era fundar grandes fazendas que atraíssem as populações pseudonômades do interior, gente sem nenhum peso econômico, sem nenhuma oportunidade. Lá ele conheceu minha mãe, casaram-se e, a convite do Dr. Sayão, em 1956, vieram para Brasília. Papai, primeiramente, e, no início de 1957, a família foram morar em barracas de lona como todos os chegantes vindos para a construção (ERNESTO SILVA, 1971).

A construção de Brasília produziu uma forte alteração na vida dos habitantes de todo o Centro-Oeste, incluído aqui o Quilombo de Mesquita, em função do grande fluxo de pessoas vindas para o entorno do DF, facilitado, sobretudo pela abertura estradas, como a BR-040, que passa por Luziânia, ligando o Distrito Federal e Minas Gerais (ERNESTO SILVA, 1971).

As crescentes demandas de matérias-primas, a absorção crescente de trabalhadores e o engrossamento das correntes migratórias mudaram as relações econômicas e sociais com maior ou menor intensidade em toda a região (ERNESTO SILVA, 1971).

No caso de Luziânia, a construção de Brasília produziu alterações especificas e profundas não só em relação à população, como também em relação à organização política do território. O aumento rápido e intenso das migrações alterou a composição da população, mudou os hábitos e diluiu a identidade cultural regional. Além disso, houve um aumento brusco da população (ERNESTO SILVA, 1971).

A necessidade de alojamento fez surgir grandes números de loteamentos, muitos produzidos pela especulação imobiliária e sem condição mínimas de infraestrutura, o que ainda hoje é um dos mais graves problema urbanos do município (ÁLVARES, 1979).

Na segunda metade do século XX, em 1960, foi inaugurada a nova capital do país, Brasília, a apenas 50 km de distância do Mesquita. Esse fato transformou sua estrutura territorial, pois parte do território do quilombo se encontrava dentro do quadrilátero do DF. O território quilombola foi desconsiderado no processo de demarcação do DF. A desapropriação das terras foi um dos processos que acompanhou a construção da nova capital. Os quilombolas não conseguiram provar a titularidade de suas terras, que foram ocupadas por atividades públicas para a construção das cidades satélites (MACHADO, 2007, p. 32).

Como a maior parte da ocupação da área perante o governo era "irregular", houve algumas perdas para a população local, que não poderia sequer ser indenizada pela terra. De uma forma geral, o próprio empreendimento da construção e a chegada maciça de pessoas provenientes de um universo cultural ainda distante assustavam os ocupantes. Esses deixavam certo pedaço de terra mais próxima ao empreendimento, migrando para outra localidade.

Mudanças locais e o encontro de realidades distintas iniciavam o período desenvolvimentista e a introdução capitalista. Aos poucos a chegada do dinheiro em espécie provocou transformação da relação de trabalho em Mesquita, o que, por sua vez, refletia-se em mudança com o meio ambiente e a forma de produção tradicional.

Em Goiás a situação de privilégio agropecuário continuaria, mas, a partir das décadas de 1960 e 1970, grandes investimentos incluiriam, de novo, a mineração entre as atividades econômicas relevantes do Estado. Desde então, a agricultura começou a se modernizar, novas tecnologias de plantio surgiram para o Cerrado, e agroindústria iniciou uma fase de expansão.

Com a construção de Brasília chegavam, além de novos mercados, investidores e fazendeiros na vizinhança, oferta de trabalhos mediados por dinheiro, técnicas e formas de produção inovadoras, diferentes meios de escoamento. As práticas tradicionais aos poucos foram consumidas pelo mercado que se estabelecia na redondeza. Mesquita não podia competir com as práticas produtivas que surgiam na região. A oferta de empregos aumentou o "custo de oportunidade" para o pequeno produtor. Os negros não podiam medir os mecanismos existentes nessas transformações e relações mediadas pelo capital. O modelo tradicional de produção entrava em franca decadência sem que a comunidade pudesse calcular o real impacto. Era evidente que o emprego da mão de obra local trazia certo benefício imediato, mas, em longo prazo, custaria caro à comunidade, mas isso é assunto para o próximo capítulo

> *Só que naquela época a vantagem é que você trabalhava... E por exemplo, lá mesmo na comunidade eu cansei de ver meu pai, o pai deles [primos], e os tio dele trabalhar... aí não tinha como receber dinheiro do povo. Por exemplo, esse aqui era um fazendeiro*

> *tinha 25grande tal, então ia eu R./RTDI, 2011, tal... colocava a enxada na carcunda e ia trabalhar para ele. Aí ele não tinha dinheiro para pagar pra nós. Então o que ele dava? Dava lá dois quilos de toicinho, dava lá uma meia quarta de arroz, feijão... Então era trocado o mantimento pelo serviço. Ninguém tinha o dinheiro para pagar assim [o serviço]. Depois de Brasília pra cá é que foi mudando. Já foi aparecendo o dinheiro. Foi trazendo muita gente. O pessoal veio do Rio de Janeiro, de São Paulo de caminhão pau de arara. Porque nem ônibus entrava pra cá (J. A. P./RELATÓRIO..., 2011, s/p).*

Em Mesquita, o período dessas mudanças coincide com a narrativa do declínio da produção de marmelo. O impacto nas relações sociais incidia diretamente nas relações produtivas. A produção do marmelo "ficou cara".

> *A doença do marmelo foi um pouquinho depois de Brasília. O remédio que vinha batia, mas não combatia doença nada! E mesmo da terra. [...] Isso aqui era marmelada pra quem não desse conta de fazer... Deu uma doença e matou. Doença da terra. E broca, foi invadindo. Com o espaço de tempo... Melhorava um pouco tornava a morrer (SLC/RELATÓRIO..., 2011, s/p).*

> *Os pés de marmelo foi acabando. Deu broca foi adoecendo aí foi acabando. [... O povo foi largando de plantar também. [... juntou com a doença. [...] Tinha que ser uma roça que desse conta de você mesmo tocar. Põe aí dez, vinte, peão pra trabalhar... Hoje você não põe nenhum (CBP/RELATÓRIO..., 2011, s/p).*

> *A doença foi essa. O povo parou de plantar e parou de zelar. Quando não zela a coisa aí morre. Acaba tudo (R./RELATÓRIO..., 2011, s/p).*

Embora o enfraquecimento do cultivo do marmelo seja relacionado a problemas próprios da agricultura, "doença da terra", e à falta de estímulo à produção, na realidade a chegada da lógica capitalista na produção no campo colaborou com esse declínio. Lentamente essa lógica do capital patrocinou a construção de Brasília, estendeu seus mercados agroindustriais e, em seguida, estabeleceu-se sobre a lógica do quilombo. Os produtores migrantes chegavam às redondezas de Mesquita com novas ferramentas e ofertas de salários que a realidade local não poderia cobrir. Além dos defensivos agrícolas e dos conhecimentos relacionados a toda uma nova escala produtiva, impactos suficientes eram causados. Havia o agravo de que o assalariado não podia ser sustentado no modelo tradicional de produção — antes o trabalho da família era composto por mutirões, trocas e alimentos.

> *O marmelo foi de uma força aqui. Mas é que em Luziânia eles não ajudavam. Eles só queriam a Marmelada pra levar para Goiânia, e fazer propaganda com a marmelada deles aqui [referindo-se à falta de incentivo que antes não fazia diferença não existir] (SLC/RELATÓRIO..., 2011, s/p).*

> *A situação financeira que é pouca. Não tinha força do nada. Pouco dinheiro e a pessoa não tinha como... Porque hoje é a sola do dinheiro, né? E com dinheiro mesmo que você organiza a coisa (R./RELATÓRIO..., 2011, s/p).*

> *Antes arrumava peão baratinho pra trabalhar... Hoje você vai caçar um peão, ele não faz nada e quer ganhar muito, né? Aí não contesta, a roça foi ficando assim (CBP/RELATÓRIO..., 2011, s/p).*

Para uma comunidade que vivia em condições de quase isolamento em sua terra, a disponibilidade dos recursos naturais, ao mesmo tempo que determinava as relações que ali se estabeleceram, era determinada pelo uso racional da força de trabalho. Suas práticas produtivas equilibravam-se com o meio em que se inseriam — desde a mão de obra ser pautada por uma rede de reciprocidades até a não exploração limite dessa força de trabalho. O equilíbrio entre as práticas produtivas e os recursos disponíveis se transformavam em uma forma: a forma produtiva tradicional do quilombo. Se a terra e o homem eram os mantenedores do alimento, o cuidado com esses elementos visava à sua maior disponibilidade. O cálculo dos roçados previa, em longo prazo, a manutenção da sobrevivência familiar. Só se retirava da terra aquilo que era necessário. Não se desperdiçava trabalho, nem outros recursos. Vivendo em subsistência, o acúmulo era perecível. Para a produção do marmelo, também havia limite.

Porém, com a construção de Brasília e a instalação de fazendas modernas, Mesquita foi abordada com oferta de capital em troca do trabalho, ao mesmo tempo que chegava um novo mercado competitivo. Assim, para dar suporte à construção de Brasília, necessitou-se da mão de obra, de produtos, de uso do território. A cidade pedia, oferecendo dinheiro em troca do serviço e dos produtos. Esse processo iniciou uma série de mudanças que reinseriu a comunidade em uma nova ordem econômica. A possibilidade do acesso e da integração com a sociedade envolvente para um grupo que vivia até então isolado com marca da escravidão era elemento dotado de um simbolismo que respondia a expectativas de melhorias para a comunidade.

A rápida entrada do capital, para um grupo que estava acostumado com outro tipo de troca baseado em uma economia de subsistência, impactou a possibilidade de acúmulo de riquezas. Assim, conseguiu-se mobilizar uma massa de mão de obra que, em condições anteriores, estaria envolvida em uma atividade produtiva tradicional.

Nesse caso — na situação de construção de uma cidade planejada que se dá na concentração de recursos em favor de um grande projeto —, logo que essa meta se cumpra, se restabelece um equilíbrio, e o aporte de capital diminui bastante.

Assim, da mesma forma que o capital entra, depois de esgotar o recurso de seu interesse, ele se retira ou se minimiza. Porém, já estabeleceu na comunidade uma relação de dependência na troca mediada pelo dinheiro. Causou um impacto social e territorial, inserindo uma comunidade antes sustentável em sua subsistência, novamente cativa dentro do sistema capitalista. A eficácia simbólica da chegada do progresso esconde em sua forma de entrada o desarranjo e o reordenamento dos "grupos menos favorecidos".

Na relação lógica da entrada das estruturas sutis de avanço do capitalismo, a mão de obra que passa a ser empregada é a parte vulnerável. A característica própria desse tipo de relação é de natureza desigual, e seu produto mais grave é a separação abissal entre os favorecidos e os desfavorecidos.

A lógica do capital entra na economia de grupos que vivem da subsistência por oferecer em curto prazo uma rápida e imediata recompensa, mas de vida curta, ao contrário do trabalho no roçado, em que se espera o ciclo se completar do plantio à colheita. Há uma inversão do tempo do trabalho. Também se pode constatar que há uma mudança na ordem dos desejos. A comunidade passa a lidar com novas referências do que se considera "necessidades básicas", assim se instaura, na mentalidade dos indivíduos, uma busca incessante por um novo padrão de vida, mesmo que a estrutura econômica vigente o exclua desse padrão de referência. Isso gera um processo de retroalimentação do sistema capitalista que se instala: a manutenção do antigo padrão de subsistência dos grupos menos favorecidos é abalada, pois o que se considera "básico" ou "desejável" amplia-se de forma que se estabelece uma dependência dos serviços e acessos disponibilizados pelo mundo urbano que passam a ser considerados de vital importância. A mão de obra necessita então do capital para mediar às novas trocas desejáveis, sendo absorvida e, consequentemente, inserindo-se na polaridade menos favorecida da relação assimétrica intrínseca ao desenvolvimento capitalista.

Os mecanismos invisíveis de entrada do capital se dão nessa aptidão de se infiltrar no ordenamento interno da comunidade com o próprio consentimento desse, devido à capacidade de ocultar seu real planejamento e as futuras consequências, oferecendo vantagens imediatas (SANTOS, 2003). Para a comunidade, é uma experiência nova, que a princípio só demonstra seu saldo positivo. Porém, como a entrada abrupta de capital só prevalece enquanto durarem os recursos de interesse, em longo prazo, se esvai sua aplicação. A comunidade não possui mecanismos lógicos de previsão das consequências, nem que a renda ali inaugurada cessaria. Não são alfabetizados nesse modelo econômico, além de serem provenientes de uma cultura agráfica. Há uma relação de contraste da lógica interna do grupo e a lógica do capitalismo. Assim, as desvantagens são invisibilizadas.

Como a comunidade permite a entrada do capital e passa a ser diretamente afetada, essa força macro do sistema econômico envolvente a imobiliza. Daí decorre uma sucessão de acontecimentos em que se começa a sentir os sintomas, mas não se consegue identificar as causas nem ter ideia de sua ordem total. Dados são apontados de forma isolada, às vezes como causas, outras como consequência. Um mosaico de situações em que as peças sozinhas, ao mesmo tempo que não explicam suficientemente a realidade, são capazes de mostrar os sintomas. Com algum esforço interpretativo, é possível alcançar a totalidade dos fatos para tornar compreensíveis os mecanismos que ali operaram.

Mesquita inseria-se, junto a outros segmentos sociais, dentro da lógica do planejamento capitalista na Capital. A notar-se o planejado destino dos acampamentos provisórios erguidos com a finalidade de alojar os trabalhadores da construção de Brasília — como a Vila Planalto, a Metropolitana, a Candangolândia e a Cidade Livre. A previsão era de que esses acampamentos fossem de caráter temporário, com suas desocupações quando finalizada a construção e o retomo dos migrantes às suas cidades de origem. Porém, os acampamentos da construção da nova Capital e a dinâmica do trabalho imputado foram tomando dimensões que escaparam ao controle do governo. A densidade populacional extrapolou o limite previsto. A chegada constante de mais trabalhadores rapidamente ocasionou um grave problema de falta de moradias, obrigando os operários a se instalarem precariamente. Várias "invasões" passaram a tomar conta de diferentes pontos do DF, extrapolando os acampamentos originais às vésperas da inauguração de Brasília.

A solução governamental foi criar as "cidades-satélites" — consideradas cidades-dormitórios devido à sua dependência de Brasília — com o intuito de abrigar a grande população de trabalhadores e evitar que Brasília fosse tomada por essa população de classe baixa.

Com efeito, a partir daí, estabelece-se a solução das cidades-satélites como maneira. de manter o Plano Piloto livre da presença da classe operária. Aqui se está diante da origem da contradição entre Plano Piloto/Cidades-Satélites. O operariado é mantido na periferia, enquanto os funcionários da administração federal têm assegurado seu domínio sobre a "cidade mais moderna do mundo" (RIBEIRO, 1999, p. 84):

> Na origem de Brasília, a marca da lógica capitalista foi impressa sem censura no espaço. O central e o periférico, o local de acúmulo de renda e concentração da mão-de-obra. Elementos de distinção social foram externalizados sem reservas.

Os candangos, mão de obra migrante para a construção, em busca de entretenimento, frequentavam os festejos tradicionais da região. Os mesquitenses não gostavam, mas aos poucos relações com esses chegantes foram se estabelecendo. A comunidade, que até então só permitia casamentos endogâmicos, passou a aceitar as relações matrimoniais com pessoas "de fora".

> *O pai da gente não deixava a gente sair tinha muito medo de candango (ALC/RELATÓRIO..., 2011, s/p).*
>
> *Fazia festa ia mulherada toda cismadinha, aí ia as peãozada do Rio de Janeiro, de outras... mas só que os pais [falava]: "ó cuidado com os candangos!" Mas muito casou [...] duas tias minhas casou, foi candango, que casou. Mas tinha medo dos candangos. Que aqui era terra sem lei (J. A. P./RELATÓRIO..., 2011, s/p).*
>
> *Cheguei em 63. [...] Quando é solteiro a gente cassava festa, os amigo que trabalhava... Aqui não tinha luz, não tinha nada, até a condução que tinha aqui era carroça. Aí a gente vinha num mutirão, aqui na Marinha. Num mutirão agradei com uma... nós comemos, bebemos, dançamos... a radiola era à pilha, nesse tempo era à pilha. Aí arrumei uma namorada... (Otacílio Brasil/ RELATÓRIO..., 2011, s/p).*

Em Mesquita, poucos se aventuraram a trabalhar na construção dos prédios de Brasília. Além de não possuírem documentos de identidade necessários ao serviço, diziam ter medo das condições de trabalho. Muitas mortes aconteciam por falta de segurança na construção, principalmente por quedas de grandes alturas. A responsabilidade da construção era das construtoras e da jurisdição da área, Planaltina ou Luziânia, distantes naquela época em que as rotas eram dificultosas. Como a maioria dos trabalhadores era migrante de outros estados e desconheciam a região, com a dificuldade de transporte, os empregados ficavam à mercê da empregadora (RIBEIRO, 1999).

> E deu muito emprego. Mas o negócio é que não tinha documento. Quem tinha documento vinha. Mas naquela época ninguém tinha documento. Nem registro [de nascimento] aqui não tinha. [...] "Porque naquela época deu muito serviço pra fazer tubulão. Tubulão era fazer estes prédios daqui, fazer buraco de seis, oito, dez metros de profundidade. Morreu muita gente! O povo lá tinha muito medo, tinha não, tem! (ALC/RELATÓRIO..., 2011, s/p).

> Muita pouca gente trabalhou [na construção de Brasília]. O povo de lá sempre foi mais acomodado. Tinha muito medo (J. A. P./ RELATÓRIO..., 2011, s/p).

Com certo orgulho dos processos de desenvolvimento vividos, os mesquitenses se referem à imponência da presença de Juscelino Kubitschek no seu território.

> Era muito peão lá nas obras... O Juscelino era tão custoso que ele andava assim com aquele chapelão assim no meio dos peão assim, você não sabia quem era peão e quem era Juscelino Kubitschek. Sempre, sempre andava assim no meio das obras, abraçando os goianos... chamava lá de Goiânia que tinha a capital que vinha pra cá pro centro de Goiás, né... Porque tudo aqui era Goiás, sabe, né? Então ele vinha de lá, abraçando os goianos, o pessoal mais velho... Com aquela simplicidade! Nem parecia ser um dono dessas terras (J. A. P./RELATÓRIO..., 2011, s/p).

Brasília foi construída em apenas cinco anos, sendo inaugurada em 21 de abril de 1960. A transferência da capital transformou toda a vida e história da região, que ficou invisibilizada diante da grandeza desse novo evento histórico. Como a mão de obra que passou habitar a região — dos candangos aos servidores públicos — era basicamente migrante, as necessidades em Brasília não tinham vínculos com a realidade local anterior, mas com a ideia de desenvolvimento, que simplesmente, por avanço tecnológico e progresso econômico, superava o passado. Toda a história anterior foi ultrapassada pela modernidade. As minas, a escravidão, o isolamento. Tudo que já existia perdeu o sentido na cultura dominante local. Os novos habitantes chegavam em massa, ano após ano, a um lugar novo, construído a partir de um marco zero. Para esses, que logo eram em maior quantidade que os nativos, a história que interessava era o futuro. Para os herdeiros desse passado invisível, restou a resignação e adaptação cruel aos novos tempos:

> *Brasília foi estes dias. Foi muito bom, mas a tentação ficou dobrado. Muito ladrão. Um monte de gente pra todo lado querendo invadir o que a gente tem. Antigamente o povo não tinha esse tino não... foi de uns tempo pra cá. Aí foi vendendo, foi vendendo... (SLC/RELATÓRIO..., 2011, s/p).*

É lógico que, para a comunidade de Mesquita, a criação de Brasília trouxe mudanças com impactos positivos, mas a maior parte da população local não conseguiu progresso. Os novos modelos fundiários, vindos com o avanço urbano, trouxeram junto outras formas de ocupação e mudanças na organização interna das comunidades étnicas que viviam da economia de subsistência. Era muito impositivo o jeito que estavam sendo implantados esses novos valores.

> *Para um Estado cujo sistema econômico é de orientação capitalista, e até a década de 1970 imbuído de uma ideologia desenvolvimentista, a proliferação de cidades no território nacional e a desagregação de comunidades rurais imersas em uma economia de subsistência eram mecânicas previsíveis - principalmente se tais comunidades localizam-se em áreas de interesse ao desenvolvimento econômico (RELATÓRIO..., 2011, s/p).*

O povo do Mesquita não conseguia compreender a ordem que chegava. Era a vivência da "fricção interétnica" entre o rural/urbano, entre o que chegava e os que estavam. O que se percebia era uma ordem diferenciada em relação a terra, ao trabalho, à família e ao tempo. O que chegava era a cultura e o elogio à velocidade.

Jacques Le Goff (1980) explica que, na Idade Média, sob a autoridade da Igreja, o tempo era pertencente a Deus e regulado pelos sinos dos compromissos religiosos, o que mudou com a experiência do negociante e sua necessidade de medições de tempo para ter lucros com rapidez no trajeto, na entrega e no comércio. Passou a existir o tempo dos relógios, a "[...] mãe das máquinas", passando de um mundo do "[...] mais-ou-menos" para o universo mecanicista da maior precisão (OLIVEIRA, 2003, p. 45).

Medir o tempo de forma mecânica "precificou" o trabalho humano (OLIVEIRA, 2003), a produção, o mercado, o lucro. Paul Virilio (1996, p. 123) afirma que

> [...] a questão da posse do tempo renovou a da posse territorial". No mundo de hoje, o poder não é conferido somente a partir do domínio do território, mas também a partir do domínio sobre o tempo, a rapidez.

A reflexão sobre o tempo hegemônico e sua relação com a vida em comunidades tradicionais quilombolas será feita a partir da personagem criada no campo da crítica científica pelo geógrafo Milton Santos: O "homem lento" (1996, 1994b), que personifica o homem comum, pobre, do lugar, que, no ambiente das metrópoles emergentes, resiste às forças verticais, externas, da globalização. Aqui incluo o Quilombo Mesquita no seu contato com a vizinhança que chegava ao seu território.

Milton Santos (2000, 2008, 1994a) define território como o espaço usado, onde se desenvolvem relações humanas de identidade, vizinhança, solidariedade. O território abriga o lugar, unidade de maior proximidade social. No contexto da globalização, o entendimento do território contrapõe-se à imposição da alienação, da perda de identidade individual e coletiva, da renúncia ao futuro.

Pode-se afirmar que no Quilombo Mesquita, com a crescente pressão urbana sobre o território étnico, recrudesceu a história de dominação que é materializada com o controle sobre o território. A falta de acesso à forma jurídica estatal impõe uma relação de poder. A forma de lidar com a terra dos chegantes impôs um mercado com o qual os mesquitenses não podiam competir.

Com o Estado brasileiro, capitalista, e até a década de 1970 com a ideologia desenvolvimentista controlando suas ações, era natural o crescimento das cidades sobre as áreas rurais imersas em uma economia de subsistência, ainda mais se essas comunidades estivessem em locais de interesse ao desenvolvimento econômico. Em Goiás, com a famosa Marcha para o Oeste, de Getúlio Vargas, que tinha como objetivo desenvolver o interior do país, urbanizaram-se municípios interioranos, mudando a composição espacial e a dinâmica econômicas desses interior.

Com a construção de Brasília, a comunidade do Quilombo Mesquita e seus 250 anos de conhecimento tradicional sofreram grande impacto. Esses 250 anos de história foram invisibilizados, os efeitos dessa trajetória histórica ainda estão acontecendo — só se passaram 54 anos —, e as questões atuais encaradas pela comunidade são mais bem entendidas se seus problemas forem interpretados a partir desse fato. Esse é um dos objetivos deste livro.

Pode-se concluir, para esse objetivo específico, que as influências de Brasília sobre a comunidade de Mesquita, um grupo etnicamente diferenciado, e os impactos sociais e territoriais resultam da pressão do planejamento capitalista que não considera os "ambientes selvagens" e as "populações primitivas. Como o quilombo não possuía mecanismos suficientes para a interpretação das transformações em sua totalidade, a comunidade foi atirada em um turbilhão de eventos sucessivos que terminou por reinseri-la em outra conjuntura macroeconômica.

Essa foi a conjuntura analisada neste capítulo, o contexto das perdas territoriais e a consequente perda de saberes tradicionais nessa comunidade, que foi cercada subitamente por uma ordem urbana. Com conceitos e lógica próprios mantidos por uma visão de mundo muito particular, o grupo dialogava com "os de fora" e com as pressões sobre seus costumes e territórios usando ainda os códigos de seu conhecimento tradicional, é claro que houve um conflito de "verdades".

CAPÍTULO II

A EDUCAÇÃO AMBIENTAL: DE TBILISI A UMA ECOLOGIA DE SABERES

A proposta deste capítulo é compreender a relação entre o grupo social aqui estudado, ou seja, a comunidade do Quilombo Mesquita e as questões ambientais, identificando e entendendo a relação dialógica entre os saberes propostos pela educação ambiental e os saberes tradicionais construídos e repassados em uma ecologia dos saberes.

Reigota (2002) afirma que a noção de meio ambiente se apresenta como uma representação social, tendo um caráter difuso e variado, a partir dos questionamentos e dissensos do que significa meio ambiente. O tema da pesquisa foi escolhido por entender que os quilombolas desenvolvem e repassam práticas ambientais, uma vez que o Quilombo Mesquita é resultado de um processo de ocupação, resistência e produção no campo, e muitas de suas atitudes e atividades estão relacionadas com o meio ambiente e a educação ambiental.

Além da importância histórica da luta pela terra, por parte dos quilombolas, e da herança herdada como uma comunidade étnica, o Quilombo Mesquita apresenta-se como o único próximo à Capital Federal. Acredita-se que, por estar próximo de Brasília e das instituições organizadas de luta e defesa da causa quilombola, promove, além do reforço da identidade étnica e da autodenominação como quilombolas, contribuições no resgate da memória, pois é constantemente demandada por visitantes, pesquisadores, turistas, jornalistas, estudantes, por meio de questões sobre a origem do grupo, os símbolos, saberes e o processo de permanência e luta pela defesa do território.

Boaventura de Sousa Santos (2007) propõe substituir a *monocultura do conhecimento científico* por uma *ecologia de saberes*. Esse novo conceito é definido pelo autor como expressão de um conjunto de ideias e imagens teóricas em que essa mistura dos saberes e o diálogo entre eles se movem para um tema de estudo comum. O uso da categoria *ecologia de saberes* pede um esforço epistemológico para esse diálogo do plural, do coletivo; esse uso deve ser construído a partir do encontro de saberes, científicos ou não.

Meio ambiente se vincula a tudo que se relaciona com a vida no planeta; as crises ligadas ao tema sempre existiram na história da humanidade, pois as relações de poder entre indivíduos ou grupos causavam conflitos e lutas em busca da sobrevivência e das necessidades essenciais aos seres humanos. Na década de 1960, os movimentos sociais em oposição à chamada Revolução Técnico-Científica-Informacional (VESENTINI, 1993) e ao processo de globalização que se agigantava fizeram repercutir suas reivindicações políticas, culturais, ambientais, étnicas, religiosas, sexuais, educacionais, entre outras, que combatiam o modo de vida apregoado por esse processo hegemônico, gerador de muitos preconceitos e exclusão.

Milton Santos (1997), em seu trabalho intitulado *Pensando o Espaço do Homem*, afirma que, "[...] das múltiplas denominações aplicadas ao nosso tempo, nenhuma é mais expressiva que a de período tecnológico". Diz o autor que a técnica é um meio que vincula a natureza e o homem desde os tempos mais remotos e inocentes da história. Porém, ao transformar-se num objeto de elaboração científica sofisticada, acabou alterando as relações do homem com o meio, valorizando a técnica em detrimento do natural, acrescento eu.

A literatura pesquisada mostrou que, em meio aos movimentos sociais surgidos na década de 1960, estavam reivindicações ligadas ao escravismo e aos primeiros movimentos ambientalistas motivados pela contaminação das águas e do ar nos países industrializados. No Japão aconteceu a contaminação com mercúrio da baía de Minamata[14], derivado de uma indústria química. Expandia-se a consciência de que resíduos dispostos de maneira incorreta podem entranhar-se na cadeia alimentar e ocasionar mortes e deformações físicas em comunidades inteiras, por meio da bioacumulação. A descontaminação do rio Tamisa, em 1961, e a melhoria do ar ambiente em Londres são exemplos dessa fase precursora dos cuidados com o meio ambiente que poderia ser denominada década da conscientização.

---

[14] Minamata é uma cidade japonesa que sofreu graves consequências devido à contaminação por mercúrio. Centenas de pessoas morreram, e milhares tiveram anomalias que acabaram passando para as gerações seguintes. Na década de 1930, uma empresa se instalou na região, a Chisso. A empresa, que fabricava acetaldeído (usado na produção de material plástico), jogava seus resíduos com mercúrio nos rios, contaminando os peixes. Como a doença leva alguns anos para se desenvolver, somente em 1956 começaram a surgir os primeiros casos. Os hospitais recebiam pessoas com os mesmos sintomas: problemas no sistema nervoso e no cérebro, dormência nos membros, fraquezas musculares, deficiências visuais, dificuldades de fala, paralisia e deformidades, levando até mesmo à morte. No princípio as autoridades acreditavam que se tratava de uma epidemia, mas os gatos começaram apresentar doenças com as mesmas semelhanças. Somente de dez anos depois, os médicos descobriram a causa: o consumo de peixe contaminado por mercúrio, base da alimentação daquela população. Estima-se que a empresa descartou de 200 a 600 toneladas de metilmercúrio na baía da cidade. Depois de várias batalhas judiciais, foi obrigada a indenizar as vítimas, mas o resultado da contaminação se faz sentir até hoje.

Constatei, no meu estudo, que um dos marcos teóricos que contribuiu para a conscientização ambiental foi o livro da bióloga Rachel Carson, *Silent Spring* (Primavera Silenciosa), escrito em 1962. Nele, a autora alerta sobre o uso indiscriminado de pesticidas, que, além de destruir insetos como se desejava, envenenam os pássaros. O livro inicia-se com as palavras de Albert Schweitzer para quem também é dedicado: "Man hás lost the capacity to foresee and to forestall. He will end by destroying the earth" (O homem perdeu a capacidade de antever e de prevenir. Ele terminará por destruir a Terra).

Logo depois, em 1964, foi criado o Tratado Antártico[15]; surgiu embalado pelas ideias conservacionistas da década e prega que o continente antártico só poderia ser usado para fins pacíficos. Em 1991, esse tratado foi aditado pelo Protocolo sobre a Proteção Ambiental, reafirmando a Antártica como uma reserva natural da humanidade com rigorosos princípios ambientais regulando as atividades humanas no continente.

A educação ambiental ainda não era bem compreendida nessa década e era muitas vezes confundida com educação conservacionista, aulas de ecologia ou atividades propostas por professores de determinadas disciplinas, que ora privilegiavam o estudo compartimentalizado dos recursos naturais e as soluções técnicas para os problemas ambientais locais, ora visavam despertar nos jovens um senso de maravilhamento em relação à natureza (PHILIPPI JÚNIOR; PELICIONI, 2005). Muitos autores apontam a Keele Conference Education and Countryside, que ocorreu na Universidade de Keele (Inglaterra), como o marco para o início do uso do termo "Environmental Education" (Educação Ambiental), que já era usado em meios específicos e, a partir da conferência, alcançou divulgação (PHILIPPI JÚNIOR; PELICIONI 2005).

Pouco tempo depois, em 1968, na Grã-Bretanha, implantou-se o conselho para educação ambiental, voltado para a coordenação de organizações envolvidas com os temas educação e meio ambiente (PHILIPPI JÚNIOR; PELICIONI 2005).

A década de 1970 marcou o início da regulamentação e do controle ambiental, bem como das conferências internacionais com o debate sobre a relação meio ambiente-desenvolvimento. A partir desse período, ocorreram grandes eventos internacionais que trataram de educação ambiental: em 1972, a Conferência de Estocolmo - Conferência da ONU sobre o Ambiente Humano; em 1975, em Belgrado (Iugoslávia), a UNESCO pro-

---

[15] Tratado sobre a Antártica (ou Tratado Antártico), firmado em Washington em 1º de dezembro de 1959 e vigente desde 1961, proíbe qualquer militarização do continente, reservando-o "exclusivamente a atividades pacíficas".

moveu o Encontro Internacional em educação ambiental, com 65 países e, em outubro de 1977, a I Conferência Intergovernamental sobre educação ambiental (Tbilisi); em 1987, em Moscou, o II Congresso Internacional sobre Educação e Formação Ambientais; em 1992, no Rio de Janeiro, o Fórum das Organizações Não Governamentais e Movimentos Sociais (em paralelo à Eco92); em 1997, em Thessaloniki, a III Conferência Internacional sobre Meio Ambiente e Sociedade: Educação e Consciência Pública para a Sustentabilidade e, por fim, em 2007, em Ahmedabad, a IV Conferência Internacional de educação ambiental.

Neste livro vou destacar as recomendações surgidas na Conferência de Tbilisi – Geórgia, em 1977, que foi a primeira conferência a tratar especificamente do tema educação ambiental e, talvez, a mais importante, por ter posto para o debate internacional a importância da educação ambiental na resolução dos problemas ambientais e por ter formulado, ao mesmo tempo, um conjunto de princípios e diretrizes (objetivos, funções, estratégias, características, princípios e recomendações) que continua válido até hoje para o desenvolvimento de programas e ações de educação ambiental:

> O objetivo fundamental da educação ambiental é conseguir que os indivíduos e a coletividade compreendam a natureza complexa do meio ambiente natural e do meio ambiente criado pelo homem, resultante da integração de seus aspectos biológicos, físicos, sociais, econômicos e culturais, e adquiram os conhecimentos, os valores, os comportamentos e as habilidades práticas para participar responsável e eficazmente da prevenção e solução dos problemas ambientais, e da gestão da questão da qualidade do meio ambiente (UNESCO, 1997, p. 98).

Esse objetivo é fundamental porque propõe uma educação ambiental crítica e pode ser analisado sob três aspectos que se articulam para avançar com relação à educação conservacionista, defendida pelas abordagens do desenvolvimento sustentável.

Primeiramente, a educação ambiental sugerida na Conferência de Tbilisi rejeita o aspecto que procura reduzir a complexidade da relação indivíduo/sociedade; fala em indivíduos e coletividade, articulando o primeiro ao meio social, ou seja, o homem é parte de um todo. Combatia-se assim a tendência de culpabilizar todos os seres humanos pelos impactos ambientais, sem atribuir o papel que cada ator social (Estado, mercado, sociedade, indivíduo) desempenha no processo. Dessa forma, era tratada a educação com cunho conservacionista, acreditando que

> [...] o problema ambiental como fruto de um desconheci-
> mento dos princípios ecológicos [falta de informação] que
> gera "maus comportamentos" nos indivíduos, cabendo a
> esta concepção de educação "criar bons comportamentos"
> (LAYRARGUES, 2000, p. 89).

Em segundo lugar, a Conferência de Tbilisi (UNESCO, 1997, p. 98) delibera como objetivo da educação ambiental

> [...] lograr que os indivíduos e a coletividade compreendam
> a natureza complexa do meio ambiente natural e do meio
> ambiente criado pelo homem, resultante da integração de seus
> aspectos biológicos, físicos, sociais, econômicos e culturais.

Aqui, mais uma vez, se distingue da educação conservacionista, que prioriza os aspectos biológicos do meio ambiente/natureza (visão cartesiana com foco nas soluções técnicas), da visão de meio ambiente sugerida por Tbilisi (UNESCO, 1997, p.98), que compreende a tensão existente entre os recursos naturais do planeta e os valores criados historicamente pela ação do homem (esgotamento e poluição dos recursos naturais/meio ambiente).

A compreensão dialógica da relação sociedade-meio ambiente mostra a necessidade da atitude interdisciplinar unindo as diferentes dimensões da questão ambiental (ciências naturais e humanas), tanto na resolução dos problemas ambientais quanto na conexão educacional e ambiental, como a educação ambiental. Permite, ainda, questionar as ações humanas, muitas de caráter predatório, buscando encontrar meios para minimizar os impactos negativos das relações sociais de produção vigentes, intervindo em processos que levam ao esgotamento e à poluição do meio ambiente e da natureza.

Tbilisi (UNESCO, 1997 p. 99) indica, em terceiro lugar, que os con-teúdos conceituais, procedimentais e atitudinais envolvidos na concepção de educação ambiental busquem a resolução de problemas ambientais locais, apontando para a importância da relação teoria-prática, ou reflexão-ação, nesse processo, de modo a contribuir para a participação social na esfera pública: "[...] adquiram os conhecimentos, os valores, os comportamentos e as habilidades práticas para participar responsável e eficazmente da pre-venção e solução dos problemas ambientais"

Tbilisi possibilitou na Recomendação n.º 1 a reflexão em torno da compreensão e transformação da realidade socioambiental. De um lado, apontou a necessidade de se superar a alienação do homem em relação à natureza e à sociedade, por meio da consciência de que somos "naturalmente humanos" e "humanamente naturais" (MARX, 2004), ou seja, por intermédio da consciência de nossa dupla (e inalienável) determinação natural e social; de outro lado, ressaltou a importância da participação da sociedade civil no processo decisório de formulação e implementação de políticas públicas e práticas sociais, que visem ao pleno exercício da cidadania.

> O processo educativo deveria ser orientado para a resolução dos problemas concretos do meio ambiente, através de enfoques interdisciplinares e, de participação ativa e responsável de cada indivíduo e da coletividade. (UNESCO, 1977).

O Brasil não enviou representantes a Tbilisi, pois na época não tinha relações diplomáticas com o extinto bloco da União Soviética, do qual a Geórgia fazia parte. Mesmo assim, encontram-se hoje muitas das características da educação ambiental de Tbilisi na nossa Política Nacional de Educação Ambiental.

Nesse encontro foram determinadas 41 recomendações e os princípios que norteariam a educação ambiental em todo o planeta. Esses princípios podem ser resumidos em sete pontos fundamentais que revelam o pensamento abraçado pela conferência. São eles:

- Processo dinâmico integrativo: a educação ambiental foi definida "[...] como um processo permanente no qual os indivíduos e a comunidade tomam consciência do seu meio ambiente e adquirem o conhecimento, os valores, as habilidades, as experiências e a determinação que os torna aptos a agir-individual e coletivamente - e resolver problemas ambientais";

- Transformadora: a educação ambiental possibilita a aquisição de conhecimentos e habilidades capazes de induzir mudanças de atitudes. Objetiva a construção de uma nova visão das relações do homem com o seu meio e a adoção de novas posturas individuais e coletivas em relação ao ambiente. A consolidação de novos valores, conhecimentos, competências, habilidades e atitudes refletirá na implantação de uma nova ordem ambientalmente sustentável;

- Participativa: a educação ambiental atua na sensibilização e conscientização do cidadão, estimulando a participação individual nos processos coletivos;

- Abrangente: a importância da educação ambiental extrapola as atividades internas da escola tradicional; deve ser oferecida continuamente em todas as fases do ensino formal, envolvendo ainda a família e a coletividade. A eficácia virá à medida que sua abrangência for atingindo a totalidade dos grupos sociais;

- Globalizadora: a educação ambiental deve considerar o ambiente em seus múltiplos aspectos e atuar com visão ampla de alcance local, regional e global;

- Permanente: a educação ambiental tem um caráter permanente, pois a evolução do senso crítico e a compreensão da complexidade dos aspectos que envolvem as questões ambientais se dão de modo crescente e continuado, não se justificando sua interrupção. Despertada a consciência, ganha-se um aliado para a melhoria das condições de vida no planeta;

- Contextualizadora: a educação ambiental deve atuar diretamente na realidade da comunidade, sem perder de vista sua dimensão planetária.

Tbilisi foi um grande marco da educação ambiental, pois, em agosto de 1987, isto é, dez anos após a conferência, ocorreu a Conferência Internacional sobre Educação e Formação Ambiental em Moscou, em 1987. Foi um encontro em que centenas de especialistas de 94 países debateram os progressos e as dificuldades encontrados pelas nações na área de educação ambiental e propuseram a "Estratégia Internacional de Ação em Matéria de Educação e Formação Ambiental para o Decênio de 90". Quanto ao progresso das nações, a avaliação não foi nada otimista. Por outro lado, no que se refere às estratégias, a reunião de Moscou reafirmou os objetivos e princípios orientadores propostos em 1977, considerados "alicerces para o desenvolvimento da educação ambiental em todos os níveis, dentro e fora do sistema escolar" (Conferência Internacional sobre Educação e Formação Ambiental em Moscou, 1987).

Outra conclusão de Moscou foi que

> [...] os objetivos da Educação Ambiental não podem ser definidos sem que se levem em conta as realidades sociais, econômicas e ecológicas de cada sociedade ou os objetivos determinados para o seu desenvolvimento; deve-se considerar que alguns objetivos da Educação Ambiental são comuns à comunidade internacional. A Educação Ambiental tem suas

> grandes linhas de orientações retiradas a partir de Tbilisi. Nela traçaram-se as prioridades nacionais, regionais e locais e desenharam-se as suas estratégias e recursos instrucionais que deverão ser utilizados. (Conferência Internacional sobre Educação e Formação Ambiental em Moscou, 1987)

No Rio de Janeiro, em 1992, a proposta de Tbilisi foi novamente confirmada na I Jornada Internacional de Educação Ambiental, evento que aconteceu paralelamente à ECO-92, em que foi gestado o Tratado de Educação Ambiental para Sociedades Sustentáveis e Responsabilidade Global (TEASS). Esse documento enfatiza a importância da educação ambiental como um processo educativo transformador e permanente na "formação de valores e na ação social" para a criação de "sociedades sustentáveis e equitativas", baseadas "no respeito a todas as formas de vida" (TEASS, 1992, p. 1).

O TEASS (1992) credita às formas de produção capitalista as causas da degradação ambiental e das desigualdades sociais, apontando a alienação e a falta de participação como desafios da educação ambiental e trazendo o debate para as sociedades sustentáveis:

> As causas primárias de problemas como o aumento da pobreza, da degradação humana e ambiental e da violência podem ser identificadas no modelo de civilização dominante, que se baseia em superprodução e superconsumo para uns e em subconsumo e falta de condições para produzir por parte da grande maioria [...] (TEASS, 1992, p. 1).

O Tratado avalia que a educação incide em um direito de todos e que "[...] deve ter como base o pensamento crítico e inovador, em qualquer tempo ou lugar, em seus modos formal, não formal e informal, promovendo a transformação e a construção da sociedade" (TEASS, 1992, p. 2). Considera também que a educação ambiental "[...] não é neutra, mas ideológica", por isso corresponde a um ato político e deve "tratar as questões globais críticas, suas causas e interrelações em uma perspectiva sistêmica, em seu contexto social e histórico".

O TEASS destaca, com isso, que a educação ambiental para as sociedades sustentáveis deve estimular e potencializar o poder das diversas populações, enfatizando os problemas locais em suas atividades e as devidas conexões com a realidade planetária, objetivando, assim, a conscientização para a transformação da realidade, inclusive de modo a sensibilizar as populações para que "[...] constituam Conselhos Populares de Ação Ecológica e Gestão do Ambiente visando investigar, informar, debater e decidir sobre problemas e políticas ambientais" (TEASS, 1992).

Esse contexto referenda que as Recomendações de Tbilisi e do TEASS se prestam eficazmente aos objetivos deste livro quando defendem que a busca pela sustentabilidade deve se subordinar à lógica social, aqui a lógica da comunidade do Quilombo Mesquita, e não somente aos interesses da classe social hegemônica (capitalista).

É de 1992 também a Agenda 21[16], que apresentou um plano de ação para um desenvolvimento sustentável dos vários países. De acordo com os preceitos dessa agenda, deveria ser promovido, com a colaboração apropriada das organizações não governamentais, todo tipo de programas de educação de adultos, de modo a incentivar uma educação ambiental.

2.1 A EDUCAÇÃO AMBIENTAL NAS POLÍTICAS PÚBLICAS BRASILEIRAS

> A Educação Ambiental é idealizada pelo movimento ambientalista para sensibilizar os cidadãos em ações ambientalmente apropriadas na busca de uma sociedade sustentável. Segundo os documentos da Coordenação-Geral de Educação Ambiental (COEA) DO Ministério da Educação, foi no universo da educação que o termo Educação Ambiental foi criado, para tornar-se parte essencial da educação de todos os cidadãos (MEC/COEA, 2006a, p. 52).

No Brasil, a temática ambiental nas políticas públicas está contemplada desde a criação da Secretaria do Meio Ambiente e Infraestrutura (Sema) em 1973. Em 1981, a Lei n.º 6.938 estabeleceu a Política Nacional de Meio Ambiente anterior à Constituição, e, 20 anos depois, a Lei n.º 9.795 inseriu a Política Nacional de Educação Ambiental (PNEA), regulamentada pelo Decreto n.º 4.281 (BRASIL, 2002).

No âmbito da Constituição Federal (BRASIL, 1988), em seu Artigo 225º, o meio ambiente é entendido como "bem de uso comum do povo", cabendo ao poder público e à coletividade a responsabilidade por sua preservação. Apesar disso, a educação ambiental, idealizada como uma das formas que pode vir a garantir o direito de acesso a esse bem, é tratada (BRASIL, 1988, §1º, Inciso VI) como obrigação do poder público apenas (QUINTAS, 2004).

Buscava-se a promoção da educação ambiental "em todos os níveis de ensino" e, ainda, em termos da "conscientização pública para a preservação do meio ambiente", ou seja, sob perspectiva formal e não formal

---

[16] Agenda 21 é um instrumento surgido na ECO/92 que permite definir e implementar políticas públicas com base em um planejamento participativo voltado para as prioridades do desenvolvimento sustentável.

de EA, mas não se explicava de quem seria o encargo, o que ocorreu depois na Constituição Federal (CF), seria responsabilidade do próprio poder público.

Em 1987, o Conselho Federal de Educação aprovou o Parecer 226/87, que inclui a dimensão da educação ambiental na escola brasileira, por meio de uma abordagem interdisciplinar. Recomenda-se nesse parecer a criação de Centros de Educação Ambiental (CEA) para agirem nos estados como polos irradiadores dessa dimensão educacional.

A CF (BRASIL, 1988) traz avanços sobre a Política Nacional do Meio Ambiente (PNMA) envolvendo a sociedade civil como atores da educação ambiental, mas, ao mesmo tempo, retrocede em relação à Lei n.º 6.938 (BRASIL, 1981), quando retoma a ideia de educação conservacionista, em contraposição a uma proposta de educação ambiental focada na capacitação da sociedade civil, de modo a contribuir para a "participação ativa na defesa do meio ambiente" (BRASIL, 1981), abordagem que, sob uma primeira leitura, se aproximaria da perspectiva crítica de educação ambiental (NOVICKI; SOUZA, 2010).

Novicki e Souza (2010) observam que a PNMA retrata um entendimento sobre o meio ambiente enquanto "conjunto de condições, leis, influências e interações de ordem física, química e biológica, que permite, abriga e rege a vida em todas as suas formas" (BRASIL, 1981, s/p). Consideram os autores essa visão reducionista, pois não menciona as dimensões social, política, cultural e econômica. Reforçam ainda a contradição que se expressa pela tensão entre uma educação ambiental que poderia ser considerada potencialmente crítica, pautada na participação social, e uma concepção de meio ambiente restrita a seus aspectos eminentemente naturais, característica central da educação conservacionista, ambas atinentes a um mesmo discurso.

Em 1989, foi criado o Instituto Brasileiro do Meio Ambiente e dos Recursos Renováveis (Ibama), que surgiu da junção da Sema, do Instituto Brasileiro de Desenvolvimento Florestal (IBDF), da Superintendência do Desenvolvimento da Pesca (Sudepe) e da Superintendência do Desenvolvimento da Borracha (SUDEHVEA). Foi criada dentro desse novo órgão uma Divisão de Educação Ambiental, que condiciona a emissão de licenças ambientais ao cumprimento de condicionantes pelos empreendimentos.

A Política Nacional de Educação Ambiental (BRASIL, 1999) foi implementada nacionalmente por meio do Programa Nacional de Educação Ambiental (Pronea) (BRASIL, 2005), relativo tanto ao Ministério do Meio Ambiente

(MMA) quanto ao Ministério da Educação (MEC). Também por meio de ações específicas do próprio MEC, com os Parâmetros Curriculares Nacionais (PCN) (BRASIL, 1997a, 1997b, 1998a, 1998b), do Programa Parâmetros em Ação (BRASIL, 2001), dos Referenciais Curriculares Nacionais da Educação Profissional de Nível Técnico (BRASIL, 2000) e da Proposta de Diretrizes Curriculares Nacionais para a Educação Ambiental (BRASIL, 2007a).

Alguns anos após a criação da Política Nacional de Educação Ambiental (PNEA), sua regulamentação ocorreu mediante o Decreto n.º 4. 281/2002 (BRASIL, 2002). De modo distinto, decorreu de intensas discussões realizadas no âmbito da Câmara Técnica Temporária de Educação Ambiental, especialmente constituída pelo Conselho Nacional do Meio Ambiente (Conama) para essa finalidade (UEMA, 2009). Em seu Artigo 1º, esse decreto determina que a execução da PNEA consiste em responsabilidade dos órgãos e entidades integrantes do Sistema Nacional do Meio Ambiente (SISNAMA), das instituições educacionais públicas e privadas dos sistemas de ensino, dos órgãos públicos da União, dos estados, do Distrito Federal e dos municípios, das Organizações Não Governamentais (ONGs), das entidades de classe, dos meios de comunicação e demais segmentos da sociedade.

No âmbito do MMA, o Pronea teve sua primeira edição em 1994 (BRASIL, 1994), tomando por referência a Conferência de Educação Ambiental de Tbilisi (UNESCO, 1997). Porém, somente em 2005, veio a vigorar sua atual edição (BRASIL, 2005), que aprofunda questões relativas ao papel da educação ambiental no processo de empoderamento dos grupos sociais.

Na esfera do Pronea, que resultou de uma ampla consulta pública, é defendido que a participação da sociedade civil deve ocorrer, em especial, nos trâmites decisórios sobre o acesso aos recursos ambientais e seu uso, assim como no fortalecimento das ditas práticas comunitárias sustentáveis. Aponta-se a necessidade de a educação ambiental superar, de um lado, as "assimetrias nos planos cognitivos e organizativos, já que a desigualdade e a injustiça social ainda são características da sociedade" e, de outro, as práticas restritas à "disponibilização de informações" (BRASIL, 2005, p. 34).

Os problemas emergentes ocasionados por essa crise socioambiental levam a sociedade a indicar a educação ambiental como uma prática social que poderá ajudar na resolução de tais problemas (GUIMARÃES, 2001).

Assim, deveria ocorrer uma articulação com a produção de sentidos sobre a educação ambiental combinada com o engajamento dos diversos sistemas de conhecimento e a capacitação de profissionais e comunidades inseridos numa perspectiva interdisciplinar. A produção do conhecimento deve envolver as inter-relações entre o meio natural e social, com o desafio de constituir uma educação ambiental crítica e inovadora nos três níveis, formal, não formal e informal, observando a constituição de um novo perfil de desenvolvimento com ênfase na sustentabilidade socioambiental (JACOBI, 2003).

Os processos educativos em comunidades tradicionais utilizam, em sua maioria, o nível de educação informal para as trocas de conhecimentos sobre o meio ambiente. No caso da comunidade do Quilombo Mesquita, esses conhecimentos são passados de forma vertical no nível informal, aqui referente ao nível das relações comunitárias e familiares cotidianas.

Atualmente, um dos grandes impeditivos para essa transmissão de saberes na comunidade são os conflitos vividos pelo grupo e a luta pela terra.

2.2 EDUCAÇÃO AMBIENTAL EM UM DIALÓGO DE SABERES E FAZERES NA QUILOMBO MESQUITA

A formação socioterritorial do Brasil se diversificou etnicamente a partir da invasão do território brasileiro pelos portugueses e se intensificou no processo de colonização com a implantação das capitanias hereditárias. Aconteceram conflitos sociais e a luta pela terra no Brasil, caracterizados por problemas ambientais, fato originado efetivamente pela expansão do capitalismo europeu no século XVI, que se perpetua até os dias de hoje, com a pressão sobre os países detentores de grande biodiversidade (OLIVEIRA, 2006, p. 15).

A crise socioambiental vivida hoje no mundo é consequência do modelo de consumo adotado, principalmente, pelas sociedades não tradicionais que acabaram trazendo prejuízos à qualidade ambiental. Nesse contexto, "[...] mudanças profundas nos modos de produção e consumo, bem como nos valores e culturas hegemônicas, são urgentes" (VITORASSI; CASALE; ALBERTON, 2009, p. 1).

No Brasil, a ameaça à biodiversidade acontece em razão do desenvolvimento desordenado e das atividades produtivas sem estudos prévios. Esses danos estão presentes em todos os biomas: a deterioração do solo, a contaminação dos corpos d'água, o desmatamento são alguns dos efeitos prejudiciais que podem ser observados. Juntam-se a isso os efeitos da exclusão social e o elevado nível de pobreza de parte da população no país.

O Quilombo Mesquita sofre com a exclusão social representada pela não titulação das suas terras, mas pude constatar que o grupo abriga, apesar das pressões contrárias e do intenso processo de degradação e apropriação das suas terras, procedimentos culturais muito típicos de comunidades negras rurais.

A educação ambiental possui uma multiplicidade de dimensões conectadas entre si. No plano epistemológico, estão as reflexões, os conceitos, as teorias sobre as relações entre sociedade e natureza. No plano prático, acontecem as ações em educação ambiental, por meio de intervenções em diferentes níveis. Neste estudo, essas ações se dão na comunidade do Quilombo Mesquita, analisadas mediante uma pesquisa dos símbolos pessoais e culturais, histórias de vida, histórias locais, lendas e mitos.

A educação ambiental, nas comunidades tradicionais, não se concretiza sem reconhecer sua realidade histórica e dos sujeitos que nela habitam, compreendendo seus processos culturais, sua socialização e as relações de trabalho vividas por esses sujeitos em suas práticas diárias. Nesse sentido, este estudo busca identificar e validar a identidade quilombola no Quilombo Mesquita, bem como avaliar os diferentes saberes e fazeres já construídos, a partir de suas histórias de vida. Este livro busca compreender como a educação ambiental vem acontecendo nessa comunidade quilombola.

Para uma melhor percepção do cotidiano, da cultura e das tradições da população do Quilombo Mesquita, foi necessário um relacionamento com alguns informantes no grupo, para ter acesso às histórias de vida desse povo e às suas experiências no dia a dia. O objetivo era analisar como os saberes e fazeres dos quilombolas vêm dialogando com a educação ambiental, a partir das "Histórias de vida".

No Quilombo Mesquita ainda se consegue observar a riqueza dos conhecimentos utilizados na prática da educação ambiental. Embora não seja uma ação explicitada de transmissão de saberes, ela acontece em vivências sociais e familiares cotidianas, muito além da verdade hegemônica das ciências, da ganância dos expropriadores daquele território e da exclusão social. Pretende-se, com esta pesquisa, buscar alternativas que permitam que essas experiências locais não sejam desperdiçadas.

Sato afirma que é

> [...] a esperança de escrever um texto cultural, mesmo que vestido de farrapos ou a moda de uma era, mas que contemple a etnografia sem medo da solidão, do desconforto físico ou da paciência em encontrar o fascínio cultural escrito na natureza.

Os saberes e fazeres tradicionais do Quilombo Mesquita, ainda existentes naquele grupo, foram elementos de resistência contra os conflitos que perseguem a comunidade. Esses conflitos evidenciam injustiça socioambiental, o que pode ser demonstrado pela demora na titularidade da terra e pelo não acesso aos direitos vindos dessa titulação (educação, crédito, transporte, assistência técnica). A perda do legado cultural dos habitantes da comunidade, preservado ao longo das gerações, é também uma evidência de injustiça ambiental, o não reconhecimento de sua história e a invisibilidade do grupo para o poder público:

> *Antigamente a gente chamava a benzedeira para benzer os meninos logo depois que o umbigo caia, hoje quais não se faz mais isso* (Dona J B, entrevistada em 12/11/2005).

Conforme Marques (2004), esse modo de vida só pode ser compreendido a partir de sua inserção na sociedade, que hoje inclui as relações que ocupam as comunidades quilombolas na sociedade moderna capitalista, entendendo a relação entre tradição e modernidade e qual lugar ocupam os povos de vidas tradicionais.

Não se espera que as comunidades tradicionais fiquem paradas no tempo, nem se deseja folclorizar o grupo, mas, conforme ressalta Carlos Rodrigues Brandão (1986), valores, como a solidariedade, a afetividade e a cumplicidade, são típicos dos povos tradicionais, que merecem ser preservados e compartilhados com a sociedade.

Este capítulo fundamenta-se na análise dos saberes observados durante as conversas e visitas de campo à comunidade do Quilombo Mesquita, além de informações obtidas na bibliografia sobre a região e sobre o grupo estudado. A análise baseia-se na etnografia e pretende apontar em que medida as práticas sociais e os saberes locais da comunidade do Quilombo Mesquita são valorizados, se ocorre a interlocução entre as diversas formas de conhecimento (saberes locais com os saberes científicos), além de seus impactos, tanto para os mais jovens como para toda a comunidade.

O objetivo é tentar apreender o sentido do diálogo intercultural entre o conhecimento científico e o conhecimento tradicional, ou seja, apreender a inter-relação entre a educação ambiental e saberes tradicionais, e como estão conectadas essas duas concepções na comunidade quilombola Quilombo Mesquita.

Um dos objetivos desta pesquisa é analisar o papel dos saberes tradicionais na preservação do meio ambiente, tentando explicar o valor deles no Quilombo Mesquita como base para a sensibilização em educação ambiental e a conservação do Cerrado, a partir da observação de como ocorre no cotidiano o conflito/diálogo entre os diferentes grupos que se relacionam no território, considerando que nesse espaço étnico interagem significados e representações de grupos sociais que possuem formas próprias de compreender o conflito.

A educação está presente no cotidiano do Quilombo Mesquita de várias maneiras. A relação da educação com a *educação ambiental se encontra na comunidade*; tanto no modo formal quanto no informal, podem ser percebidas em diferentes ambientes. As rotinas das famílias são cheias de simbologias que auxiliam na conservação dos fazeres que as identificam. A riqueza no Mesquita é construída coletivamente, falam sobre as formas de vida, os ciclos naturais, o clima, a vegetação, entre outros elementos. É parte da vida das pessoas que ali moram e conhecem sobre o Cerrado que circunda a comunidade; é essa riqueza de saberes que age no uso e na manutenção da biodiversidade do Cerrado. Esses saberes são também os caminhos para a práxis de educação ambiental na comunidade, são ferramentas pedagógicas que podem auxiliar a relação educativo-ambiental:

> Toda ignorância é ignorante de um certo saber e todo o saber é a superação de uma ignorância particular [...] Deste princípio de incompletude de todos os saberes decorre a possibilidade de diálogo e de disputa epistemológica entre os diferentes saberes. O que cada saber contribui para esse diálogo é o modo como orienta uma dada prática na superação de uma certa ignorância. O confronto e o diálogo entre os saberes é um confronto e um diálogo entre diferentes processos através dos quais práticas diferentemente ignorantes se transformam em práticas diferentemente sábias [...] (SANTOS, 2004, p. 790-791).

Esses saberes, por diferentes razões, interessaram à educação ambiental. Uma delas é que nas relações sociais essas comunidades criam ações independentes que são instrumentos de conscientização ambiental para seus membros. Essa conscientização ecológica acontece de forma individual e coletiva e beneficia toda a sociedade pelos efeitos e resultados sobrevindos da transformação social.

Assim, reafirma-se o papel de, por meio da Educação, mesmo em ambientes não formais, como é o caso estudado neste livro, se criar "sujeitos críticos, autônomos, participativos e emancipados" (AMORIM, 2005, s/p).

A educação ecológica que citei na introdução desta obra, desenvolvida "no pé do borralho", é também uma maneira expressiva de se produzir sentidos para a educação ambiental.

> A Educação Ambiental é povoada, então, de posturas, ideias e práticas que referendam as relações bastante fortes entre ações educativas, condições sociais específicas e transformação da realidade (vida, sujeitos, sociedade, ideologias etc.) (MMA, 2005, s/p).

A educação ambiental, na comunidade do Quilombo Mesquita, relaciona-se também com o conceito de justiça ambiental (ACSERALD, 2002), pois está intimamente relacionada com os direitos desse grupo a um meio ambiente saudável, livre de pressões e dos impactos que o grupo vem sofrendo.

Se a educação ambiental apoia-se em *Educação* e *Ambiente*, é importante metodologicamente um caminhar por entre os três conjuntos de significações que foram apresentados, a partir da escolha de acontecimentos que se autodenominam ambientais e/ou que sejam interessantes ao grupo de trabalho. A educação ambiental relaciona-se aos espaços familiares e coletivos do Quilombo para existir. Esse potencial não é uma vantagem, uma particularidade desse grupo apenas, mas um campo de criação em que os sujeitos podem agir e começar experimentos, criar algo.

As comunidades que reconhecem sua cultura e preservam seus costumes como uma riqueza de seu povo sabem usar seus saberes a favor de todos. Saberes esses que aqui serão identificados e estudados por meio dos hábitos diários e costumes da comunidade do Quilombo Mesquita:

> O saber ambiental excede as "ciências ambientais", constituídas como um conjunto de especializações surgidas da incorporação dos enfoques ecológicos às disciplinas tradicionais – antropologia ecológica, ecologia urbana, saúde, psicologia, economia e engenharia ambientais – e se estende além do campo de articulação das ciências, para abrir-se ao terreno dos valores éticos, dos conhecimentos práticos e dos saberes tradicionais. (LEFF, 2001, p. 145).

No campo de saberes tradicionais — embora hoje, em função da restrição territorial sofrida pelo Quilombo Mesquita e da perda de suas terras, não seja mais possível para muitos deles explicar alguns fatos observados —, as ações práticas na comunidade respondem por um entendimento adquirido na experiência das relações com a natureza, informando o processo de acumulação de conhecimento por meio das gerações. São maneiras diversas de perceber, em âmbito local, de representar e agir sobre o território. No caso estudado, esses recursos e informações são incompreensíveis para o grupo que tenta usurpar o território do Mesquita, pelos fortes traços de preconceito e desprezo com essa cultura. Para identificar e analisar os saberes ambientais nesse grupo étnico, como pesquisadora que pretende o mínimo de intromissão e influência, realizei um estudo junto à comunidade para perceber os métodos e as técnicas utilizados no dia a dia para se relacionar com o meio ambiente. Para isso, utilizei-me de entrevistas não estruturadas, pois é "quando o entrevistador coloca o tema e o entrevistado tem a liberdade de falar sobre a questão (MATOS; PESSÔA, 2009, p. 288).

Um meio de isso acontecer é mediante a interdisciplinaridade, que permite a interação de todas as áreas de estudo, tanto pelo pesquisador como pelo objeto de estudo.

> A interdisciplinaridade é proclamada hoje em dia não só como um método e uma prática para a produção de conhecimentos e para sua integração mas cooperativa na explicação e resolução dos cada vez mais complexos problemas do desenvolvimento; [...] (LEFF, 2007, p. 72).

> Interdisciplinaridade é muito mais que uma atitude frente ao conhecimento; é impossível pensar em atitude sem pensar em religação de saberes, sem pensar em gratidão e negociação, sem pensar em reconhecimento. Nesse sentido, construir e defender um conceito próprio de interdisciplinaridade exige buscar a essência do todo (conceito) nas partes/retalhos (teóricos) que já foram tecidos. (FAZENDA, 2008, s/p).

O saber ambiental alcançado pela interdisciplinaridade pode proporcionar várias opções de análise do uso desses saberes tanto pela comunidade como pelos estudiosos.

> O saber ambiental ultrapassa o campo da racionalidade científica e da objetividade do conhecimento. Este saber está-se conformando dentro de uma nova racionalidade teórica, de onde emergem novas estratégias conceituais. Isso propõe a revalorização de um conjunto de saberes sem pretensão de cientificidade. (LEFF, 2007, p. 168).

Como nos ensinam Maria Cândida Moraes e Ivani Fazenda (2008, p. 151-7):

> [estamos] todos interconectados, interligados, por uma rede invisível, da qual cada um de nós é apenas um de seus elos. Interagimos influenciando um ao outro. Na realidade, par-

> ticipamos de um mesmo cântico universal. [...] Cada um interage a seu modo e se liga re-liga com todo o universo de determinada maneira, seja pelo ar que respira, pelo pensamento viajante, pelo imaginário do poeta, pelos fluxos energéticos que interagem e superam as barreiras físicas que impedem que desocultemos a teia de relações e de interações que existem no micromundo das partículas atômicas. [...]

Santos (2008) afirma que os grupos sociais tradicionais têm seu dinamismo e tempos próprios: observação, oralidade, experiência íntima e mítica com o espaço vivido e relações de trabalho são vivenciados em círculos familiares e de amizade. A hipótese inicial deste livro é a de que os saberes ecológicos são repassados intergeracionalmente e são usados como ferramentas de educação ambiental pelas novas gerações do quilombo. Para tanto, acredita-se que a capacidade de aprender com a própria vivência vem de experiências vividas "do" e "no" espaço do quilombo. A observação não é apenas ver, é mais que isso, como afirma Maturana:

> A observação acontece no observar, observar é o que nós, observadores, fazemos ao distinguir na linguagem os diferentes tipos de entidades que trazemos à mão como objetos de nossas descrições, explicações e reflexões no curso de nossa participação nas diferentes conversações em que estamos envolvidos no decorrer de nossas vidas cotidianas, independentemente do domínio operacional em que acontecem. (2001, p. 126).

Tuan (1980, 1983), nos seus trabalhos sobre percepção humana e a construção de valores ambientais, afirma que esses valores são construídos em três níveis: no das espécies, no dos grupos e no dos indivíduos.

Esse mesmo autor (TUAN, 1980) enfatiza que os valores e as atitudes se relacionam com as necessidades biológicas, com a cultura e os valores pessoais estabelecidos na interação com a sociedade. Isso sugere que a relação humana com o meio ambiente deve ser vista por meio de uma perspectiva não somente social, mas também ecológica e temporal. É o que se pretende ao analisar a transmissão dos conhecimentos adquiridos ao longo da vida pelos idosos para os mais jovens na comunidade do Quilombo Mesquita.

Tuan (1980, p. 53) fala que, para analisar como ocorre a transmissão de conhecimentos em nível de grupo, deve-se conhecer a história cultural e a experiência desse grupo, bem como sua conjuntura. Assim, defendo que a atribuição de significados e valores aos elementos do meio ambiente se deve a três condições: à cultura, às características biológicas humanas e às experiências pessoais.

Nesta obra, já na introdução, parti do pressuposto de que, para discutir a proposta da livro, era importante considerar essas dimensões, por isso, nos capítulos iniciais, foi feita uma abordagem da etnogênese da comunidade, relacionando-a com os acontecimentos históricos no Brasil Central.

Mesmo apresentando as dimensões estudadas sobre a comunidade do Quilombo Mesquita em diferentes capítulos, enfatizo que elas estão encadeadas e estritamente relacionadas, fugindo assim da clássica tendência fragmentadora presente nas ciências modernas. A pesquisa aqui apresentada considera a visão transdisciplinar e multitemporal, pois só se pode entender o significado de cada uma compreendendo-se as relações que existem entre elas.

Na proposta de diálogo entre os saberes, deve-se pensar que o conhecimento não se reduz ao conhecimento científico e, com isso, não desqualificar outros saberes simplesmente porque não são científicos.

O físico Marcelo Gleiser (1997) diz que só 10% da matéria é conhecida por nós e que há,

> [...] para além do conhecimento científico, um vasto conhecimento acerca da natureza desenvolvido por populações que os criaram através de culturas tecidas numa relação íntima com-a-natureza e não contra-a-natureza, como a sociedade ocidental urbana moderna.

Enfim, o conhecimento científico é apenas um modo de conhecimento, e não o conhecimento. E, mais, o conhecimento está inserido na vida de cada um, pois não se vive sem conhecimento. Todo e qualquer ser vivo deve estar aberto para o mundo, para o ambiente, de onde tira o necessário para se alimentar.

Nesse esforço, defino conhecimentos tradicionais como

> [...] aqueles saberes que foram construídos com base na vivência histórica daquela comunidade, esses conhecimentos aparecem no cotidiano através de ações de caráter religioso, material e conhecimento do ciclo de vida com caráter holístico, animista, que prioriza a integração equilibrada do homem e da natureza. (BERGER FILHO; SPAREMBERGER, 2008, p. 13).

Assim sendo, deve-se ver o conhecimento tradicional do quilombo de Mesquita além do conhecimento sobre a biodiversidade do Cerrado e abranger o conhecimento intangível, espiritual, emocional, muitas vezes ritualizado.

As comunidades tradicionais usam sistemas de manejo dos recursos naturais, marcados pelo respeito aos ciclos da natureza e pela sua exploração, observando a capacidade de recuperação das espécies de animais e plantas utilizadas. Esses sistemas não só visam à exploração econômica dos recursos naturais, mas também revelam a existência de um complexo conjunto de conhecimentos adquiridos pela tradição herdada das gerações passadas (BERGER FILHO; SPAREMBERGER, 2008, p. 13).

No texto: "Sobre a Tradicionalidade Rural que há em nós", Brandão (2004) fala que a ética dos campesinos está baseada em três princípios: a honra, a reciprocidade e a hierarquia. A honra é um princípio básico na comunidade do Mesquita, a reciprocidade é comum no seu dia a dia, e o sentimento de hierarquia, ordenador do mundo, da própria fabricação do cosmo, da criação natural do mundo natural, da reprodução do mundo social. Essa questão não tem a ver tanto com a geografia da vida rural tradicional, mas sim com uma difusão da teorização em nós de uma campesinidade, caracterizada não apenas por sua ética e identidade, mas também por sua cumplicidade e afetividade (BRANDÃO, 2004).

No Brasil, conforme já relatei no Capítulo II, no regime de trabalho escravizado, os negros foram utilizados como mão de obra nas plantações de cana-de-açúcar, nos trabalhos domésticos, na mineração etc. De acordo com Brandão (2009, p. 23), brancos e negros de Goiás compartilham a experiência de viver juntos 250 anos reproduzindo vidas e produzindo ouro, gado e cereais, entre o labor e o trabalho.

Observei, durante a Festa do Marmelo de 2014, a grande afluência de moradores e fazendeiros de Luziânia e, em conversas que tive com alguns deles, observei o sentimento de "compadrio" entre os mesquitenses e os fazendeiros do entorno, o sentimento de valorização do grupo étnico e do lugar que fez parte dos seus passeios de infância. Ouvi diversas vezes a frase: *"Conheço desde menino"* ou *"me conhece desde eu menino"*. Em uma conversa, constatei a preocupação com a destinação e titulação das terras para os quilombolas do Mesquita.

> *Aquela fazenda lá era do meu avô... Não era terra de preto não.*
> (Visitante em depoimento informal à pesquisadora durante a festa do Marmelo-2014).

Figura 12 – Caixa da Marmelada Santa Luzia

O laboratório de um etnógrafo representa ele mesmo e as relações que ele mantém com algumas pessoas em particular, com seu próprio jeito simples e astuto... assituações inesperadas nas quais ele encontra a si próprio, o papel que ele tem no jogo, algumas vezes sem intenção, em locais estratégicos, a amizade que ele pode ter com a principal fonte da pesquisa, suas reações de entusiasmo, raiva e nojo – um complexo mosaico de sentimentos, qualidades e ocasiões que dão a esse 'método de investigar' uma característica muito específica (DESCOLA, 1997, p. 444).

CAPÍTULO III

CAMINHOS PERCORRIDOS...

Para tecer a base teórica, este livro se enveredou na relação entre as etnociências e a ecologia humana. Durante esse caminhar surgiram trilhas, picadas, atalhos, ou seja, outros caminhos e teorias não imaginados no início da pesquisa. Vi meus obstáculos epistemológicos, mas prossegui, pois intui que, se não fosse assim, não era preciso nem se fazer a pesquisa, as respostas já estariam prontas. Cássio Hissa (2009, p. 1) questiona:

> Como saber o futuro de resultados ainda não construídos? Não se pesquisa para investigar algo desconhecido? Não se desenvolve uma pesquisa para testar algo ainda nunca testado em determinadas situações? E, sobretudo, não se pesquisa para inventar um novo arranjo de resultados, um novo desenho de respostas às questões que são formuladas teoricamente, ainda que isso se faça a partir de dados já trabalhados? Caso contrário, para que pesquisar? Para que pesquisar o que já se conhece?

Metodologicamente, a pesquisa, ao considerar como fonte de dados aspectos subjetivos do ambiente vivido no Quilombo Mesquita, sua composição como grupo social, sua relação com o lugar e sua percepção sobre o meio ambiente, usou uma abordagem qualitativa com base nos princípios da etnopesquisa crítica e da etnopesquisa formação, de Macedo (2006), além da escuta sensível da pesquisa-ação existencial, de Barbier (2002). Essas foram minhas opções para compreender os processos intersubjetivamente construídos na comunidade, como as pessoas os conhecem e os utilizam para definir sua história e suas ações, ordenar suas atividades, mostrar comportamentos considerados típicos. São práticas sociais que nem sempre os habitantes locais, ou seus representantes, tinham clareza para relatar em um questionário fechado; são situações, acontecimentos, fazeres, relatos, testemunhos e suas representações, ocorrências, intenções e projetos vivenciados, quer individual ou coletivamente, que formam a matéria *bricolada* desta pesquisa. Com essa colcha de retalhos, busco mais entender do que explicar.

Assim explico que a bricolagem também aconteceu na coleta e interpretação dos dados, pois foram realizadas "de modo interativo durante todo o processo de investigação" (DENCKER, 1998, p. 126). Foram combinados diferentes processos para a coleta de dados:

> As pesquisas qualitativas são caracteristicamente multi-metodológicas, isto é, usam uma grande variedade de procedimentos e instrumentos de coleta de dados. Podemos dizer, entretanto, que observação (participante ou não), a entrevista em profundidade e a análise de documentos são os mais utilizados, embora possam ser complementados por outras técnicas. (ALVES-MAZZOTTI; GEWANDSZNAJDER, 2001, p. 163).

Na busca de um macroconceito que unisse as mazelas sofridas pela comunidade do Mesquita, a intensa pressão fundiária que sofrem, o lento desaparecimento dos seus saberes tradicionais e as formas de resistência do povo quilombola, o caminho teórico que se apontou foi o pensamento de Boaventura Sousa Santos, que me possibilitou uma perspectiva epistêmica capaz de dialogar com todas as categorias que surgiram neste livro.

Boaventura (2002) convida à observação a partir da margem, assim temos uma visão de tudo que é descartado para que o centro se reafirme como tal. É o descarte de tudo que não é considerado importante pelo poder hegemônico. No Quilombo Mesquita (a margem), todo saber é invisibilizado pelos que pretendem a ocupação daquele território (centro) quando negam sua origem étnica e histórica e tratam as reinvindicações da comunidade como uma utopia.

A história de Mesquita permite aplicar diferentes categorias analíticas, assim decidir, diante das diversas questões que apareceram, qual arcabouço conceitual utilizar não foi tarefa simples. Primeiramente o lócus do estudo e os processos vivenciados por eles provocava em mim grande insegurança no ato de pesquisar o tema, foi necessário rever conceitos, tentar criar articulações teóricas com outras áreas de conhecimentos, que permitissem essa interface entre diferentes categorias e conceitos que eu desejava ver incluído como referencial teórico no meu livro; o acúmulo das metodologias de pesquisa em Ciências Sociais, a chamada bricolagem.

O termo francês *bricolage*, em sua definição mais simples, significa um trabalho manual, feito com o aproveitamento de todo tipo de objetos e materiais disponíveis. Claude Levi Strauss (2003) e Jacques Derrida (1971), ao se apropriarem do termo, definiram por *bricoleur* (aquele que cria *bricolages*) o indivíduo que realiza um trabalho ou desenvolve um objeto sem planejamento prévio, afastando-se, consequentemente, dos processos e normas comuns às técnicas tradicionais. O trabalho, ou objeto em questão, tem como característica marcante a utilização de quaisquer materiais que se tenha à mão e que sejam interessantes ao criador, materiais já existentes no ambiente e com funções definidas para além da obra do *bricoleur*. Posteriormente, o termo ampliou seu significado, sendo aplicado às mais variadas áreas. Sturken e Cartwright (2001) o definem como um modo de adaptação no qual coisas são utilizadas para fins aos quais elas não foram criadas e em formas que as tiram de seu contexto normal ou esperado. Aqui será usado para a elaboração de uma etnografia que responda ao objetivo proposto.

O eixo inicial, e centro de minhas interrogações, foi o estudo das comunidades quilombolas. O interesse pelo tema, como já afirmei, se originou na minha ascendência paterna na região conhecida como Santa Luzia da Marmelada, hoje Luziânia, Goiás, cidade que incorporou a fazenda Mesquita. Lévi-Strauss fala que o "[...] o objeto da pesquisa em ciências antropossociais é da mesma natureza do seu pesquisador". Em uma releitura, Macedo (2002, p. 43) acrescenta que "[...] é preciso nos convencer de que o objeto do conhecimento das ciências humanas deseja, pensa, faz opções e se movimenta, ou está crivado de desejos e sentimentos, tal qual o seu estudioso".

A condição humana é um dos pontos de interesse de pesquisa que trago desde a graduação; nesse tema eu teria alguns caminhos a seguir, e minha interrogação inicial era como os moradores de uma comunidade identificada como quilombola transmitiam os conhecimentos ecológicos tradicionais aos seus descendentes e se esses conhecimentos poderiam ser considerados ferramentas de educação ambiental. Na escolha de caminhos para esta investigação, busquei diferentes estratégias para desenvolver teoricamente minha hipótese inicial. Porém, sempre sobrevinha uma angústia de não estar retratando de forma academicamente adequada as variáveis que influenciavam essa transmissão de saberes intergeracional. Usei uma forma muito pessoal, meu "caderninho verde", que era meu "diário de itinerância", o que Bourdieu (2002, p. 134) chama de ferramenta de investigação que

> [...] representa um percurso estrutural de uma existência concreta tal qual se manifesta pouco a pouco, e de uma maneira inacabada, no emaranhado dos diversos itinerários percorridos por uma pessoa ou por um grupo.

As leituras, os encontros, os seminários, as incertezas e mágoas eram ali anotadas, e era revisitado toda vez que a memória falhava ou quando a linha tênue da fronteira do racional e do imaginário me confundia.

A metodologia de pesquisa usada compartilha teoria e prática-vivência, movendo-se entre os processos dialógicos com as realidades vividas e analisadas, em uma "implicação epistemológica" (BARBIER, 2002). A implicação se constitui, portanto, um diferencial desta pesquisa, pois ao mesmo tempo que implico os outros que vivem comigo a experiência, sou implicada nas circunstâncias em que interagimos. Barbier (2002, p. 101-102) define a implicação como

> Um engajamento pessoal e coletivo do pesquisador, em e por sua práxis científica, em função de sua história, de suas posições passada e atual nas relações de produção e de classes, e de seu projeto sociopolítico em ato, de tal sorte que o investimento, que é necessariamente a resultante disso, é parte integrante e dinâmica de toda atividade de conhecimento.

É pertinente então compreender que a problematização implicou delimitação para se seguir caminhos em busca de vestígios que viabilizassem minha pesquisa. Segundo Minayo (2008), a definição do problema, ou objeto de pesquisa, é a razão da existência do estudo. Compreende-se que a delimitação do problema significa um encaminhamento com mais visibilidade da teoria que norteará os passos do pesquisador. Ao descrever o problema, os objetivos, métodos e as técnicas que empregará na análise e interpretação das informações, a concepção do pesquisador manifesta-se em relação ao enfoque teórico posto na investigação.

O presente livro originou-se de uma pesquisa de doutorado, cuja principal questão foi perceber como alguns quilombolas educam e se educam em seu cotidiano e como a educação ambiental pode dialogar com esses saberes e fazeres. O foco deste estudo está direcionado à comunidade quilombola (Mesquita), situada no município de Cidade Ocidental (Goiás), que compartilharam suas histórias de vida. Busco a possibilidade de identificar a existência do saber tradicional; aqui uso a definição dada por Giddens (1994, p. 54):

> A tradição é contextual no sentido de ser garantida por uma combinação de ritual e verdade formular. Separada deles, a tradição degenera em costume ou hábito. A tradição é impensável sem guardiães, por que estes têm um acesso privilegiado à verdade; a verdade não pode ser demonstrada, salvo na medida em que se manifesta nas interpretações e práticas dos guardiães.

Assim, minha ideia central é compreender até que ponto os saberes tradicionais da comunidade do Quilombo Mesquita são úteis e válidos como conhecimentos ecológicos e apresentar reflexões pertinentes sobre a relação desses saberes com a educação ambiental.

Para tanto, será necessário investigar todo o processo histórico de formação da comunidade, assim este estudo se diferencia pela singularidade e construção de novos saberes em que os sujeitos são os construtores do processo.

> A ciência encontra-se duplamente ao serviço da globalização hegemônica, quer pela maneira como a promove e a legitima, quer pela maneira como desacredita oculta ou trivializa a globalização contra hegemônica. A hegemonia pressupõe um policiamento e uma repressão constantes das práticas e dos agentes contra hegemônicos. Desacreditar, ocultar e trivializar a globalização contra hegemônica dá-se, em grande parte, conjuntamente com o desacreditar, ocultar e trivializar os saberes que informam as práticas e os agentes contra hegemônicos. Perante saberes rivais, o conhecimento científico hegemônico ou os converte em matéria-prima (como é o caso dos saberes tradicionais sobre biodiversidade) ou os rejeita na base da sua falsidade ou ineficácia à luz do critério hegemônico da verdade e da eficácia (SANTOS, 2007, p. 46).

Este livro é voltado a uma realidade dos saberes quilombolas buscando a valorização da cultura e dos conhecimentos produzidos pela comunidade do Quilombo Mesquita. Além disso, busca situar a educação ambiental nesse contexto de diversidades e singularidade cultural da comunidade quilombola.

O trabalho de campo constitui uma etapa essencial da pesquisa qualitativa que, segundo Minayo (2008, p. 31), é "o recorte que o pesquisador faz em termos de espaço", pois é no campo de pesquisa que se encontram as manifestações intersubjetivas e interações entre o pesquisador e os sujeitos estudados. A autora frisa que

> [...] cada vez que o cientista social retorna às fontes vivas de seu saber, àquilo que nele opera como meio de compreender as formações culturais mais afastadas de si, faz filosofia espontaneamente (LÉVI-STRAUSS, 1975, p. 222 *apud* MINAYO, 2008, p. 106).

Estive diversas vezes no Quilombo Mesquita para análises socioambientais sobre a Bacia do Rio São Bartolomeu, onde coordenei a equipe que fez as inserções junto às comunidades ribeirinhas. Durante seis meses, um grupo multidisciplinar de profissionais elaborou um detalhado diagnóstico sobre a região da Bacia do Rio São Bartolomeu. Foram avaliados aspectos ambientais, históricos, culturais, turísticos econômicos e sociais, e, a partir desse resultado, chegou-se às fragilidades e potencialidades dessa região. O Diagnóstico Socioeconômico e Ambiental da Bacia do Rio São Bartolomeu foi publicado em dezembro de 2008.

Figura 13 – Festa do Marmelo – momento de socialização

Fonte: foto Antonia Samir

Esse Diagnóstico[17] revelou um território marcado por profundas transformações em seu ambiente natural, influenciadas por diferentes aspectos, todos relacionados aos modelos de desenvolvimento adotados no país ao longo de sua existência, mas nada comparado à velocidade das transformações produzidas nas últimas décadas, sobretudo as que se consolidaram a partir da década de 1970. Parece difícil acreditar que, até o início dessa década, o rio São Bartolomeu ainda era navegável, com suas matas ciliares em bom estado de conservação.

---

[17] Disponível para consulta em: http://www.fbb.org.br/tecnologiasocial/.

Minha primeira viagem ao campo aconteceu em outubro de 2010, e a última em dezembro de 2013. Durante esse tempo, todas as minhas observações foram anotadas no meu caderninho verde (Diário de campo), uma ferramenta utilizada na pesquisa desde o início. Os registros que fiz me guiaram na construção deste livro e nos caminhos metodológicos.

Meu diário de campo foi uma ferramenta importante durante as visitas à comunidade, pois, como registra Hess (1996, p. 93):

> [...] se o diário de campo capta o dia a dia, as percepções, os eventos vividos, as entrevistas, mas também os flashes de compreensão que emergem, com um pouco de recuo, a re-leitura do diário é um modo de reflexão sobre a prática.

Meu diário de campo teve grande proveito no resgate cronológico das visitas.

> No caso do vivido pelo pesquisador, seu diário de campo é um documento valioso de pesquisa. Ele descreve a implicação do pesquisador, contém detalhes sobre a evolução dele ao longo de seus estudos, sobre seus fracassos e permite que nos situemos melhor [...] naquilo que são suas características explícitas e tácitas. (MACEDO, 2006, p. 133).

A investigação foi realizada por meio dos métodos etnográficos, como a observação participante, com registro em diário de campo, e entrevistas não estruturadas (conversas). Outra maneira de participar e registrar os fatos no campo foi por meio de consultas a documentos históricos e oficiais, visitas a bibliotecas e consultas a outras produções acadêmicas, além do auxílio do registro fotográfico, que enriqueceu o trabalho. Os jovens, além dos depoimentos, participaram com desenhos, usados no livro, e com fotos.

Vivenciei grandes obstáculos, só consegui caminhar no trabalho após ter consciência de que eles existiam e estavam comprometendo meu processo. Acredito que foi superado quando estabeleci uma atitude de "escuta sensível" (BARBIER, 2002) dos acontecimentos silenciados, daquilo que as falas, os olhares, os gestos nos indicavam, mas que não era verbalizado; uma atitude de tentar olhar a comunidade como um todo, um esforço para historicizar esse todo que eu buscava encontrar, revelando uma ancestralidade comum ligada aos saberes e fazeres, à vida cotidiana dos moradores do Quilombo Mesquita e a seus modos de viver tradicionais ligados ao Cerrado.

Foi essa atitude que me levou a entender que o silêncio dos saberes desse povo era provocado pela cultura hegemônica, que estabelece contato com outras culturas, mas reafirma o padrão do contato colonial no silenciamento e desprezo que demonstra com outros saberes.

> A ocultação e o descrédito destes práticas constitui um desperdício de experiência social, quer da experiência social que já se encontra disponível, quer da experiência social que, não estando ainda disponível, é contudo realisticamente possível. (SANTOS, 2005, p. 62).

Com a conversa que entabulei entre a história e a pesquisa etnográfica, esperava recuperar acontecimentos invisibilizados ou perdidos em documentos no tempo, mas não esquecidos pela comunidade. Essa confabulação, entre o Quilombo Mesquita de hoje, a memória e a história, não tinha como finalidade comprovar as histórias orais com a que se encontra documentada. Segundo Arruti (2010, p. 22): "Não lemos a memória como 'texto', mas como perspectiva a partir da qual é possível destextualizar os documentos escritos, tomando-os como 'falas' passíveis da análise antropológica". O objetivo era na verdade observar a imbricação das lembranças trazidas por esse grupo sobre o espaço, sobre o lugar onde vivem, e relacioná-las às pressões fundiárias sobre aquele território e ao objetivo geral da pesquisa.

Os povos tradicionais, como os da comunidade do Quilombo Mesquita, têm conhecimentos valiosos sobre o meio ambiente em que vivem tendo em vista o uso que fazem dos recursos naturais. Essas comunidades conseguem na natureza uma variedade desses recursos, que vai desde seres vivos até coisas inertes, usados como alimentos, remédios e matéria-prima essencial para sua vida naquele lugar.

No Quilombo Mesquita, confeccionam-se artesanalmente farinha de mandioca, rapadura, pinga de alambique, marmelada, doce de goiaba, artesanato com madeira, produtos de hortas, pequenas criações de animais. Utilizam-se da matéria-prima que encontram dentro da própria comunidade e nas proximidades. A agricultura de subsistência acontece em pequenas áreas, totalmente de forma artesanal; na maioria das vezes, o manejo e o preparo da terra são feitos por toda a família com instrumentos simples, como enxada, foice, machado, entre outros bastante rudimentares, mas que atendem às necessidades.

Do Cerrado usam o Pequi, fruto do pequizeiro (Caryocar brasiliense), árvore típica com um alto grau de aproveitamento por seus frutos; o pequi, que em língua indígena significa casca espinhenta, é muito usado na culinária goiana, o famoso arroz com pequi, licor de pequi, conserva de pequi com pimenta, castanha de pequi. A goiaba (Psidium guajava); as mangas (Mangifera indica) e muitos outros frutos são largamente utilizados na confecção de doces caseiros, mas esses saberes serão devidamente explorados em outro capítulo.

3.1 O QUILOMBO QUE GEROU BRASÍLIA

O povoado do Mesquita localiza-se no município da cidade Ocidental, a 24 quilômetros da cidade de Luziânia, no estado de Goiás, entorno sul do Distrito Federal. Com pouco mais de 2 mil habitantes, é formado, há mais de 150 anos, por uma população quase totalmente negra. O Arraial do Mesquita comporta descendentes dos escravizados trazidos na época da mineração para a antiga cidade de Santa Luzia, hoje Luziânia.

A comunidade do povoado do Mesquita é marcada pela insegurança social, econômica e política, em função da sua invisibilidade para a sociedade da região do entorno (Cidade Ocidental) como também para a população do Distrito Federal.

Com a criação de Brasília, mudanças significativas aconteceram na região do entorno ao Quilombo Mesquita. Na época da construção da nova capital, vieram para o local pessoas das mais diferentes regiões do Brasil, e os moradores do povoado tiveram seu modo de vida bastante modificado. Viveram situações muito conflituosas à medida que essa presença foi transformando o contexto cultural daquela comunidade tradicional. Até hoje é com esses conflitos que os moradores precisam dialogar. Nesse "diálogo no conflito", é reconhecido pelas comunidades que a mudança da capital também trouxe benefícios. Apesar desse reconhecimento, o conflito existe e está muito presente na pressão sofrida permanentemente pela comunidade.

O que me levou a pensar inicialmente este estudo foi a busca pela história esquecida e ignorada pelos moradores de Brasília sobre o povo que já vivia na região quando do surgimento da capital. Esse anseio era para compreender os saberes tradicionais dos moradores do Quilombo Mesquita, que no seu território receberam a nova capital. Construída para o ser o futuro, considerada patrimônio da humanidade e visitada por pessoas do mundo todo, não reconhecia a vida aqui presente, traduzida como ausência e atraso. As perguntas que me moveram foram: que lugar ocupa essa tradição dos saberes do Cerrado na formação ecológica dos jovens do Mesquita? São hoje apenas lembranças? Como resgatar esse conhecimento silenciado pelo concreto e imediatismo de Brasília? Que influências a construção de Brasília exerceu sobre as vidas e experiências da comunidade? O surgimento da capital provocou desestruturação da cultura tradicional na comunidade do Quilombo Mesquita? Nesse conflito, entre o contemporâneo e o tradicional, observei como se dá a sobrevivência dos saberes tradicionais por meio da história oral de alguns moradores do quilombo.

Para responder essas perguntas, por meio de entrevistas sobre a história de vida daquelas pessoas, aprofundei a investigação sobre narrativas em torno dos saberes tradicionais, usando como parte teórica a Sociologia das Ausências e das Emergências, de Boaventura de Souza Santos, que permite a visibilização daquilo que foi excluído ou colocado como margem pelo pensamento corrente; certezas absolutas do conhecimento científico que afirmam que o lugar desses saberes é o campo do esquecimento, o campo do silêncio (ÁGUAS, 2010).

Para rememorar e identificar saberes e fazeres como ferramentas ecológica, me propus a escutar, conversar, reviver o saber e o conhecimento. A escolha desse mix metodológico se explica pelo fato de eu querer explorar, mergulhar nos casos, nos sentidos e nas emoções. Quis lidar com dados inesperados e, ao mesmo tempo, tão enriquecedores, reconhecendo os moradores mais antigos do Quilombo Mesquita como sujeitos da história que produzem sabedoria.

CAPÍTULO IV

O TEÓRICO DIALOGANDO COM O EMPÍRICO

*Conta-me e eu vou esquecer; mostra-me e eu vou lembrar; envolva-me
e eu vou entender.*
(Confúcio)

*Quando se encontraram as palavras Educação e Ambiental, na gênese
da Educação Ambiental, desdobrou-se uma tal afinidade, proximidade
e encantamento, que nos pareceu surgir uma boa amizade, marcada
pela política de respeito, de verdade e de companheirismo. O amigo,
afinal, é aquele para quem nos dirigimos à busca de nós mesmos, numa
inversão ou reflexo da imagem do que mais gostamos em nós. Nas
relações de amizade, a intimidade é condição para que algo nos toque,
nos aconteça e nos transforme.*
(Antonio Carlos Amorim, 2005)

Somos o que somos porque o outro existe e sua existência nos afirma.
(Makiuchi, 2005)

Neste capítulo, apresento macroconceitos em diálogo com o empírico, articulados durante a interpretação dos dados quando outras categorias emergiram do trabalho de campo — na verdade foram surgindo. Minayo (1994) afirma que "[...] trabalhar com categorias significa agrupar elementos, ideias ou expressões em torno de um conceito capaz de abranger tudo isso". Dessa forma, durante a análise de conteúdo dos dados colhidos no trabalho de campo, identifiquei temas recorrentes e os agrupei em categorias que funcionaram com macroconceitos do campo.

Esses macroconceitos, oriundos do empírico, já foram citados ao longo do livro, ainda que não houvesse estabelecido as categorias a priori. Neste capítulo trago o conceito e a forma como foi vinculado ao real durante as entrevistas.

4.1 JUSTIÇA AMBIENTAL – DIREITO A UMA VIDA DIGNA EM UM AMBIENTE SAUDÁVEL

Pela situação observada durante a pesquisa de campo, a deteriorização do ambiente natural e dos saberes tradicionais do Quilombo Mesquita em função de pressões externas, mesmo sendo a comunidade tradicional mais próxima de Brasília, esse povo é marcado pela invisibilidade social e historiográfica. Além da desenfreada ocupação, que causa desequilíbrio ambiental, sofre a perseguição dos que lutam pelo território e pela manutenção de seu modo de vida por meio da conservação do meio ambiente.

A categoria justiça ambiental, na definição de Acselrad, trata-se da condição social em que a proteção contra os danos ambientais deveria ser igual para todos os grupos sociais. O autor afirma que ela deve acontecer por meio de leis e regulamentações as quais evitem que o mercado imponha suas decisões discriminatórias com base em raça, cor, nacionalidade ou status socioeconômico.

A base filosófica da justiça ambiental diz que todos devem ter um tratamento justo e deve haver envolvimento efetivo de todos os grupos sociais, no desenvolvimento, na implementação e no respeito a leis, normas e políticas ambientais (ACSERALD; HERCULANO; PÁDUA, 2004).

Por tratamento justo, entende-se que nenhum grupo social, de raça, etnia ou classe socioeconômica, deve arcar de forma concentrada e desigual com as consequências ambientais negativas resultantes de operações industriais, agrícolas, comerciais, de obras de infraestrutura ou da implementação de programas e políticas federais, estaduais, municipais e locais.

Cabe assim uma maior atenção aos grupos comumente fragilizados e invisibilizados por processos em que a capacidade de autodefesa lhes é tirada. Aqui se incluem as populações cujo modo de vida é indissociável do meio ambiente em que vivem, como grupos indígenas e quilombolas que dependem do livre acesso a um meio ambiente saudável para sua subsistência e reprodução; também populações urbanas deslocadas de suas áreas de origem por projetos de "desenvolvimento" dos quais foram excluídas.

Os movimentos de luta pela justiça ambiental defendem o envolvimento efetivo dos grupos potencialmente atingidos nas decisões locacionais dos empreendimentos. Por "envolvimento efetivo", entende- se aquele em que:

1. as comunidades afetadas recebem, em formato acessível a seus modos de produção de conhecimento, todas as informações necessárias para avaliar os impactos que os projetos de desenvolvimento poderão produzir sobre elas;

2. as comunidades afetadas têm participação assegurada nas decisões acerca das atividades propostas que afetarão seu meio ambiente e/ou sua saúde;

3. as decisões oriundas da participação pública são levadas em conta pelas agências regulatórias responsáveis;

4. os diversos modos de vida, práticas sociais a eles correlatos e interesses específicos dos grupos sociais potencialmente atingidos são considerados no processo de tomada de decisões;

5. o envolvimento dos grupos potencialmente atingidos é assegurado, viabilizado e facilitado pelas instâncias responsáveis pela tomada de decisão (RBJA, 2004).

Justiça ambiental é um conceito recente, do final do século XX, e sofre forte resistência nos meios acadêmicos e de estudiosos da questão étnica, pois acreditam, que devido ao excessivo foco em questões locais, não daria conta de encampar todas as lutas na perspectiva do racismo.

Na esfera governamental, a não utilização do conceito, em textos e documentos oficiais, não abarca a diversidade dos problemas sociais brasileiros que criminaliza o setor produtivo, sem oferecer alternativas para esse segmento. Uma alta funcionária me reiterou sua preocupação com o termo: é um guarda-chuva grande demais, que aglutina temas muito diversos de soluções distintas; as políticas públicas são definidas por temas, assim o termo não responde às expectativas dessa gestão.

Para Alier (2011), o movimento inventou uma potente combinação de palavras (justiça ambiental), desviando o debate ecológico da preservação e conservação da natureza para a justiça social, bem como ampliando a perspectiva de lutas tidas inicialmente como locais.

4.1.1 A justiça ambiental no Quilombo Mesquita

A questão ambiental, e aqui estou me referindo à justiça ambiental, tem um vínculo profundo com os movimentos sociais, em especial com a população negra de quilombos, que podem ser identificados como na busca por "justiça ambiental" quando reivindicam garantias para a regularização da posse da terra.

A educação ambiental, do ponto de vista deste livro, se propõe ao diálogo de saberes da territorialidade da comunidade Quilombola de Mesquita e à abordagem de alguns aspectos relevantes quanto à resistência quilombola e à justiça ambiental.

O conceito de justiça ambiental torna-se fundamental para se trabalhar com quilombolas, já que a luta pela posse da terra e os impactos ambientais atingirão de forma mais acentuada os menos favorecidos economicamente. É o caso do povoado do Quilombo Mesquita, objeto deste estudo.

O conceito de justiça ambiental propõe a articulação das populações vulneráveis às mazelas da globalização, que favorece a especulação fundiária, inclusive em terras de comunidades tradicionais:

> O desprezo pelo espaço comum e pelo meio ambiente se confunde com o desprezo pelas pessoas e comunidades. Os vazamentos e acidentes na indústria petrolífera e química, a morte de rios, lagos e baías, as doenças e mortes causadas pelo uso de agrotóxicos e outros poluentes, a expulsão das comunidades tradicionais pela destruição dos seus locais de vida e trabalho, tudo isso, e muito mais, configura uma situação constante de injustiça socioambiental no Brasil, que vão além da problemática de localização de depósitos de rejeitos químicos e de incineradores da experiência norte-americana. (HERCULANO, 2006, s/p).

A temática da justiça ambiental me interessa em razão das extremas desigualdades da sociedade brasileira. No Brasil, país das grandes injustiças, esse tema é ainda incipiente e de difícil compreensão, pois a primeira suposição é de que se trata de alguma vara especializada em disputas diversas sobre o meio ambiente.

Algumas ações e movimentos sociais podem ser identificados como de busca por justiça ambiental, mesmo que sem o uso dessa expressão. É o caso do Movimento dos Atingidos por Barragens, dos movimentos de trabalhadores extrativista, que resistem contra o avanço das relações capitalistas nas fronteiras florestais, e de inúmeras ações locais contra a contaminação e a degradação dos espaços de vida e trabalho.

Existe, hoje, um conjunto de ações não democráticas de apropriação indevida do território de Mesquita, reconhecido como de quilombo, desde 2006, mas ainda sem titulação. Hoje é um viés tecnocrático do Estado, por meio do Incra, que retarda a emissão do título e facilita a ação de grileiros, caso nítido de injustiça ambiental contra aquela comunidade:

> [...] os herdeiros de uma área quilombola (Quilombo Mesquita) localizada em Santa Maria, lutam para proteger as terras da ação de grileiros e especuladores e assim não perderem ainda mais território em área já reconhecida. Em 2010, [...], foi assinado um Termo de Ajustamento de Conduta (TAC) entre GDF, Terracap e os herdeiros. A partir desse acordo, o Condomínio Porto Rico tornou-se área pública passível de regularização.
>
> Em contrapartida, ao invés de indenizar os quilombolas, o governo optou por apresentar uma proposta [...]de elaborar projeto urbanístico para a área que atualmente não está habitada, para efeito de compensação de valores.
>
> Hoje, os herdeiros entraram na Justiça para ter o direito ao recebimento de indenização pela desapropriação das terras [...]. Parte da cidade satélite de Santa Maria foi construída em território quilombolas e governo acordou com seus herdeiros o pagamento de indenização.
>
> Os herdeiros comprovam que a área em questão é alvo de grilagem. "Estamos sendo obrigados a proteger as nossas terras, estão vendendo lotes em terras que na verdade nos pertence", alertou um dos representantes do quilombo. (CORREIO BRAZILIENSE, 23 set. 2013).

Acselrad, Herculano e Pádua (2004) denunciam que o capital mostra-se cada vez mais móvel, acionando sua capacidade de escolher seus ambientes preferenciais e de forçar os sujeitos menos móveis a aceitar a degradação de seus ambientes ou submeterem-se a um deslocamento forçado para liberar ambientes favoráveis aos empreendimentos.

É comum que essas intervenções de especulação imobiliária aconteçam em regiões de grande valorização. A que ocorre sobre as terras do quilombo iniciou-se com a construção de Brasília e se agravou, após 1974, quando aconteceu a implantação de um núcleo residencial ao norte do município de Luziânia. A fazenda Aracati foi vendida ao senhor Cleto Meireles, empresário do ramo imobiliário, que, em 1976, fundou a "Cidade Ocidental, com previsão de 15 mil residências; foi emancipada politicamente, e o primeiro prefeito municipal tomou posse em 1º de janeiro de 1993. O território da comunidade ficou assim localizado no município de Cidade Ocidental–GO, distando aproximadamente 8 km da sede do município e 40 km de Brasília.

Embora a principal causa da perseguição da qual o Quilombo Mesquita se tornou vítima seja a especulação imobiliária, há sinais de que o racismo seja uma variável significativa.

Um caso emblemático vivenciado pela comunidade chamou atenção quando um jornal passou a atacar Sandra Pereira Braga em reportagens, a principal liderança local que havia sido convidada a atuar como assessora para assuntos quilombolas na Secretaria Especial de Promoção da Igualdade Racial do Distrito Federal (SEPIR/DF). Ficou evidente na reportagem que não se tratava de um ataque apenas à imagem da líder quilombola, mas ao grupo étnico ao qual ela pertence.

A titulação requerida pelo Incra levou os interessados nas terras do quilombo a usar um veículo de comunicação para manipular a opinião pública. O grupo resiste nessa área cobiçada, há cinco gerações, e aguarda a indenização já estipulada pela Justiça referente às terras invadidas pelo Distrito Federal quando da construção da cidade satélite de Santa Maria. É direito dos herdeiros quilombolas, não apenas da líder da Associação. *"Sabemos que se colocarmos tudo seria muito difícil. Esta terra que a gente pede é o mínimo. O que não dá pra abrir mão mesmo"* (S. P. B).

Os ruralistas instalados no território do Quilombo Mesquita fazem ameaças a essa população e manipulações; aproveitando da simplicidade das famílias e de um não quilombola interessado nas terras, usam alguns moradores "dissidentes" e tentam desmobilizar e instigar o medo sobre o processo de titulação, afirmando que, com as escrituras das terras, elas serão perdidas definitivamente, por que passará a ser de ninguém, por ser terra comunal. Além disso, enviam cartas às famílias e fazem até ameaças de morte com o uso de armas de fogo aos moradores da comunidade que lutam pela titulação do território.

Outro fato que corrobora a injustiça ambiental com aquela comunidade quilombola é a exposição a riscos causados pelos resíduos de serviços de saúde oriundos do Distrito Federal depositados a menos de três quilômetros do quilombo. Esse caso hoje é pouco conhecido e divulgado, mas a tendência é se tornar mais um problema sem solução. Acrescente-se também que, diante do leque de questões a serem solucionadas pelo grupo (expropriação do território, titulação das terras, organização comunitária etc.), a exposição desigual aos riscos vindos do depósito de lixo fica aparentemente escondida e dissimulada. Assim, a questão da titulação das terras e a defesa do território ocultam e tornam secundários as outras demandas, como a questão dos dejetos do Distrito Federal, o que configura uma situação de injustiça socioambiental no quilombo.

4.1.1.1 Racismo ambiental

As injustiças sociais e ambientais muitas vezes recaem de forma desproporcional sobre etnias vulnerabilizadas e se configuram tanto por meio de ações com impacto racial quanto por um tipo de desigualdade e de injustiça ambiental que as expulsam de seus territórios e desorganizam suas culturas, seja impelindo-os para as favelas das periferias urbanas, seja forçando-os a habitar nas zonas de sacrifício, próximas às indústrias poluentes e aos lugares de despejos residuais perigosos, como acontece no entorno do Quilombo Mesquita.

Em junho de 2009, foi aprovada pela Câmara Legislativa do Distrito Federal a Lei 4. 352/2009 (Lei Transferência de Dejetos no Distrito Federal), que estipulava o prazo de 90 dias para que hospitais, clínicas e outros estabelecimentos privados geradores de resíduos de serviços de saúde assumissem a responsabilidade e o custeio integral decorrentes da coleta, do transporte, da disposição final e do tratamento de seu lixo.

A lei é baseada em uma resolução do Conama sobre o assunto, mas inovou quando beneficiou empresas com sede e tecnologia na capital do país ao estabelecer, no Artigo 9º, que os resíduos dos serviços de saúde e os classificados como perigosos, gerados no território do Distrito Federal, terão autorização de transporte para outros estados da Federação quando não houver tecnologia disponível no DF para tratar ou dar destino adequado.

A empresa que ganhou a exploração do serviço apresentou justificativa para os hospitais e as clínicas não utilizarem tecnologia disponível no DF, que foi aceita pelo Executivo. Essa autorização dependia do apoio técnico do Instituto de Meio Ambiente do DF (Ibram), da prefeitura, da câmara de vereadores dos municípios receptores do lixo produzido no DF e do Ibama como prevê a lei.

Foi exatamente isso que aconteceu, e a empresa Quebec fechou negócio milionário tanto com o governo do DF quanto com os maiores hospitais da capital do país. Para atender à demanda por um local para a destinação dos resíduos sólidos, foi implantado, em 1° de abril de 2008, o aterro sanitário da Cidade Ocidental/Unidade de Incineração de resíduos perigosos (Alvará de Funcionamento n.º 20080145), localizado na Região Integrada de Desenvolvimento do Distrito Federal e Entorno (RIDE/DF).

A injustiça ambiental resulta da lógica perversa de um sistema de produção, de ocupação do solo, de destruição de ecossistemas, de alocação espacial de processos poluentes, que penalizam as condições de saúde da população trabalhadora, moradora de bairros pobres e excluída pelos grandes projetos de desenvolvimento. Uma lógica que mantém grandes parcelas da população às margens das cidades e da cidadania, sem água potável, coleta adequada de lixo e tratamento de esgoto. Uma lógica que permite que grandes empresas lucrem com a imposição de riscos ambientais e sanitários aos grupos que, embora majoritários, por serem pobres, têm menos poder de se fazer ouvir na sociedade e, sobretudo, nas esferas do poder (HERCULANO, 2006).

O aterro sanitário possui instalações na fazenda Santa Filomena, Área Quinhão Gleba 1C, Zona de Expansão Urbana na Cidade Ocidental, a três quilômetros do Mesquita. É gerenciado pela Quebec Construções e Tecnologia Ambiental Ltda., por meio de contrato de concessão pública. Seu funcionamento foi autorizado pelo Projeto de Lei Municipal s/n, de 15 de fevereiro de 2008, e Licenças GCP n.º 331/2008 e n.º 490/2008), para receber e tratar resíduos de outros municípios e do Distrito Federal.

Figura 14 – Localização de aterro de resíduos de saúde do DF (**área** quilombola)

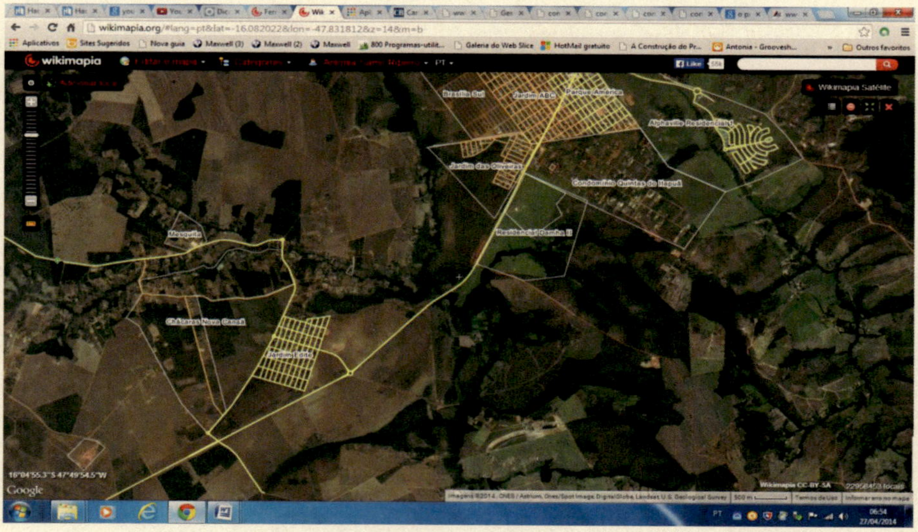

O lixo hospitalar é levado para a Cidade Ocidental, onde a Quebec é também a concessionária dos serviços de coleta e tratamento de lixo hospitalar. A proximidade do aterro sanitário do lixo hospitalar é mais uma das agressões ambientais ao Cerrado no entorno do Quilombo Mesquita. Constatei que não houve consulta pública prévia à instalação do aterro.

Essa ação de grande retorno econômico para a empresa Quebec e para os governos do Distrito Federal e da Prefeitura Municipal fere dois dos princípios básicos da categoria justiça ambiental:

a. assegurar que nenhum grupo social, seja ele étnico, racial ou de classe, suporte uma parcela desproporcional das consequências ambientais negativas de operações econômicas, de decisões políticas e de programas federais, estaduais, locais, assim como da ausência ou omissão de tais políticas;

b. assegurar amplo acesso às informações relevantes sobre o uso dos recursos ambientais e a destinação de rejeitos e localização de fontes de riscos ambientais, bem como processos democráticos e participativos na definição de políticas, planos, programas e projetos que lhes dizem respeito.

A comunidade do Quilombo Mesquita reivindica que sua voz seja considerada na definição de qualquer ação que venha ser feita no seu território, que qualquer empreendimento só se realize após a realização dos acordos estabelecidos, do reconhecimento de sua identidade quilombola e da redução da desigualdade ambiental e priorização de suas necessidades sobre a exploração dos recursos ambientais da região.

Concluo essa análise afirmando que justiça ambiental pressupõe que as políticas públicas sejam baseadas no respeito mútuo e na justiça para todos, livres de qualquer forma de discriminação ou tratamento diferenciado; configura direito a um meio ambiente seguro, sadio, produtivo e sustentável para todos, considerado em suas dimensões ecológicas, físicas construídas, sociais, políticas e econômicas

Apesar de, nos discursos acadêmicos, ainda haver certa rejeição à categoria justiça ambiental, no cotidiano da Quilombo Mesquita, verifica-se como são presentes atitudes que ferem os diretos ambientais do grupo. A situação de injustiça se estabelece não pela vontade dos moradores, mas por não saberem como enfrentar efetivamente essa prática danosa. Diante disso, este estudo indica que há necessidade de a educação ambiental transformadora ser incorporada como uma nova concepção de educação para as comunidades tradicionais, uma vez que ela valoriza a união entre o ser e o meio e é uma educação para viver a liberdade de sua cultura, seus direitos e cidadania.

4.2 TOPOFILIA E MEMÓRIA NO QUILOMBO MESQUITA

O saber que não nos pertence e o desconhecimento que nos pertence
formam para mim a verdadeira sabedoria.
(José Lezama Lima, 1996, p. 17)

Topofilia é a percepção do lugar onde se vive a partir de sua dimensão afetiva; é um conceito de Yi-Fu Tuan (1980). Mesmo estando relacionado ao conceito geográfico de lugar, o sentimento topofílico pode ser expresso em obras de arte, em um espaço imaginário, em qualquer objeto estável passível de observação.

De acordo com Tuan (1980), topofilia é o elo afetivo entre a pessoa e o lugar ou ambiente físico. O olhar dos homens sobre seu ambiente traduz suas experiências, e é a partir de um referencial histórico (terras dos ancestrais escravizados) que o Quilombo Mesquita construiu suas relações topofílicas, conferindo ao lugar onde vive identidade, ou seja, status de comunidade étnica, mostrando em sua estrutura a resistência em manter fatos culturais que a tornaram histórica. As pessoas investiram ali parte de sua vida emocional no transcurso do tempo. Assim a afeição por determinada parcela do espaço seria a topofilia, e o espaço denominado lugar.

A percepção do lugar por parte de quem é habitante interno e externo apresenta-se de forma distinta. Relph (1976), para diferenciar os graus de percepção do espaço, criou duas classes: a dos moradores locais e a dos "outros", ou os "de fora", como são chamados pelos mesquitenses.

A topofilia varia de intensidade. Na área rural, sobretudo, o sentimento topofílico pode ser expresso pelas próprias marcas no corpo (músculos e cicatrizes), propiciadas por um contato físico entre o agricultor e a terra, logo seu espaço íntimo se faz muito mais por uma "intimidade física" que por uma apreciação estética do lugar.

O lugar não deve ser visto como uma mera categoria espacial, como um palco onde a sociedade constrói sua história. Muito pelo contrário, o lugar deve ser considerado porção do espaço em que são criados vínculos afetivos e subjetivos que servirão de materiais para o sentimento topofílico.

Esta pesquisa se aproxima da geografia humanística, porque seu destaque é para as relações diárias dos sujeitos, na demarcação do território, nos saberes vivenciados por esses sujeitos nesses territórios. Então, na busca do ineditismo, do não falado ou conhecido, nasceu em mim um vazio, encarado primeiramente pelos meus questionamentos sobre o que eu já sabia sobre a comunidade e pela ansiedade com a situação crítica de questões cujas respostas não se encaixavam nesses saberes. Uma dessas questões era a pressão fundiária que a comunidade começou a sofrer a partir da construção de Brasília, algumas áreas desapropriadas eram terras quilombolas.

Ainda segundo Tuan (1980), a familiaridade e a afeição protegem o ser humano das perplexidades do mundo exterior, assim o Quilombo Mesquita apresenta-se como um lugar da memória e identidade. Há a manutenção da memória e sentimento de identidade cultural, além da busca pela valorização do ambiente e pela conservação das paisagens. A preservação das lembranças do passado está contemplada na vida local do Quilombo Mesquita e nela os indivíduos se identificam com a história local, o cotidiano e as simbologias; suas instituições estão ligadas à história do lugar. A comunidade não separa da história do quilombo o estabelecimento de ensino (Escola Aleixo Pereira Braga, um dos quilombolas históricos de Mesquita), as festas, a associação, a igreja e seus seguimentos. Distingue-se no Mesquita o velho e o novo, diferenciando a desenvolvimento do lugar com o uso desses termos.

Considerando que o Quilombo Mesquita luta pela permanência e manutenção das suas terras, pude perceber que os espaços sociais estão diminuindo, hoje se resumem à igreja, à associação (AREME) e ao grupo que organiza as festas e folias. Esses têm o sentimento de vivência e de "pertença" muito forte. Os símbolos que estão ligados a existência e afeição ao lugar exercem um papel importante na construção da identidade da comunidade.

4.2.1 Memória

O passado reconstruído não é refúgio, mas uma fonte, um manancial de razões para lutar. A memória deixa de ter um caráter de restauração e passa a ser memória geradora de futuro (BOSI, 2002, p. 66).

> [...] quando falo de Tradição não me refiro a algo congelado, estático, que aponta apenas a anterioridade ou antiguidade, mas aos princípios míticos inaugurais constitutivos e condutores de identidade, de memória, capazes de transmitir de geração à geração continuidade essencial e, ao mesmo tempo, reelaborar-se nas diversas circunstâncias históricas, incorporando informações estéticas que permitem renovar a experiência, fortalecendo seus próprios valores. (SANTOS, 2006, p. 134).

As comunidades tradicionais, e aqui se enquadra o Quilombo Mesquita, usam esse caminho da busca na memória dos saberes tradicionais para sua sobrevivência ao longo do tempo. A memória não é só um fenômeno de interiorização individual, ela é também, e sobretudo, um fenômeno coletivo. Sendo uma construção social, a memória é em parte modelada pela família e pelos grupos sociais (HALBWACHS, 2006)

A memória é fundamental, posto que organiza a identidade pessoal e coletiva; ordena a percepção de si e de seu mundo; constrói e instaura o sentimento de pertença ao lugar e à coletividade e informa o código simbólico de referência do espaço social e físico. Assim, é espaço de encontro e reencontro, componente essencial de registro das marcas de um tempo que compõe o real vivido e estabelece a comunicação entre momentos diversos e contínuos (GUSMÃO, 1995, p. 119).

Gusmão (2002) afirma que a manipulação do que se valoriza, se "lembra" ou se "esquece", projeta do presente para o futuro a identidade do grupo. Não é incomum um grupo quilombola "esquecer" ou não pronunciar nada a respeito do tempo de cativeiro ancestral, com a finalidade de aniquilamento de um estigma na memória. Assim, os mitos de origem de muitas dessas comunidades remetem ao momento em que o acesso à terra é adquirido, em consequência é atribuído aos ancestrais dessa época um caráter heroico. A descendência da família, por sua vez, enfatiza a ligação a esses "heróis fundadores" — sem referências aos seus antecessores nem ao passado anterior à aquisição de um território. Tal fato e tais personagens são associados à liberdade e à dignidade, elementos fundamentais para essas comunidades na atualidade.

O contrário também ocorre: reativam-se determinados "esquecimentos" diante de novas situações que valorizem determinado fato antes rejeitado. É comum a muitas comunidades quilombolas, com a finalidade de uma reafirmação étnica, a valorização de determinados acontecimentos antes "esquecidos", depois da existência de políticas públicas especiais para esses grupos. Essas reativações são processos paulatinos que impõem desafios a serem enfrentados pelas atuais gerações dessas comunidades, mas nem sempre são bem quistas ou ocorrem em sua totalidade, pois muitas vezes é exigido o rompimento com o mito de origem e toda a dinâmica da vida comunitária estabelecido por esse (GUSMÃO, 1995, p. 121).

No Relatório de Delimitação feito pelo Incra (2011, s/p), um morador de 82 anos, um dos mais velhos ainda vivos em Mesquita, remete-se ao passado cativo:

> *Aqui no começo não tinha dono, eles eram refugiados e fizeram aquelas colônias, não era refugiado, era tocado, porque depois que foram libertados ninguém quis mais ser escravo aí tocaram pra cá. Aqui não tinha dono era tudo índio. Era índio que morava. Aí o povo dos engenhos [os negros] que era tirador de ouro foi libertado aí veio para cá. Aí pegou e arremataram essa região. (SLC).*

A memória, como propriedade de conservar certas informações, reenvia-nos para um conjunto de funções psíquicas, graças às quais o homem pode atualizar impressões ou informações passadas, que ele representa como passadas (LE GOFF, 1994).

No entanto, a memória do negro no Brasil passou por várias distorções ao longo da história, em consequência do racismo. Sobre esse tema, Nascimento (1980, p. 247) afirma que a sociedade brasileira dominante inventou formas ordenadas de destruição e negação da memória dos afro-brasileiros; "[...] nunca em nosso sistema educativo se ensinou qualquer disciplina que revelasse algum apreço ou respeito às culturas, artes, línguas e religiões de origem africana".

A memória dos "antigos" remete a um tempo em que na fazenda Mesquita se reuniam os negros locais. Essa linha étnica, "lá só mora preto", ainda é comum em Luziânia. Para os "de fora", esse agrupamento representava união, mas, no interior da comunidade, as condições dos indivíduos e suas relações de sintonia eram diferenciadas entre si. As uniões aconteciam por trabalho, casamento, trocas e outras tantas forma de inclusão comunitária. Em Mesquita só se aceitavam negros até a segunda metade do século XX, representando também uma forma de conservação da terra entre esse segmento étnico:

> *Não podia entrar outra Nação, branco aí com os pretos, né? [...] Aqui era tudo preto. Depois é que foi entrando... Agora tá preto e branco (C. P. B./RELATÓRIO..., 2011, s/p).*

> Antigamente aqui só era negro reforçado. Não se via miudinho. Era negão forte, nega seiúda. Quando se via um branco era passageiro. (B. A. P. B. para o Correio).

A Comunidade vivencia essa negação hoje quando grupos de interesse no território do Quilombo Mesquita usam membros da comunidade para difamar e relativizar a cultura daquele povo.

A construção da memória é um processo dinâmico e flutuante, formado com a interação de diferentes sujeitos. O conceito de memória de Maurice Halbwachs (1980) diz que as lembranças são frutos de uma atividade de reconstrução do vivido.

A memória seria o encontro de muitos caminhos, construído por identificações e diferenças, passagens subjetivas e sociais, é um processo continuado de reconstrução e aprendizado. Sendo o grupo social a base da memória (CHAUÍ, 1992), cada geração carrega consigo a memória dos acontecimentos vividos, que permanecem como pontos de demarcação em sua história, retendo imagens e ideias, valores e afetos vinculados a lembranças individuais e coletivas. Assim, a relação que se estabelece com determinada tradição não é a recuperação de traços essenciais de uma cultura coerente e contínua.

Essa categoria que se expressa na relação entre os significados e a ação dos sujeitos (VELHO, 2001) permite rearticular um campo de significações em que se podem compreender as relações dos sujeitos com sua história, relações entre presente e passado. Pinto (2001, p. 297) traz uma importante contribuição, ao afirmar que

> [...] a memória recupera a história vivida, história como experiência humana de uma temporalidade, e opõe-se à história como campo de produção de conhecimento, espaço de problematização e de crítica. Na operação histórica, o passado é tornado exclusivamente racional, destituído da aura de culto, metamorfoseado em conhecimentos, em representação, em reflexão; na constituição da memória, ao contrário, é possível reincorporar a ele, passado, um grau de sacro, de mito.

Memória é também um conjunto de funções cerebrais que permite ao homem guardar as mensagens, observando a constante possibilidade de seleção dos conteúdos antes de serem buscados. As memórias, mesclas de sentimentos e emoções que diversificadas brotam e tomam a cena pública, procuram ser reconhecidas, ter visibilidade e articulação. Em geral, ocupam um lugar que a racionalidade e a história não exprimem, "[...] atualizando no presente vivências remotas (revisitadas, silenciadas, recalcadas ou esquecidas) que se projetam em relação ao futuro" (SEIXAS, 2001, p. 98).

Para Ferreira (2004, p. 98), memória é um elemento constitutivo do sentimento de identidade, tanto coletivo quanto individual, como fruto de um trabalho de construção constantemente negociado e representação de um fenômeno social.

Velho (2001, p. 11) reforça afirmando que "[...] não existe vida social sem memória, a própria possibilidade de interação depende de experiências e expectativas culturalmente compartilhadas". Para o autor, não se trata de um único relato ou história, mas de uma composição de discursos e representações das sociedades complexas, com versões que expressam a heterogeneidade dos atores. É nessa relação entre a rede de significados e a dimensão da ação dos atores sociais que deve ser caracterizada a importância das memórias (VELHO, 2001, p. 11).

A memória oral, como condição promotora de pertencimento e possibilidade de reelaboração de culturas, se sente ameaçada pela sobreposição de outras. A busca pelo reconhecimento das tradições locais de grupos minoritários passa pela necessidade de encontrar referências de identidade local, que possam dar suporte à sabedoria extraída de suas vivências (POLLAK, 1995). Ainda, a possibilidade de ampliação dos canais de comunicação entre os participantes mais antigos com os mais jovens moradores pode significar uma estratégia de integração e de construção de cidadania. A cidadania é aqui assumida como algo que se constrói permanentemente, constituindo-se ao dar significado ao pertencimento do indivíduo a uma sociedade, em cada fase histórica (LOUREIRO; LAYRARGUES; CASTRO, 2005).

Figura 15 – Vó Antonia – Quilombola falecida em 2012

No Quilombo Mesquita, vive-se a expectativa e a luta cidadã pelo território, pela sobrevivência dos vínculos familiares e históricos. A memória da comunidade se divide entre "o que era" e "o que está sendo agora". O conceito de Bosi (1994a, p. 7) diz que memória é um processo permanente de construção e reconstrução. As dificuldades e tristezas vividas hoje pela comunidade, na busca da sua afirmação territorial e étnica, são consideradas passageiras até que tudo volte ao normal (ao que era).

Este livro, de um modo um tanto diferente, se propõe a abordar os saberes tradicionais do grupo sem apelar para a folclorização, que trata os conhecimentos como mito ou apologia, nem recorrer ao fatalismo, que vê nos saberes apenas uma opção de reconstrução do passado.

Na prática dos fazeres e saberes, o que se busca não é um fazer que vem do passado somente, nem apenas a forma como esse saber é vivido na comunidade, mas entender as formas pelas quais esses saberes se relacionam com tema ambiental e como são vivenciados como processo de pedagogização ambiental.

Foi por meio do foco na história e na territorialidade do Quilombo Mesquita que surgiram algumas informações importantes para este estudo e que não seriam percebidas em outra forma de análise, que não a sucessão dos acontecimentos dentro de um território.

A comunidade do Quilombo Mesquita cita continuamente três momentos históricos: o tempo dos mais antigos e o mito de origem, o tempo do Aleixo e os dias presentes, ou das novas gerações. Usam também o parentesco e a genealogia como uma maneira de pensar e apreender o tempo, um "tempo genealógico".

A época da fundação do quilombo é personificada nos mais antigos da comunidade, que pertencem a um tempo histórico-mítico (a linguagem histórica é racional, já a linguagem mítica é simbólica), representam as três famílias principais de Mesquita. São as três ex-escravizadas e sua sucessão direta, além dos negros vindos das minas de Goiás, que, em condições adversas, enfrentaram as dificuldades e empreenderam com sucesso a autonomia econômica e social da comunidade em relação à sociedade envolvente.

O tempo dos fundadores recordado pelos mais velhos remete ao período de escravidão, porém de forma difusa e genérica, sendo mesmo valorizada em seu discurso a liberdade e autonomia dos negros de Mesquita. Gomes (2007) fala que o passado é representado em múltiplas linguagens, com múltiplos sentidos, e que a linguagem histórica, mais racional e conceitual, é uma tentativa de reposição dos fatos históricos nos seus diversos contextos temporais. O mito como estória, narração popular coletiva, por sua vez, é mensageiro de sentidos esquecidos pela história, entendida como narração de acontecimentos passados. No entanto, o tempo histórico e o tempo mítico podem entrecruzar-se num mesmo tempo: o do sentido.

Entre os mais antigos e as novas gerações, encontra-se o "tempo do Aleixo", que caracteriza-se pelo apogeu político, econômico e social do Quilombo de Mesquita, quando, por meio da agricultura, da criação de gado e da produção de produtos tradicionais, a comunidade de Mesquita tornou-se autônoma em seu mais auto grau, capitalizando para si, principalmente na figura do patriarca Aleixo Pereira Braga, melhorias estruturais, como a vinda para a comunidade de professores de fora e a construção de escolas, até mesmo tendo certa influência política diante das instâncias decisórias e jurisdicionais da região.

O terceiro período histórico relevante para os mesquitenses diz respeito aos dias atuais, resultado da decadência advinda depois do tempo do Aleixo e, principalmente, pós-construção de Brasília. Esse tempo representa a "fraqueza" econômica, a baixa autoestima e a desagregação social da comunidade, causadas pela invisibilidade e pela marginalidade às quais o grupo foi submetido, mediante novas regras, posturas e códigos impostos pela chegada dos novos atores sociais na região e o estabelecimento das relações capitalistas na produção e no próprio modo de viver dos mesquitenses. Lembrando que a história dos tempos atuais tem desdobramento no sentido em que a comunidade vem se organizando para reverter a atual situação de decadência e dependência e ressurgir para os novos direitos adquiridos.

Figura 16 – Tina e Vó Antonia – Guardiãs de saberes na comunidade

Fonte: foto Antonia Samir

As gerações intermediárias entre o tempo dos heróis fundadores, o tempo do Aleixo e o tempo atual são relegados como coadjuvantes habitando um "limbo estrutural".

É interessante ressaltar outro aspecto da memória coletiva dos mesquitenses: nos relatos dos mais antigos, a época da escravidão é omitida ou vagamente citada, sabem que são descendentes de escravizados ou ex-escravizados, porém tratam do assunto de forma velada. Nessa construção da memória, ocorre o mesmo mecanismo seletivo inerente à memória genealógica ou do parentesco, ou seja, converte-se ou reconstrói-se o passado nos termos dos valores e necessidades ideológicas do presente. O que se tem como passado deve ser apresentado em público de forma adequada; se algo não interessa ser lembrado, deve permanecer oculto no passado. O período da escravidão remete a uma época de total sujeição e dependência dos contingentes negros e, por consequência, dos antepassados da comunidade de Mesquita. Dessa forma, e de acordo com os princípios ideológicos dos mesquitenses (que, obviamente, não valorizam tal tipo de situação colonial), não representa uma época confortável de ser lembrada. Assim, o discurso dos anciãos valoriza e realça a liberdade e autonomia do quilombo de Mesquita em oposição ao subjugo do período escravocrata.

Em oposição ao "esquecimento" da época da escravidão, os mesquitenses exibem com orgulho seus símbolos de nobreza, por exemplo, fotos com personagens importantes na política local e nacional, bem como objetos que não remetem ao tempo da escravidão como tachos de cobre, facas e arreios decorados.

4.3 TERRITORIALIZAÇÃO

Uma das referências mais importantes no processo de identificação étnica no Brasil é a do território, entendido como dimensão, lugar onde se projetam experiências coletivas de reinvenção de etnicidade. Do espaço decorrem as classificações étnicas que inscrevem os territórios, conformando uma noção de limite, que é atualizada e ressignificada no tempo.

Para abordar territorialização e a ocupação do espaço, a orientação teórica de Milton Santos (2003) ajudará a entender os argumentos que sustentam a demanda ao território quilombola estabelecida pela comunidade do Quilombo Mesquita. O espaço, como categoria de análise social, nos aproxima da realidade, pois considera a diversidade de elementos nele presentes, as interações entre eles e as mudanças de valor desses elementos no movimento da história.

Milton Santos (1998) define território como o espaço usado, onde desenvolvem-se relações humanas de identidade, vizinhança, solidariedade. O território abriga o lugar, unidade de maior proximidade social. No contexto da globalização, o entendimento do território contrapõe-se à imposição da alienação, da perda de identidade individual e coletiva, da renúncia ao futuro.

A categoria territorialidade surge em todo o processo desta pesquisa, ela é definida, em antropologia, como "[...] o esforço coletivo de um grupo social para ocupar, usar, controlar e se identificar com uma parcela específica de seu ambiente biofísico, convertendo-a assim em seu território" (LITTLE, 2002, p. 3). O território seria, nesse sentido, "um produto histórico de processos sociais e políticos" (LITTLE, 2002, p. 3). Esse é o conceito adotado aqui quando me refiro à territorialidade.

O território é uma construção histórica, vinculada aos costumes dos grupos que nele vivem, ou coabitam, e aos fatores políticos e econômicos aos quais esses grupos estão subordinados. É um processo dinâmico, pois as práticas sociais são dependentes das transformações ocorridas nesses lugares, assim como o território sofre alterações com as práticas sociais que nele acontecem. As alterações territoriais pelas quais o país passou, nos últimos séculos, estão imbricadas com os constantes processos de expansão de fronteiras.

No Brasil, a expansão territorial do colonizador, que entrou em choque com as territorialidades dos grupos indígenas que viviam aqui, é um exemplo de história territorial. Aqui, observa-se o que Oliveira (1998) chama de "processos de territorialização", que aparecem em "contextos intersocietários" de conflito. Nessas situações, quando as terras de um grupo estão sendo invadidas, a defesa do território torna-se um componente unificador do grupo.

Sobre a fazenda Mesquita, que na realidade era só uma parte de terra ocupada da imensa área de dispersão territorial em que se situavam os quilombolas, há uma requisição datada de 1854 feita por Delfino Pereira Braga e outros no Registro Paroquial da região leste de Goiás. A comunidade não tem conhecimento do fato nem possui uma ligação histórica com esse personagem. Há a hipótese de que ele seria um negro "dos antigos" que possivelmente teria relações mais próximas com brancos. Assim, por algum motivo ainda misterioso, teve seu nome marcado junto a esses na certidão.

Também é de longa data a memória da perda de outra parte importante do território. O Maria Pereira foi ocupado por um agente poderoso da região, Antônio de Melo, para usar uma categoria nativa, o "Quarteirão do Mesquita", uma espécie de coronel. Como é próprio do universo coronelista, Antônio de Melo dava emprego e suporte à comunidade, pois possuía uma farmácia.

> *Como é que ia reclamar da grilagem se ele que era o chefao, era o dono?! Todo mundo ficava era com medo. Tinha que entregar tudo! Ele tinha uma farmácia, todo mundo precisava... tudo quanto era doença que tinha aí ia lá nele e ele passava remédio, então todo mundo ele tinha aqui na palma da mão* (ALC).

De algum modo, os mesquitenses sempre foram mansos ao que "ditavam" os agentes poderosos no campo. *"Porque briga de terra você sabe que dá morte, né? Então o pessoal sempre preferiu deixar queto"* (R./RELATÓRIO..., 2011, s/p).

Esse documento paroquial aponta para a ancestralidade da ocupação da região pelos negros e se soma aos registros que se mantiveram na oralidade dos povos, na arqueologia social e no desenho das práticas culturais sobre o espaço — os mais marcantes elementos étnicos que solidificaram a identidade do grupo e a expressão de sua concomitante territorial.

Sabe-se que os "negros ilegais", antes do declínio do ouro e da abolição, se juntavam aos grupos de "negros legais" ou alforriados num arranjo de invisibilidade em Mesquita. A área do Mesquita era considerada uma conquista da coletividade negra local, então muitos negros que tinham sido obrigados a deixar suas terras ao redor, devido ao êxodo urbano, se ajuntaram ali, na terra a eles permitida. Isso denunciava uma fronteira étnica captada no discurso dos "de fora". Ali era tudo preto — como ainda hoje se pronuncia em Luziânia. Esse grupo social, aos olhos dos "de fora", era uma unidade homogênea, mas as uniões se davam por trabalho, casamento, trocas e outras tantas formas de inserção comunitária. Esse dado histórico, de que em Mesquita só se aceitavam negros até a segunda metade do século XX, representa também uma forma de manutenção da terra entre esse segmento étnico:

> *Não podia entrar outra Nação, branco aí com os pretos, né? [...] Aqui era tudo preto. Depois é que foi entrando... Agora tá preto e branco* (C. P. B./RELATÓRIO..., 2011, s/p).

> *Antigamente aqui só era negro reforçado. Não se via miudinho. Era negão forte, nega seiúda. Quando se via um branco era passageiro.* (B. A. P. B. para o Correio).

Na prática, enquanto comunidade étnica, em Mesquita, era comum a manutenção do trabalho em núcleos familiares, e cada um sabia de sua área. Os filhos se estabeleciam perto dos roçados dos pais ou dos sogros. Essa prática de trabalho e moradia refletia uma territorialização doméstica dentro do "território comum". Assim, de algum modo, já acontecia uma determinação entre locais de moradia e produção, mas isso não significava uma divisão de propriedades. A terra em si não era de ninguém, apenas o trabalho deveria ser direcionado, dentro de certos limites, para que se mantivesse o equilíbrio familiar.

Porém, como a família crescera, a força produtiva mudou as relações entre os indivíduos. Se antes, como dizem, era "um bolo só", uma vez que a regra de ocupação da terra era ordenada pelo canal de água construído pelos escravizados, em que bastava "puxar um veio" para se morar onde quisesse; com o crescimento familiar e as novas gerações, se iniciou um desenho no espaço da comunidade, mostrando a lógica da territorialização na produção e no trabalho em grupos familiares.

> A briga entre Modesto e Antônio Grilo, entre os Teixeira Magalhães e Pereira Braga, pelo uso territorial exigiu um limite mais explícito deste forma de ocupação do território. Com a divisão da terra "a briga acabou ". Porém, este processo culminava com a passagem de um estágio a outro da própria história de Mesquita. Ao longo dos anos a terra foi sendo mais e mais dividida. Os que não tinha partido, foi repartindo tudo (C. P. B./RELATÓRIO..., 2011, s/p).

> Aí foi dividindo cada um com sua quantidade (SLC/RELATÓRIO..., 2011, s/p).

> Depois da divisão pra cá e que o povo foi trabalhando [sozinho], aqui era em comum. Mesquita não tinha dono (C. P. B./RELATÓRIO..., 2011, s/p).

Resumindo, com o passar dos anos, a prática de ocupação mais livre, "um bolo só", passou a ser a de ocupação com demarcações mais acertadas entre linhagens familiares, passando-se logo para famílias nucleares (pai, mãe e filhos). Isso era um reflexo das mudanças trazidas pela cultura exógena que surgia na região.

Os mais antigos de Mesquita falam que, depois da divisão da terra, tudo mudou, porque surgia uma nova regra social. De fato a divisão de terras traz a lógica da "propriedade privada", dentro do território de uso comum de Mesquita. Nessa divisão entre "propriedade privada" e "terra comum", forças antagônicas se equilibrariam por algum tempo, mas em seguida apresentariam as contradições inconciliáveis entre a tradição da comunidade étnica e os valores da sociedade global.

Mesquita continuava sendo uma só, mas a gestão do espaço passou a ser de cada núcleo familiar. Fragmentada numa nova lógica, a gestão do espaço agora respeitava o limite de cada família. A divisão de terras significou a mudança de gestão do espaço: de um lado o território comum, Mesquita; de outro, uma certa noção de "propriedade privada", minha terra no Mesquita.

Por herança a permissão ao uso e à continuidade do trabalho na terra foi passada para filhos e netos. Assim passou a organizar a ocupação territorial em Mesquita. A terra paterna era dividida entre os filhos e o pai, ainda em vida, e assim sucessivamente entre as gerações. Em tempos de terras disponíveis, essa organização era satisfatória. O filho também tinha acesso à terra paterna em caso de produção conjunta. A manutenção da propriedade se dava de forma orgânica e não conflitiva dentro de cada núcleo pelos grupos domésticos. Quando o pai morria, seu lugar era dividido entre os filhos.

Na falta de herdeiro para assumir a terra do falecido, ou mesmo quando a terra ficava muitos anos sem ser trabalhada, essas áreas vazias, sem trabalho, eram chamadas de "terra de ausente", uma categoria importante de classificação do ambiente, que não deve ser confundida com "terra virgem".

> Terra de ausente era a terra que ficava aí. As vezes a pessoa tinha aquela terra e morria. Não deixava herdeiro. Outra hora, tinha um que tinha filho que era pouco (R./RELATÓRIO..., 2011, s/p).

O Relatório Diagnóstico (2011) afirma que terras de ausentes são terras cujo legítimo ocupante, membro da comunidade, morre ou desaparece sem deixar herdeiros ou deixando um ou poucos herdeiros para trabalhar uma extensão de terras desproporcional às suas forças de trabalho. Elas podiam ser ocupadas por outras famílias — preferencialmente jovens que estivessem se emancipando — ou simplesmente outros membros da comunidade que tinham a intenção de trabalhar nelas. Isso porque, para os mesquitenses, a terra trabalhada é que confere a legitimidade para possuí-la: só é dono quem trabalha. Algumas vezes, inclusive, a ocupação das terras de ausente era mediada por trocas entre herdeiro e pretendentes à terra (RELATÓRIO..., 2011).

Mesquita passou por um período de equilibro entre as duas noções — a de território comum e a de propriedade privada. Isso se dava porque a terra ainda não era vista como um bem de mercado. A noção de propriedade privada referia-se ao direito de gestão de determinada família sobre uma porção específica do território.

A terra era onde a vida acontecia, era o palco do trabalho, trocas e limites sociais. Poderia acontecer que o acesso a ela fosse objeto de negociação intrafamiliar, mas do território não se perdia o domínio, apenas se concedia permissão ao uso a outrem. Implicitamente o que essa prática denunciava é que a terra era de Mesquita, comum, mas a gestão de cada parte era terrritorializada pelos humanos que ali imprimiam seu trabalho e sua vida. Assim o sentido de apropriação da terra passou a ser associado não só ao trabalho, mas também ao núcleo familiar que a ocupava.

Era previsível que novas implicações em relação a esse modelo específico de propriedade privada, que se inaugurava em Mesquita, com o tempo, entrassem em choque com a ordem econômica global da sociedade envolvente. Mesquita, como veremos, receberia abordagens de eventos externos que implicariam o desmembramento de sua força produtiva e posteriormente de sua terra. Pode-se antecipar que, nas três décadas seguintes, houve um desequilíbrio entre as noções de terra comum e propriedade privada. Com a gestão territorial fragmentada, abordando-se individualmente cada núcleo, seria facilmente impressa a lógica da terra como um bem de troca.

Os núcleos familiares agindo dentro de seu próprio código permitiram que pessoas de fora, por meio de pequenas trocas a eles necessárias, se fixassem em seu território. Para a comunidade isso não implicava perda de terras, mas uma permissão de uso, na maioria das vezes em terras que não estavam sendo trabalhadas no momento. Uma espécie de arrendamento. A lógica de propriedade privada ainda não se dava em sua totalidade para a comunidade de Mesquita. Porém, para os "de fora", a terra em si estava sendo negociada. Assim, havia uma alteridade implícita estabelecida nessa relação de mercado. Ocorre que uma parte da comunidade foi expulsa para as periferias urbanas, e as famílias que permanecem no local continuam, algumas, a trabalhar para fazendeiros. Com a expulsão, os quilombolas voltaram a ser empurrados para o espaço da apropriação/violência, do qual pareciam ter saído quando do surgimento do Quilombo Mesquita.

4.3.1 As perdas territoriais

Com a imigração para o Centro-Oeste, a terra de Mesquita passou a ser alvo de interessante; como os mesquitenses não usavam a moeda tradicional e não tinham esse tipo de capital para as trocas necessárias, a moeda passou a ser a própria terra. Era exatamente isso que interessava aos "de fora" e era esse o recurso de que a comunidade dispunha.

As primeiras transações de terra, pela narrativa dos mesquitenses, foi um acontecimento não entendido por parte da comunidade. Na lógica tradicional e étnica do Mesquita, eles estavam negociando era uma permissão de uso, já que essa prática era comum entre os moradores, acreditavam que não perderiam domínio sobre o território. Porém, para os "de fora", a negociação era sobre a compra da terra nua, o que significou um problema substancial para a comunidade (RELATÓRIO..., 2011).

Essas permissões, que inicialmente eram apenas de posses consentidas, se transformaram em propriedades, descaracterizando o uso comunal que a terra tinha para a comunidade. Além da licença informal de uso, aconteciam as vendas de partes das terras, trazendo para o convívio da comunidade muitos fazendeiros com outras lógicas de viver no território da comunidade, ocupando áreas além daquelas compradas, criando conflitos com os moradores tradicionais.

Nas falas deles, constata-se que muitas dessas vendas eram trocas desproporcionais e feitas por necessidades atendidas (médico, dentistas etc.), o que acarretava para a comunidade o desmembramento do território e a desestruturação da comunidade.

> O pessoal ia comprando uns pedacinho de terra. Por interesse deles, porque lá é o cartão postal! Cinquenta quilômetros de Brasília, um lugar que tem água, uma terra fértil, uma terra muito maravilhosa. Um lugar assim do povo humilde, povo hospitaleiro... Então todo mundo quer morar neste lugar na verdade! (J. A. P./ RELATÓRIO..., 2011, s/p).

Como houve o evento da divisão interna da "terra comum" — o que, como descrito anteriormente, alterou a gestão do território —, foi mais fácil a abordagem dos núcleos familiares pelos interessados na terra. Por isso, os mais velhos da comunidade associam a divisão interna entre Modesto e Antônio Grilo às mudanças mais severas. Dizem que o problema não foi a divisão, mas as vendas que passaram a ocorrer depois que cada um já tinha seu pedaço.

> *E que tá vendendo pedacinho aí. Um vendia aqui, vendia a meia. Isto foi o que atrapalhou. Atrapalhou tudo* (SLC/RELATÓRIO..., 2011, s/p).

Perdendo muito de suas terras e inserida dentro do sistema capitalista de produção, a comunidade negra de Mesquita teve que se adaptar às novas intempéries para sobreviver. Algumas famílias venderam suas terras a troco de nada para tentar a vida em Luziânia, que também seguia a tendência de expansão da urbanização.

> *Uns dizia que ia caçar lugar melhor que pra lá... Mas não produzia não tinha muito Governo, né?* (SLC/RELATÓRIO..., 2011, s/p).

> *Olha, se você vê o estado em que se encontra algumas família que saíram... é de dar pena* (SPB/RELATÓRIO..., 2011, s/p).

Essas pequenas vendas trouxeram "gente de fora" para o convívio do povoado. As terras começaram a ser mais parceladas, posto que entre as propriedades das famílias quase não se havia cerca. Os novos agentes compravam a preços depreciados e, quando cercavam a área adquirida, muitas vezes ocupavam área superior à acordada no ato da compra. Outro elemento que facilitava a expropriação de terras era o fato de a comunidade não ser letrada sendo facilmente ludibriada no momento do negócio. Seria tarefa sem fim minuciar todos os casos de expropriações a que os mesquitenses se referem.

> *Essas vendas de terra de Mesquita era assim: o pessoal chegava e se aluzia com aquele povo humilde, aquele povo assim que às vezes a pessoa pegava um terreno e dizia: "não, eu vou plantar isso aqui, eu vou cuidar disso aqui, vou dar emprego, vou devolver pra você depois, isso aqui é só pra pagar os impostos pra você... " Porque muitas das vezes a pessoa não tinha como pagar os impostos aí os aproveitador vinha com aquelas falas e o povo simples, humilde, pagava os impostos... Depois que eles pagavam os impostos ali depois de tantos anos aí eles tentavam fazer um tal de 'uso de campeão' [usucapião] Esse 'uso de campeão' era para pegar aquelas terras, se beneficiar naquelas terras, que o pessoal às vezes por simplicidade passava em procuração, fazia um documento falso lá, né?* (J. A. P./RELATÓRIO..., 2011, s/p).

É comum ouvir em Mesquita inúmeros casos de expropriação em que os "de fora" utilizavam-se da ingenuidade e do desconhecimento dos indivíduos e tomavam parte da terra. Quando reclamavam, mandavam procurar os direitos. Por falta de acesso às condições mínimas de cidadania, sua força de reivindicação era imobilizada.

Esses processos em relação à terra tiveram impactos profundos na organização e no domínio do território. Ao longo do tempo, algumas famílias do povoado continuaram investindo na produção para a subsistência. Poucos persistiram na produção de marmelo. Outros procuraram empregos nos centros urbanos que começavam a se desenvolver. Muitas mulheres passaram a trabalhar de domésticas em Brasília impactando o modelo tradicional da divisão social do trabalho. Começou a ser frequente a ocorrência de casamentos exogâmicos com pessoas brancas que haviam chegado para a construção de Brasília. Essa realidade foi se complicando ao longo dos anos. As novas gerações de Mesquita já nasceram nesse contexto híbrido entre modelo tradicional e lógica capitalista.

A migração é pendular, ocorre diariamente com os mesquitenses se deslocando, como a maioria dos trabalhadores urbanos, para seus locais de trabalho em Brasília, visto que a ocupação de suas terras por loteamentos lhes restringiu a possibilidade de viverem da agricultura.

As áreas adquiridas pelos "de fora", em alguns anos, foram revendidas, e novas implicações se estabeleceram. A terra de Mesquita, se, em um primeiro momento, era passível de trocas por serviços, posteriormente representaria um investimento para o capital especulativo. A pessoalidade de quem antes ocupava as áreas trocadas se perderia nos agenciamentos de revendas. A impessoalidade dos novos ocupantes, totalmente desconhecidos para a comunidade, gerou o descontrole do raio de atuação desses atores. Novos proprietários passaram a impactar diretamente as áreas ainda sobre o domínio do quilombo. Disponibilidade de água; acesso a lugares antes visitados; terras de cemitérios... Elementos territoriais da mais alta significância para a coesão social se perderam em um processo iniciado na década de 1950 com impactos até a atualidade.

> Sabe aquela área onde é o Jardim Edite hoje? Pois é, aquilo era nosso. Foi que aqui dentro teve uma briga de parente... Assim, teve morte. E como aqui passou a ter estes negócios de polícia, o tio foi preso. Aí pra tirar ele da prisão teve que ter advogado. E aí não tem dinheiro, né? Pagou o advogado com aquele pedaço de terra, aquilo tudo. Aí parece que o advogado vendeu e veio outro e outro... Até que teve um que começou a vender estes pedaços pequenininhos, pra um monte de gente e começou a encher isto aí (BLC/ RELATÓRIO..., 2011, s/p).).

> O Jardim Edite trouxe muito roubo. Ninguém mais pode deixar as coisas por aí. Tem que fechar a casa. Tirou nossa paz (CBP/ RELATÓRIO..., 2011, s/p).

> *Muita violência, morte. E drogas. Lá tem muitas drogas. Como é que ficam nossos jovens? Também está em cima de um manancial de água que é nosso! Tá poluindo tudo! Tem muito parente que mora lá, mesmo assim é difícil* (SPB/RELATÓRIO..., 2011, s/p).

O Jardim Edite foi o loteamento dentro do perímetro do território quilombola mais problemático do ponto de vista da comunidade. É responsabilizado por diversas mazelas vividas. É um loteamento de baixa renda que implica todas as dificuldades impressas na cultura urbana de periferia que se contrasta substancialmente com a lógica camponesa. Foram cadastradas nessa localidade cerca de 500 ocupantes não quilombolas em lotes pequenos. Houve muita discussão na comunidade sobre o melhor posicionamento para lidar com o caso, porém a lógica tradicional e os mais velhos se impuseram com força não admitindo negociação: a importância dessa terra, o significado de sua perda e os impactos sofridos tornaram essa porção territorial imprescindível do ponto de vista material e simbólico.

As lideranças de Mesquita atualmente conduzem o processo de reivindicação territorial com uma articulação interna à comunidade definindo coletivamente a melhor estratégia para aquisição das terras, pois acreditam que sua luta é possível, mas de imaginável dificuldade. Ponderam entre seus direitos e a viabilidade de conseguir titular seu território. *"Sabemos que se colocarmos tudo seria muito difícil. Esta terra que a gente pede é o mínimo. O que não dá pra abrir mão mesmo* (SPB)".

No relatório do Incra (2011), no território demarcado, que é só uma parte da terra ancestral, foram identificados mais de 500 ocupantes não quilombolas, fato que traz grandes dificuldades ao processo de regularização do quilombo. Os membros da comunidade de Mesquita, vivendo hoje entre o universo rural e urbano, afirmam ser a área solicitada a menor parte que podem aceitar e ser reivindicado de suas terras, menos que isso não aceitam

A história do Quilombo de Mesquita sofreu grande impacto com a construção de um novo núcleo habitacional. A Cidade Ocidental foi criada e localizada dentro do município de Luziânia, porém se desenvolveu e, em 1989, passou à categoria de Distrito de Luziânia, para, em 1990, se emancipar como município. Luziânia, outra vez, teve um território "emancipado" e desligado administrativamente, Mesquita passou a pertencer à Cidade Ocidental. Essa mudança foi historicamente traumática para todos os moradores, especificamente para os mais idosos, pois Luziânia compartilhava as raízes históricas, e Mesquita agora estava ligado a uma cidade planejada que ignorava a história da formação do quilombo; sua história passa a ser, mais uma vez, invisibilizada.

> *Pra nós fez mais é atrasar. Porque tudo o que nós temos... Porque a Cidade Ocidental depende de nós lá do Mesquita. Claro! Nós dependemos mais pouco de Cidade Ocidental que Cidade Ocidental de nós. Porque nós produzimos e fazemos a feira. [...]*
> *Luziânia conhecia e respeitava a história nossa. E Cidade Ocidental, além de estar dentro do nosso Município... Porque nós não somos município de Cidade Ocidental, Cidade Ocidental é que está dentro do município de Mesquita! E não respeita nosso direito! [...]*
> *Luziânia é nosso berço de ouro, onde nós nascemos, onde nossos umbigos foi enterrado, lá com nossos avós, nossos bisavós. Tudo sepultado lá em Luziânia. E toda nossa produção de Marmelo, nossa Marmelada ela é despachada em Luziânia. Vende em Brasília, Goiânia em vários lugares. Mas Luziânia é o cartão postal da Marmelada de Santa Luzia. Então tudo que a gente faz lá em Mesquita querem levar para Cidade Ocidental. [...]*
> *Infelizmente desmembrou nós de Mesquita de Luziânia para Cidade Ocidental, porque os especuladores, os pára-quedistas que vieram de fora, os políticos de fora que achou e que sabe que o Mesquita é cartão postal. Então tão tirando os oprimidos de Mesquita, pra poder ser os maior do mundo! (J. A. P./RELATÓRIO..., 2011, s/p).*

Quando se analisa o crescimento ao longo da BR 040 a partir da fronteira do Distrito Federal com Goiás, percebe-se o crescimento do tecido urbano ao longo de toda a rodovia a partir de Valparaíso. Configura-se esse o cenário no qual essas nucleações e povoados funcionam como os bairros de uma cidade de âmbito metropolitano, com poucos espaços vazios entre eles. Os poucos terrenos que ainda existem estão esperando a valorização imobiliária para se conurbarem, como ocorre atualmente na Cidade Ocidental, município limítrofe. Abriram-se também novas estradas para ligá-la à Brasília, passando pelo Quilombo Mesquita. Foram surgindo outras aglomerações e pequenos loteamentos ao longo dessa rodovia. O antigo Barreiro, área onde antes vivia um grande número de descendentes de escravizados, se transformou em agrupamento de casas, e o Jardim ABC se expandiu com a venda de lotes por imobiliárias.

O território de Mesquita sofre hoje com duas grandes pressões por terrenos com caráter urbano: o crescimento dos condomínios de alto padrão partindo do Distrito Federal, sentido Lago Sul–Papuda, pela via que corta a RA Jardim Botânico, seguindo pela DF 140 até a fronteira interestadual (Alphaville, Dhama etc.), e a pressão dos loteamentos com caráter urbano, que vem desde a saída da Avenida Perimetral Sul, que liga a Cidade Ocidental ao quilombo do Mesquita. Os fazendeiros, por sua vez, passaram a investir na região.

As iniciativas turísticas e de lazer, muito comuns hoje no território quilombola, também contribuíram para a alteração do lugar, pois são empreendimentos privados e voltados aos moradores da cidade, além de serem pagos, o que significa que nem todas as pessoas podem ter acesso. Dessa forma, mantêm-se as desigualdades; apesar de usarem os recursos naturais do Quilombo, reforçam a segregação contra os moradores da comunidade.

A nova reprodução do ambiente observada no Quilombo Mesquita conta com novas territorialidades de uso privado, outras lógicas de uso dos recursos naturais, diferentes relações sociais, fragmentando e dividindo ainda mais esse território étnico. Isso ocorre, pois:

> As necessidades induzidas e produzidas em áreas de grande concentração urbana, como é o caso da busca pelo ar puro, da procura por áreas verdes, são diferenciadas em função da capacidade das pessoas pagarem para satisfazê-las (SANTANA, 2001, p. 184).

A partir dessas ocorrências, constatei o crescente aumento de serviços e comércio de apoio residencial e para chácaras nessa área; estão concentrados por enquanto na Cidade Ocidental e ao longo das vias que se ligam ao quilombo, mas a tendência é estenderem-se por toda a faixa marginal às vias de acesso ao Mesquita (BR 040, Avenida Perimetral Sul, DF 140, Rodovia GO-521) onde estão atualmente dispersos. Esse cenário traz novas maneiras de desestruturação da comunidade na atualidade, o que exemplifica a ideia do geógrafo Milton Santos (2003) de que a proliferação do modelo econômico em vigor é uma via que desarticula as economias tradicionais.

No século XX, a busca por terras mais baratas para a agricultura fez a migração crescer muito em Goiás. Outra ação que desvirtuou a propriedade da terra no Mesquita foi essa abertura de estradas vicinais. No relatório do Incra, é citado McCal (1977) o qual afirma que:

> Os transportes na economia capitalista mundial por 'meios sutis promovem a penetração em áreas rurais, essa penetração não é meramente a introdução de novas maneiras de produzir mas também implica a destruição daquilo que já existia ante-

riormente no local' e na 'introdução ou no desenvolvimento de termos punitivos de troca, que reorientam o comércio rural para uma rede mundial. Assim toda a economia dos lugarejos rurais é forçada a mudar, volta e meia através da adaptação de uma forma de economia realizada há muito tempo e mais adequadas às necessidades do local (p. 46).

O Relatório do Incra (2011) continua afirmando que a modificação das formas de organização do espaço e das formas mais humanizadas de economia inseriu um novo ritmo nas trocas e nos vários estágios da produção. Isso acontece no Quilombo porque:

> [...] troca é cada vez feita com base no dinheiro, provocando a movimentação mais rápida tanto da mercadoria como do dinheiro. A necessidade de financiamento cresce e a necessidade de dinheiro vivo rapidamente se toma frenética. Além da monetarização e as novas facilidades trazerem a entrada e o consumo de produtos modernos no campo (SANTOS, 2003, p. 190-192).

Na história de Mesquita, esses fatos levaram à desarticulação de sua economia tradicional, constatada por meio das narrativas sobre as mudanças que aconteceram no interior da comunidade e no seu território. O agronegócio e a pressão do crescimento urbano são elementos citados nos relatos orais de lembranças, ou pedaços de lembranças, que formam uma grande colcha de retalhos de memórias:

> *Foi diminuindo, diminuindo e ficou só esse ovinho aqui! Olha só, por exemplo, meus filhos vão crescendo, meus netos vão crescendo, tataraneto vai crescendo, e aonde eles vai fazer casa, tem que ir embora e deixar para os outros* (MT M/RELATÓRIO..., 2011, s/p).

> *Isto aqui é muito grande, ia lá pras lajes, pegava o Dom Bosco também, descia lá pra baixo pegava o Maria Pereira* (S.L.C./ RELATÓRIO..., 2011, s/p).

A comunidade atribui as perdas de suas terras aos "de fora", sente-se enganada e expropriada, mesmo que tenha ela mesma feito a negociação. O Relatório do Incra cita ainda que, na estrutura lógica da comunidade, a terra não poderia ser negociada, mas o trabalho sim. Com o suceder dos anos, os de fora ali estabelecidos negociaram essas terras com outros. Em pouco tempo, a comunidade foi atropelada pela perda de seu território, sem entender o mecanismo das transações realizadas.

Creio que o pensamento abissal traz uma resposta convincente a essa questão. Uma vez que o que "existe" está circunscrito ao espaço da regulação/emancipação, os quilombos, aos milhares, estavam mergulhados na invisibilidade. Quando o Artigo 68 abriu a possibilidade de inserção desse gigantesco grupo no contrato social, o que era "espectro" ganhou corpo e concretude, e o país espantou-se com a dimensão do universo que era incapaz de ver.

Hoje, vive-se ali a dicotomia interna entre reivindicar o "pleno exercício dos direitos culturais" (BRASIL, [2020], s/p)[18] como comunidade negra rural, em que o "território" é fundamental, e vivenciar a pressão urbana e a lógica da propriedade privada da terra. As mudanças nas formas de apropriação e uso do espaço no Quilombo Mesquita vêm de um processo imposto tanto pelas pressões externas quanto pela proximidade do seu território com o meio urbano. Hoje, em interface entre esses dois contextos (rural – urbano), além de a comunidade estar numa insegurança jurídica muito grande em relação à garantia do seu território, vive a contradição dentro do grupo, pois existem os que não se declaram quilombolas nem aceitam a titulação das terras como tal.

O contexto híbrido rural/urbano de Mesquita também propiciou que os mesquitenses procurassem e conseguissem trabalhos e empregos nos centros urbanos próximos ao quilombo, principalmente na cidade de Brasília, o que, de certa forma, contribui para o aumento da renda familiar, uma vez que a terra disponível para a agricultura ou cria de animais é escassa na atualidade.

A realidade causada pela mistura do rural com o urbano permite diversos olhares sobre seus desdobramentos. Por um lado, essa realidade favorece, de certa forma, uma estrutura que invisibiliza o quilombo, orquestrada pela Prefeitura de Cidade Ocidental, pelos agentes da especulação imobiliária e pelos grandes fazendeiros, e, em certa medida, desagrega, cultural e socialmente, a comunidade por meio da migração individual para as margens do Distrito Federal limitando a reprodução social adequada e ainda desejada no Quilombo de Mesquita. Por outro lado, essa mesma realidade insere a comunidade em redes muito mais amplas do que os círculos regionais que anteriormente tinham acesso: as redes formadas por outros segmentos sociais de lutas democráticas,

---

[18] Constituição Federal - Seção II -DA CULTURA -Art. 215. "O Estado garantirá a todos o pleno exercício dos direitos culturais e acesso às fontes da cultura nacional, e apoiará e incentivará a valorização e a difusão das manifestações culturais."

grupos de resgate de valores e cidadania (CONAQ, Rede Terra, Rede Bartô, MST etc.) que também lutam pelo acesso à terra, que podem ajudar o Quilombo de Mesquita a ser conhecido e ter sua causa conhecida em outras esferas:

> Alguns quilombolas de Mesquita se candidataram ao cargo de vereador de C. Ocidental nas últimas eleições (2012); as esferas governamentais federais e a sociedade civil organizada, os primeiros pela obrigação de garantir os direitos dos quilombolas e os segundos pelo interesse pelo tema e pelas questões que o cercam, gerando conhecimento e informação sobre a comunidade e proporcionando organização política e melhora da sua auto-estima (RELATÓRIO..., 2011, s/p).

Atualmente a principal liderança do Quilombo de Mesquita é a vice--presidente da AREME[19], que personifica a luta pelo processo de articulação e territorialização pelo qual a comunidade de Mesquita passa.

Certamente o processo é uma construção social com vários atores envolvidos — outros mesquitenses quilombolas de diversas gerações, acadêmicos, jornalistas, membros da sociedade envolvente, entre outros —, porém a vice-presidente da AREME é a personagem central na sua concepção e motivação pelos direitos dos quilombolas de Mesquita. Como Boaventura destaca, a terra está ligada ao tempo largo da escravidão; na primeira à colonização e na última atualmente o de concentração fundiária.

Na fase da observação participante no Quilombo Mesquita, analisando a subjetividade implícita na realidade do grupo e o que estava visível nessas representações, observei que a história atual da comunidade mostra uma complexa rede de atores e situações de uso do território, contextos políticos e culturais divergentes: famílias dos escravizados (tendo como núcleos principais a família Pereira Braga, Teixeira de Magalhães e os Lisboa da Costa), reconhecidos como "s" de quilombos, porém não titulados, falarei disso mais tarde; os fazendeiros e seus sucessores (que até hoje ocupam terras pleiteadas historicamente pela comunidade); chacareiros que compraram as terras de antigos moradores ou de herdeiros (impulsionados pelo preço, sobretudo, por não terem titulação definitiva, muitos venderam enganados por grileiros que usaram de má-fé para a compra); especuladores (grileiros e empresas imobiliárias) com suas faixas amarelas oferecendo terrenos e lotes em

---

[19] Associação Renovadora dos Moradores e Amigos do Mesquita (Areme)

áreas quilombolas; pesquisadores dos mais variados naipes e teorias que, no afã de responderem às suas questões acadêmicas, acabam interferindo nas relações comunitárias, entre outros.

O contato entre esses sujeitos no Quilombo Mesquita, apesar de aparentar ser hoje harmonioso, se deu de forma conflituosa, tanto pelas brigas territoriais quanto por desacordos internos na condução do processo de reconhecimento do grupo como quilombola. Esses fatos marcaram a história desse território, por isso a categoria conflito será aqui analisada como determinante para compreender as diferentes lógicas de uso e apropriação daquele espaço étnico.

Apesar desses conflitos, desde minha (re)aproximação à comunidade (2010), as terras se valorizaram, a especulação fundiária cresceu e ali se instalou com uma eficácia muito maior que a própria comunidade, despertando interesses de empresários de outras regiões e agravando o conflito fundiário. Temos visto a expansão da grilagem com faixas de venda de lotes em "condomínios", de diferentes padrões, do mais simples aos mais luxuosos, tudo acontecendo em terras historicamente ocupadas e pleiteadas pelos quilombolas, inviabilizando e diminuindo a continuação da reprodução socioterritorial dos antigos moradores.

Nesse processo da pesquisa, pude constatar que, na região do entorno de Brasília, quem tem capital tem poder, e esse poder se torna maior que os "saberes" que pesquiso na comunidade quilombola, ou seja, o poder econômico — garantido pela omissão das instituições do Estado — na "figura" dos grileiros" despreza culturas, a memória e o território étnico.

Milton Santos (2002) menciona os mecanismos sutis utilizados pelas frentes de expansão, em particular a capitalista, para apontar as formas como as economias tradicionais são engolidas pelo sistema hegemônico sem que seja perceptível num primeiro momento, fazendo referência a um ordenamento territorial orientado pelo capital.

À margem dessa ordem global, está o "homem lento", conceito criado por Milton Santos (1994) em sua discussão sobre técnica, espaço, tempo. para se referir ao homem que vem da periferia, de caráter muito humano, que não pode usufruir das tecnologias, capaz de criar vínculos. É o oposto do homem veloz, que faz parte da engrenagem globalizacional, em que "tempo é dinheiro", como diriam os americanos. Sempre otimista em relação ao futuro, o autor afirmava que era a partir do "homem lento" que o mundo sofreria uma grande modificação. Uso o termo para cara referendar o caráter amigável, solidário e humano dos moradores do Quilombo Mesquita, que, invisibilizado pelo surgimento da metrópole (nesse caso, Brasília) com todas as suas idiossincrasias, resiste às forças verticais, externas, da globalização.

4.3.2 O reconhecimento da territorialidade quilombola

Antropologicamente o termo quilombo se refere a grupos que desenvolvem práticas de resistência na manutenção e reprodução de seus modos de vida característicos num determinado lugar.

Já o conceito de lugar faz referência a um território, uma limitação real de um espaço habitado por um grupo, referendada por sua territorialidade. O conceito de territorialidade é o esforço coletivo de um grupo social para ocupar, usar, controlar e se identificar com uma parcela específica de seu ambiente biofísico, convertendo-a assim em seu "território" ou "homeland" (LITTLE, 2002, p. 3).

No primeiro capítulo, falei dos diversos processos de expansão de fronteiras no Brasil colonial, das entradas ao interior pelos bandeirantes, da escravização dos índios nos séculos XVII e XVIII, bem como do uso de escravizados africanos para a expansão das fazendas de gado e para a mineração em Goiás, ambas a partir do século XVIII. Tendo como base o conceito de territorialização, percebe-se como essas frentes de expansão produziram choques territoriais, o que gerou novos processos de territorialização por parte dos escravizados africanos. O Quilombo Mesquita surgiu em um desses processos de territorialização.

O reconhecimento de um território por parte do Estado muitas vezes acontece de um jeito diferente do que as regras consuetudinárias do local. Após a aplicabilidade do Artigo 68 da Constituição Federal, muitos grupos quilombolas entraram na luta pela regularização de seus territórios. Eis a emergência de uma nova frente de expansão baseada em direitos étnicos.

No Decreto 4887/2003, Art. 2o:§ 2, diz que "São terras ocupadas por s das comunidades dos quilombos as utilizadas para a garantia de reprodução física, social, econômica e cultural".

Figura 17 – Certidão de autorreconhecimento FCP

REPÚBLICA FEDERATIVA DO BRASIL
MINISTÉRIO DA CULTURA
FUNDAÇÃO CULTURAL PALMARES
Criada pela Lei n. 7.668 de 22 de agosto de 1988

Diretoria de Proteção ao Patrimônio Afro-Brasileiro

CERTIDÃO DE AUTO-RECONHECIMENTO

O Presidente da **Fundação Cultural Palmares**, no uso de suas atribuições legais conferidas pelo art. 1º da Lei n.º 7.668 de 22 de Agosto de 1988, art. 2º, §§ 1º e 2º, art. 3º, § 4º do Decreto n.º 4.887 de 20 de novembro de 2003, que regulamenta o procedimento para identificação, reconhecimento, delimitação, demarcação e titulação das terras ocupadas por remanescentes das comunidades dos quilombos de que trata o art. 68 do Ato das Disposições Constitucionais Transitórias e artigo 216, I a V, §§ 1º e 5º da Constituição Federal de 1988, **CERTIFICA** que a **Comunidade de Mesquita**, localizada no município da Cidade Ocidental, Estado de Goiás, registrada no Livro de Cadastro Geral n.º 06, Registro n. 581, fl. 91, nos termos do Decreto supramencionado e da Portaria Interna da FCP n.º 06, de 01 de março de 2004, publicada no Diário Oficial da União n.º 43, de 04 de março de 2004, Seção 1, f. 07, *É REMANESCENTE DAS COMUNIDADES DOS QUILOMBOS*.

Declarante(s):
Presidente: João Antônio Pereira
Associação Renovadora dos Moradores e Amigos do Mesquita – AREME
CNPJ/MF nº 05.889.879/0001-98

Eu, **Maria Bernadete Lopes da Silva** (Ass.).................., Diretora da Diretoria de Proteção do Patrimônio Afro-Brasileiro, a lavrei e extraí. Brasília, DF, 19 de maio de 2006.

O referido é verdade e dou fé.

UBIRATAN CASTRO DE ARAÚJO
Presidente da Fundação Cultural Palmares

SBN Quadra 02 – Ed. Central Brasília – CEP: 70040-904 – Brasília – DF - Brasil
Fone: (0 XX 61) 3424-0106(0 XX 61) 3424-0137 – Fax: (0 XX 61) 3326-0242
E-mail:chefiadegabinete@palmares.gov.br http://www.palmares.gov.br

"A Felicidade do negro é uma felicidade guerreira" (Wally Salomão)

Treccani (2005, p. 112-113) afirma que a interpretação do art. 68 do Ato das Disposições Constitucionais Transitórias (ADCT) não pode ser feita sem considerar outros artigos da própria Constituição, de maneira especial os arts. 215 e 216, que permitem afirmar que não se está diante de uma mera regularização fundiária, mas do reconhecimento de uma nova modalidade de direito que respeita a formação pluriétnica de nossa civilização. Por isso, a titulação dos territórios quilombolas garante, de um lado, o reconhecimento da terra e, do outro, a manutenção de sua cultura própria. Trata-se, portanto, de um direito étnico assegurado pela CF.

Assim, a regularização fundiária dos territórios quilombolas está ligada diretamente à sua condição e ao reconhecimento da sua ocupação e afirmação territorial como um grupo étnico, respeitando suas peculiaridades culturais e sua forma de se relacionar com o ambiente. Desse modo, a demarcação de um quilombo deve levar em conta as relações territoriais que abrangem também os laços afetivos, culturais, históricos, econômicos do grupo.

A influência mútua dentro de um sistema social, como o caso do Quilombo Mesquita, não leva ao seu desaparecimento por mudança ou aculturação. Barth (1998) afirma que as diferenças culturais podem permanecer apesar do contato interétnico e da interdependência dos grupos. Dessa modo, um grupo étnico-social que se autoidentifica como tal não precisa recorrer a instâncias alheias aos seus próprios membros para obter o reconhecimento social. Nesse sentido, no Brasil o "autorreconhecimento" enquanto comunidade dos quilombos é assegurado pelo Decreto 4887/2003.

> [...] a noção de grupo étnico foi fundamental para uma adequada apreensão do fenômeno de auto-identificação de grupos rurais negros como s de quilombos. [...] As comunidades quilombolas constituem grupos mobilizados em tomo de um objetivo, em geral a conquista da terra, e definidos com base em designação (etnônimo) que expressa uma identidade coletiva reivindicada com base em fatores pretensamente primordiais, tais como uma origem ou ancestrais em comum, hábitos, rituais ou religiosidade compartilhados, vínculo territorial centenário, parentesco social generalizado, homogeneidade racial, entre outros. Nenhuma destes características, porém, está presente em todas as situações, assim como não há nenhum traço substantivo capaz de traduzir uma unidade entre experiências e configurações sociais tão distintas. [...] Lançando mão do acúmulo realizado pela etnologia brasileira, a interpretação antropológica do fenômeno quilombola enfatizou, então, o caráter organizacional desses grupos, sua auto-atribuição e a forma pela qual eles constituem seus próprios limites sociais com relação a outros grupos, inde-

> pendente de um ou uma lista de traços de natureza racial ou cultural, originada da interpretação historiográfica sobre os quilombos da colônia ou do Império. Ao invés disso as "fronteiras" e os mecanismos de criá-las e mantê-las, isto é, os limites que emergem da diferenciação estrutural de grupos em interação, do seu modo de construir oposições e classificar pessoas (BARTH, 1969) foi o que se considerou analiticamente relevante (ARRUTI, 2006, p. 38-39).

A organização como grupo de quilombo, o sentimento de pertença a essa realidade histórica (de que decorre sua autoidentificação), os impactos territoriais vividos decorrentes dos contatos interétnicos e seus limites sociais são elementos contrastivos em relação à sociedade envolvente.

A expansão de fronteiras sobre esses territórios utiliza-se de variadas formas, nem sempre acontece de maneira explícita à luz do dia e de modo a ser percebida pelos moradores envolvidos, apesar de atingir a toda a comunidade. Esta teria que fazer um esforço para interpretar os mecanismos diversos usados para a expropriação do seu território. Eles sentem os sintomas, mas não sabem identificar as causas.

Este capítulo debruçou-se nas análises sobre as relações da comunidade com o território e, por meio das categorias teóricas, apresentou explicações muitas vezes não percebidas nem pelos próprios moradores, oferecendo uma compreensão sobre as relações ecológicas em outra escala, centrada em uma abordagem multidisciplinar.

A perspectiva histórica possibilitou o entendimento do processo em que a comunidade se encontra hoje. Compreendendo suas mudanças em contexto, foi possível situá-la em uma ordem maior de acontecimentos. Se o território que os grupos de parentescos negros utilizavam extrapolava significativamente a fazenda Mesquita, as contingências históricas, a principal delas em decorrência da construção de Brasília, levaram à centralização dos negros em poucas áreas a eles permitidas.

> *Os escravos que não morreu ficaram por aqui [em Mesquita]. Agora os outros de lá que a gente não sabe porque ficava longe, né? Lá pro Alforriei e Santa Maria tinha mais duas turmas lá e cá (SLC/RELATÓRIO..., 2011, s/p).*
>
> *Outro dia foi um menino foi lá [no Alagado e Alforriei] e [alguém] falou: "eu também sou do Mesquita". Só que mudou daquela turma dos escravos que veio vindo pra cá... Eles dividiram em três parte uma foi pra um lugar e outra foi pro outro. [...] Você encontra por aí uns Pereira Braga (R./ RELATÓRIO..., 2011, s/p).*

O grupo de parentesco negro com maior proximidade do grupo de parentesco de Mesquita tinha seu assentamento em uma terra que hoje pôde ser localizada em Santa Maria/DF. O próprio "herói do marmelo", Aleixo Pereira Braga, era descendente desse grupo de parentesco.

> *O pai de Aleixo era de Santa Maria, o Zé Pereira que casou com a Maria do Nascimento que era daqui. Isso deste parte aqui do Mesquita. Aquela parte já é outra* (SLC/ RELATÓRIO…, 2011, s/p).

Quando ocorreu a construção de Brasília, e sendo as terras de Santa Maria/DF mais próximas da área de interesse do empreendimento e do Catetinho, a população se afastou da localidade.

> *A terra de Santa Maria tinha ela lá, depois que veio embora largou ela para lá. Aquele povo antigo você sabe como é que era, né? Aí foram e deixou com medo da cidade que foi chegando pra lá. [… j Aí uns ficaram aqui, lá depois que começou… porque saíram daqui pra lá depois voltou de novo. Porque uma turma de Luziânia, uma parte ia pra um lugar e outra ia para outro. "Tem até uma parte desse povo, dos Pereira Braga também, que saíram pra lá depois do Alagado. Ainda tem uma turma pra lá* (R./ RELATÓRIO…, 2011, s/p).

O quilombo de Mesquita conseguiu provar propriedade e a consequente herança dessa área em Santa Maria/DF. No passado essas duas distintas localidades eram um território de uso contínuo entre caminhos, área de extração e pontos assentamentos humanos. Considerando a inexistência das cercas, o fluxo de negros se dava nos vazios encontrados desde o declínio da mineração.

> *Veio a parentalha, puxando como queredor das terras […] Porque tudo morreu e largou a herança para o povo aqui do Mesquita. Aí veio o advogado…* (CBP/ RELATÓRIO…, 2011, s/p).

Fazendas da região, perto do rural de Luziânia e que fizeram parte do arraial de Santa Luzia, foram desapropriadas e passaram a dar suporte à construção da nova capital. Assim, a antiga fazenda do Gama — vizinha a essa área em Santa Maria, que a comunidade de Mesquita conseguiu provar propriedade — dava espaço à primeira residência oficial, o Catetinho. Apesar de a Companhia Urbanizadora de a Nova Capital (Novacap) ser a responsável pela administração da região, o território da construção ainda ficava sob a jurisdição de Goiás, mais precisamente sob a tutela de Planaltina e Luziânia (BERTRAN, 2000). Algumas áreas das extensões desapropriadas eram utilizadas pelos quilombolas. Às margens do Catetinho, da mata eram extraídos materiais necessários.

> *Ali perto de Brasília tinha muita lenha era mata só. Naquele tempo se levava madeira era no carro de boi, pra fazer a caixeta aqui* (CBP/ RELATÓRIO..., 2011, s/p).

> *Nossa casa era perto da Marinha, mas lá era terra do governo né? Aí a gente teve que se mudar, compramos casa aqui mais perto, perto da casa da Sandra. Lá a gente cuidava da criação [de gado], aqui agora tem plantação de mandioca [...] eu ajudo mais na hora de fazer a farinha né?* (MACHADO, 2007, p. 32)

As terras disponíveis para a comunidade, com as desapropriações feitas para a construção de Brasília, afetaram suas práticas tradicionais. A noção de propriedade para o quilombo de Mesquita era diferente da prática governamental que se lançava com hegemonia. A comunidade não tinha os acessos necessários à cidadania. Não houve política pública que a beneficiasse. O paradigma progressista e a meta governamental se impunham a essa minoria invisibilizada. As trocas que passavam a chegar à comunidade tinham como base a assimetria de poder entre as partes. Mesquita novamente dialogava com uma ordem externa a ela.

Para atender à demanda por energia para a construção de Brasília, em 1958, foi inaugurada a primeira usina hidrelétrica que serviu à Capital. A Usina Saia Velha[20], que leva o nome do ribeirão que rega parte do território de Mesquita, empregou alguns quilombolas.

> *Lá na cachoeira Saia Velha, ao lado do chifrudo ali. A primeira água que Brasília recebeu foi dali. A luz de Brasília, a primeira luz da CEB foi lá dessa cachoeira Saia Velha. Meu tio foi 'funcionário" da Novacap [...] Com ele era o senguinte, dava pensão pra aquela turma. Porque a turma fez uma barragem muito grande pra trazer aquela água aqui pra Brasília* (J.A.P./RELATÓRIO..., 2011, s/p).

Com a migração maciça de operários, Mesquita também passou a dispor de um mercado para a compra de produção excedente.

> *Foi bom porque lá pra nós, nós tinha muita manga, muita laranja, muitas dessas frutas, sabe? E não tinha pra quem vender. Então com a construção, com esta gente que veio, foi rapadura... foi muito bom. Eles trazia era caminhão de gado... Enchiam um caminhão, um pau de arara, lá de manga... dentro de uma semana sumia tudo!* (ALC/ RELATÓRIO..., 2011, s/p).

---

[20] Foi iniciado, no primeiro semestre de 1957, o aproveitamento hidrelétrico do ribeirão Saia Velha, com a construção da Usina Piloto Saia Velha, localizada quase na própria linha divisória do novo Distrito Federal com o município de Luziânia. Em 1958, foi concluída a obra, e inaugurada em 16 de maio.

Com os novos meios de escoamento da produção e a crescente demanda dos novos mercados, associado ao baixo preço das terras em Goiás, os empreendedores que eram atraídos chegavam com uma cultura diferenciada. Compras, cercas, grilagens. A população rural goiana era submetida a novas regras e diferentes códigos de conduta.

A comunidade de Mesquita interagia com o "novo" segundo seu conhecimento tradicional, que era diferenciado das regras que chegavam. O entendimento do novo processo não se dava em sua totalidade, pois eram diferentes percepções do mundo. Mudanças estavam só começando, mas o que viria pela frente era inimaginável.

A pesquisa bibliográfica mostrou que em Mesquita a produção do marmelo crescia substancialmente, a família e os casamentos também. A "época de Aleixo" foi um marco de mudanças na produção e na vida comunitária. Foi após o estabelecimento desse período de ascensão, entre as décadas de 1930 e 1940, que ocorreu um dos eventos mais significativos nessa nova etapa da história de Mesquita: por motivos de conflitos internos e assimilação parcial de novos códigos, houve a primeira divisão da terra entre dois troncos familiares de Mesquita — Antônio Grilo era da família Pereira Braga e Modesto era da família Teixeira. São dois troncos familiares descendentes das escravizadas herdeiras. Os mais velhos não sabem precisar o ano exato dessa divisão:

> Começou por uma divisão que construíram aqui neste terreno aqui. [...] Antônio Grilo e Modesto, tudo parente.
> Aí chamou a repartição. [...] Eles andaram brigando por conta disso, porque ficava tudo embolado aí, um tinha mais outro tinha menos. [...] Eles queriam mandar no deles. [...] Cada um queria a parte deles. Na divisão que eles queria, porque aqui era em comum, então eles queria tirar a parte deles e cada um ter o seu, né? Aí tirou, dividiu, uns cens alqueires pra um, uns cens alqueires para outro. Aí parou a briga. Acabou na divisão. [...] (C. P. B./ RELATÓRIO..., 2011, s/p).

> Dividiu pra mode não ter arengue! O negócio foi isso. Porque um já fazia serviço derrubando madeira na porta do outro, ele não aceitava aí começava a briga. Aí divide jica cada um no seu e pronto. (SLC/RELATÓRIO..., 2011, s/p).

Para fins deste estudo, as teorias de Boaventura de Souza Santos, em especial a ecologia dos saberes, foram a base para a apreensão e interpretação dos fatos históricos relevantes ao entendimento da situação atual do Quilombo Mesquita. Além da recuperação histórica, importam as questões identitárias que mantêm a estrutura social do grupo naquele território.

As pesquisas de campo não abarcaram a totalidade dos eventos passados, mas os aqui citados serviram para entender a relação desses com o presente. Mais do que os fatos acontecidos, é a interpretação e a escolha desses que dizem o que importa sobre o estudo em questão.

Não interessa a este estudo questionar a "verdade histórica", por exemplo, de um mito de origem, mas entender o que esse fato indica na memória comunitária e analisá-lo enquanto dado. A interpretação certamente revelará questões identitárias mais importantes ao objetivo da pesquisa. Na prática das "histórias de vida", ou dos relatos de domínio coletivo, não observei apenas o que "de fato aconteceu no passado", [...] mas também, com a mesma importância, as formas pelas quais o presente se relaciona com o passado (REVEL, 1988, p. 37-38).

Adicionada essa perspectiva, foi por meio da abordagem histórica da etnicidade e territorialidade de Mesquita que se apresentaram alguns dados fundamentais, como as formas de ocupação desses espaços em conflito por hegemonia que não seriam captados em uma abordagem isolada. Como diz Gusmão:

> O território expressa o momento inelutável do presente com o aqui e agora da existência, tanto quanto expressa o passado, sua tradição e sua memória. É assim, para ocaso dos grupos negros, uma terra de parentes, terra de preto, tanto quanto pode ser terra de herança, terra de mulheres etc., cada qual guardando uma especificidade complementar à outra, de modo a revelara polissemia dos próprios conceitos, sua realidade não fechada e comunicativa. Uma ou outra dessa dimensão conceitual aflora em contextos situacionais, posto que aí melhor se adapta ou melhor responde aos enfrentamentos (1995, p. 131 -132).

O território é soma de partes das realizações presentes e passadas, é a "[...] base do trabalho, da residência, das trocas materiais e espirituais da vida" (SANTOS, 2000, p. 96). No mundo globalizado, porém, no âmbito do território, apresentam-se verticalidades e horizontalidades. As verticalidades são forças manejadas pelas corporações transnacionais que controlam o sistema mundializado, impondo normas e padrões estranhos ao lugar, fragmentando e desfigurando o território. As horizontalidades, por sua vez, representam as singularidades produzidas no/e pelo território, que resistem às verticalidades. Estabelece-se uma relação dialética entre verticalidades vindas do exterior e horizontalidades geradas no território e no lugar; entre a imposição de regras manejadas à distância e a resistência das singularidades próprias da sociabilidade produzida na contiguidade e na proximidade, entre competitividade e solidariedade (SANTOS, 2000, 1996).

> No contexto da disputa entre verticalidades e horizontalidades, longe de desaparecer, o Estado é ágil suporte para viabilização do domínio pelas corporações transnacionais. Omite-se em relação às reivindicações sociais das classes desestabilizadas pela globalização, mas é flexível aos interesses do capital e curva-se diante das corporações, rendendo-se aos alegados aportes sociais de modernidade e emprego (SANTOS, 2000, p. 121).

Como Thompson (2008, p. 165) afirma, "a tradição se desritualizou". Isso não pressupõe o fim das tradições, mas indica novas ancoragens possíveis para elas. Numa visão crítica em relação à descrição de Lerner sobre o impacto dos meios de comunicação no ambiente rural do Líbano, Thompson afirma que:

> Na visão de Lerner, a persistência das maneiras tradicionais de viver e a adoção de estilos modernos de vida eram opções mutuamente excludentes, e a passagem da primeira para os últimos era mais ou menos inevitável. [...] [Entretanto] Para muitas pessoas, a opção de manter formas tradicionais de viver não exclui a adoção de modernos estilos de vida. Pelo contrário, elas são capazes de organizar a própria vida de tal maneira que integre elementos da tradição com novas e modernas maneiras de viver (2008, p. 169).

CAPÍTULO V

DIÁLOGO ENTRE TRADIÇÃO E MODERNIDADE

Não importa que esses guerreiros sejam, na verdade, vítimas de um conflito integralmente moderno, que vistam roupas civis e marchem cantando canções cristãs; na imaginação popular, eles são signos plenos do primitivo, álibis para um evolucionismo que os coloca do outro lado de um abismo intransponível que os separa de nós.
(Comaroff, J & Comaroff, J. Etnografia e imaginação histórica)

Diante de uma realidade em permanente mudança, é preciso escolher entre uma certeza do passado e uma nova realidade, em constante mutação. Para Giddens (1997), a modernidade reflexiva se refere ao processo de escolha entre as certezas herdadas do passado e as novas formas sociais, o que leva à reflexão ou, até mesmo, à alteração das práticas sociais, provocando a racionalização e a (re)invenção de diversos aspectos da vida em sociedade. A tradição passa por esse processo de racionalização.

Isso significa dizer que os conceitos e categorias relacionados à tradição são produzidos pelos atores sociais com o objetivo de atender às expectativas de suas próprias ações e à necessidade de relações significativas, em suas vidas.

Giddens (1991) continua seu conceito de modernização reflexiva, dizendo que as tradições são racionalizadas e (re)inventadas, e os símbolos, as suposições, as práticas, os preconceitos, as normas, as crenças e padrões de comportamento são (ditos) trazidos do passado, atuando como materiais simbólicos necessários para a autoformação da identidade individual e coletiva. A tradição molda o sentido que cada indivíduo tem de si mesmo e de pertencer a um grupo social. Evidentemente, à medida que os indivíduos ingressam em grupos sociais e conhecem os espaços construídos pela coletividade e pelas interações sociais vivenciadas por seus membros, passam a habituar-se a seus códigos e à sua sociabilidade.

Para Habermas (1987), essa solidariedade e esse autorreconhecimento é que mantêm a estabilidade do grupo. A (re)invenção das tradições é outro indício do processo de racionalização das tradições na modernidade tardia.

É possível criar, inventar, reinventar tradições e conferir-lhes a aparência de repetição. Consequentemente, símbolos, mitos de origem, percursos históricos, identidades, entre muitos outros elementos, podem ser criados e recordados, interpretados em permanência, atribuindo um caráter de continuidade, segurança e estabilidade à tradição. As tradições (re)inventadas baseiam-se na referência a um passado histórico e caracterizam-se por estabelecer com ele uma continuidade artificial, na medida em que são reações a situações novas impostas a sociedade. Assumem a forma de referência a situações anteriores, por meio da repetição quase obrigatória de práticas, símbolos, crenças, entre outros.

Assim, afirmo que o conceito de tradição usado aqui não representa uma categoria histórica, ligada à antiguidade, mas um recorte visando compreender as experiências vividas pelo grupo estudado, dessa maneira pode estar presente em muitos acontecimentos da atualidade.

Rodrigues (2010, p. 49) acredita ser necessário compreender a tradição relacionando-a com a percepção de modernidade, pois "[...] ambas designam representações do mundo que encontramos em qualquer época histórica", são maneiras diferentes de entender a experiência da sociedade por meio da relação entre elas.

> O pensamento tradicional resulta, portanto, das relações que o homem estabelece entre, por um lado, a totalidade dos fenómenos que integram a experiência humana e, por outro lado, as narrativas míticas que as celebrações rituais se encarregam de rememorar, de transmitir e de actualizar (RODRIGUES, 2010, p. 55).

> É essa natureza dinâmica da memória que confere revigoração e atualidade à tradição, que a desprende do passado e a torna presente. Pelo facto de a memória desempenhar a tradição uma função dinâmica, a rememoração mítica permite, não só a transmissão dos inventos do passado, mas também a integração num todo coerente das inovações, quer se trate da integração de novos membros na comunidade dos homens, através dos processos de iniciação, quer se trate de integrar a invenção de novos instrumentos e utensílios técnicos, destinando-lhes de antemão um lugar e uma função (RODRIGUES, 2010, p. 55).

A relação estabelecida entre modernidade e tradição, portanto, apesar de ser uma relação de tensão, não elimina as possibilidades de interação entre elas. São cada vez mais recorrentes as formas culturais em que ambas convivem mutuamente: apesar de se mostrar mais evidente nas artes, por exemplo, também está presente na organização cotidiana da vida, nos comportamentos, nos gostos, bem como nas formas de processar e transmitir informação.

5.1 A (RE)INVENÇÃO DAS TRADIÇÕES NO LÓCUS DA PESQUISA

Os moradores do Quilombo Mesquita, em grande parte, são parentes entre si e têm um tronco comum e uma memória que os remete à história dessas três famílias negras tradicionais já citadas. Antigamente eram conhecidos como "crioulos do Mesquita", de forma pejorativa, de modo a distingui-los dos outros moradores de Santa Luzia e excluí-los dos espaços de sociabilidade.

Atualmente, a comunidade busca ressignificar a origem étnica positivamente, como forma de assumir uma identidade própria e discutir as relações raciais. Agora, nos encontros que acontecem na comunidade, discute-se sobre o que é ser "negro".

O Quilombo Mesquita é um espaço onde ocorre a reprodução cultural, social, religiosa, ancestral e econômica dos moradores do povoado, numa referência a um passado histórico, como foi mostrado nos capítulos anteriores. Diante de uma realidade em permanente mudança, é preciso escolher entre uma certeza do passado e uma nova realidade, em constante mutação. De acordo com Habermas, o caráter reflexivo da modernidade está nesse processo de escolha entre as certezas herdadas do passado e as novas formas sociais, o qual leva à reflexão ou, até mesmo, à reformulação das práticas sociais, provocando a racionalização e a (re) invenção de diversos aspectos da vida em sociedade. É uma forma de se relacionar com a modernidade e a globalização, assim as tradições permanecem diferente de antes; hoje, entram em contato com elementos modernos e outras tradições passando por esse processo de racionalização (GIDDENS, 1997, 2002).

Isso significa dizer que os conceitos e as categorias relacionados à tradição são produzidos pelos atores sociais com o objetivo de atender às expectativas de suas próprias ações e à necessidade de relações significativas, em suas vidas. Assim a comunidade do Quilombo Mesquita tem sua forma de cuidar desses conhecimentos, que fazem parte do seu patrimônio e são preservados e transmitidos por gerações. Desse modo, é possível criar, inventar, reinventar tradições e conferir-lhes a aparência de repetição. Logo, símbolos, mitos de origem, percursos históricos, identidades, entre muitos outros elementos, podem ser criados e recordados, interpretados em permanência, atribuindo um caráter de continuidade, segurança e estabilidade à tradição.

As tradições (re)inventadas fundamentam-se em um passado histórico e estabelecem com ele uma continuação artificial, baseada nas novas situações impostas à sociedade. Adotam a forma de referência a situações anteriores, por meio da repetição quase obrigatória de práticas, símbolos, crenças, entre outros.

O pensamento ecológico, com especial ênfase à educação ambiental, surge como a necessidade de um conhecimento que satisfaça os vínculos, que busque interações e implicações mútuas, fenômenos multidimensionais, realidades solidárias e conflituosas, e que respeite a diversidade do todo, reconhecendo as partes e suas injunções. Emerge a vontade de dialogar nas diferenças sem tentar pasteurizar a dinâmica ambiental. Assume-se a crise, e, sem reivindicar o caos, insere-se no ciclo da vida e da morte sem desprezar as dificuldades (SATO, 2004).

Dialogar nas diferenças, compreendendo a importância do diálogo entre os saberes, ajuda a evitar a perda de conhecimento nessa fase da racionalização das tradições e reforça a importância de pesquisas como este livro para reforçar a identidade dos povos, respeitando a função holística e pedagógica que tanto transmite os saberes quanto os renova para manterem-se vivos, ajudando assim na salvaguarda de toda essa sabedoria fundamental na preservação da biodiversidade.

A pressão fundiária que sofre Mesquita e a supressão da vegetação, levando ao desaparecimento de outros recursos naturais, são empecilhos na transmissão dos saberes tradicionais ressignificados aos mais jovens, pois esse conhecimento é transmitido no dia a dia, na vivência do cotidiano. Como relata Edna Castro (2000, p. 171),

> [...] a natureza para as comunidades tradicionais é o lugar de constante observação e pesquisa sobre tudo o que faz parte do território e, principalmente, é o local onde são produzidos e reproduzidos os saberes tradicionais.

Assim, a falta, no dia a dia dessas populações, das matas e demais recursos naturais se traduz na falta de condições de aprendizagem do conhecimento tradicional.

5.2 OS SABERES OBSERVADOS NA COMUNIDADE

Um dos objetivos deste capítulo é conhecer as alternativas que a comunidade do Quilombo Mesquita usa para transmitir os saberes tradicionais intergeracionalmente e entender como são ressignificados e percebidos como práticas de reconstrução identitária pelos jovens da comunidade. Além disso, a necessidade de ampliar o conhecimento sobre a cultura quilombola e valorizá-la no conjunto do repertório cultural brasileiro foi um exercício etnográfico, tentando adentrar na lida cotidiana, nos fazeres e nas falas que aparecem nas narrativas, tornando presente pela memória e imaginação o encontro entre saberes e educação ambiental, motivo principal deste livro.

Vivenciei, como pesquisadora, a integração de elementos, como a questão ambiental, as ligações entre sociedade/natureza e as relações dos de fora/com os daqui e as interfaces possíveis desses fatores com a educação ambiental nesse grupo social tradicional.

Fazer referência ao Quilombo Mesquita como tradicional não significa rotulá-lo de "primitivo", mas sim afirmar que é um grupo social tradicional que possui uma história e uma relação muito próxima com esse ambiente. A localização da comunidade em uma área de vegetação típica de Cerrado, já muito antropizado, faz com que, mesmo com os conhecimentos que essa população ainda possui sobre o ambiente envolvente, passe por um processo de alteração/esquecimento das práticas habituais de uso do ambiente local. Ainda assim, é possível recuperar muitas informações sobre a flora da região.

A comunidade do Quilombo Mesquita possui familiaridade e uma relação não predatória no uso dos recursos do Cerrado, que pode ser observada no conhecimento ainda retido dos processos naturais de manejo, adquiridos pela observação dos mais antigos. A experiência desse modo de vida ainda é encontrada no quilombo; apesar da já falada pressão urbana sobre as terras rurais da comunidade, ali convivem com o misticismo e o imaginário, presentes nos saberes e processos de socialização do grupo.

Esses sistemas tradicionais de manejo não são apenas formas de exploração econômica dos recursos naturais, mas também revelam a existência de um complexo conhecimento adquirido pela tradição herdada dos mais velhos, de mitos e símbolos que levam à manutenção e ao uso sustentado dos ecossistemas naturais (DIEGUES, 1996).

Para os quilombolas, este livro tem vínculo e se relaciona com o processo da luta pelos direitos territoriais e a proteção do quilombo diante da ameaça da pressão fundiária sobre o território tradicionalmente ocupado por eles. Conhecer e divulgar os saberes do quilombo sinaliza caminhos para dar suporte a essa luta.

Como o objetivo desta pesquisa é dialogar e reconhecer a legitimidade dos saberes desse grupo social e analisar as relações dialógicas entre os saberes tradicionais e os processos de educação ambiental no quilombo, este capítulo pretende reportar algumas das ideias, percepções e sentimentos que fazem parte desses diálogos. Em seguida, aborda o saber local como um processo de investigação e recriação, bem como as contextualizações em torno do conhecimento natural como agente de preservação.

O conhecimento tradicional das populações sobre os elementos naturais hoje é desprezado por muitos; além disso, muitas vezes, são julgados como "ignorantes" por fazerem uso de remédios caseiros, chás ou "garrafadas" e não escolherem produtos da indústria farmacêutica. Esses fatos reafirmam a importância de estudos que busquem compreender e registrar o conhecimento empírico trazido secularmente por essa população.

A educação ambiental está presente no cotidiano do Quilombo Mesquita de várias maneiras. Tanto no modo formal quanto no informal, pode ser percebida em diferentes ambientes. As rotinas das famílias na comunidade apresentam-se cheias de simbologias que auxiliam na conservação dos seus fazeres.

A riqueza no Mesquita é construída coletivamente, falam sobre as formas de vida, os ciclos naturais, o clima, a vegetação, entre outros elementos; é parte da vida das pessoas, que conhecem o Cerrado que circunda a comunidade. É essa riqueza de saberes que age no uso e na manutenção da biodiversidade do Cerrado. Esses saberes são também os caminhos para a práxis de educação ambiental na comunidade, tendo esses conhecimentos como ferramentas pedagógicas para o diálogo de saberes.

Guarim Neto (2008A) afirma que lançar um olhar etnoecológico sobre o ambiente e as relações que dele emanam é, antes de tudo, desvendar os valores escondidos em mensagens que nem sempre são percebidas e que a sensibilidade é a base para esse entendimento.

Os saberes no Quilombo Mesquita são como sementes que, se cultivadas, vão contribuir bastante para qualidade de vida das gerações presentes e futuras que vivem na região. Os saberes desenvolvidos pela comunidade sobre propriedades, usos e características da diversidade biológica são a base do conhecimento tradicional e resultado de uma transmissão geracional; são parte do patrimônio cultural daquela comunidade, assim como a identidade étnica e o passado histórico comum do grupo.

Para melhor compreensão, uso a seguinte divisão dos saberes tradicionais:

Tradição oral – é a transmissão de saberes feita oralmente, pelo povo, de geração em geração. Esses saberes tanto podem ser os usos e costumes das comunidades como os contos populares, as lendas, os mitos e outros textos que o povo guarda na memória (provérbios, orações, adivinhas, cancioneiros, romanceiros etc.). Também são conhecidos como patrimônio oral, ou patrimônio imaterial. Por meio deles, cada povo marca sua diferença e encontra suas raízes, isto é, revela e assume sua identidade cultural (PARAFITA, 2005 p. 30);

História Popular – faz parte da tradição oral de uma comunidade e reflete os mais variados sentimentos da alma de um povo, seus hábitos, usos, costumes, personagens, lugares, sua hagiografia. Tem uma origem anônima;

Calendário festivo – são expressões cronogramadas anualmente, rituais que compõem as danças e danças, festas religiosas e pagãs; canções e música, instrumentação e criatividade;

Ciência tradicional e tecnologia – costuma-se chamar de saber ecológico tradicional, conhecimento que populações locais têm de cada detalhe do seu entorno, do ciclo anual, do calendário agrícola das espécies animais e vegetais, dos solos, da ciência popular em relação à ecologia etc.;

Sistema de saúde – expressão de equilíbrio entre homem e natureza, homem-homem e homens-deuses. A medicina tradicional integra os processos de etiologia, diagnóstico e terapia, plantas, rochas, rios e montanhas que curam. Especialistas em cura, classificação e iniciação e ritos de consagração, herbário e etnobotânica;

Artesanato – expressão material de acordo com os recursos materiais. Cerâmicas, têxteis, couro, culinária. Métodos e meios de produção. Instrumentos, tecnologia e produção e comercialização ou troca;

Conhecimento do ciclo de vida – saberes dos diferentes diversos ritos de passagem usados na comunidade, nascimento casamento e morte. Formas de socialização, da concepção ao nascimento. Formas interação entre social e afirmação de pertença, grupos de gênero. Visão hierárquica de níveis familiares e comunitários de reciprocidade. Ritos de passagem desde o nascimento (parteiras, compadrio, batizados). Ritos de passagem do casamento (namoro, casamento, espaço relativo, cerimônia em si, costumes diversos). Morte. Histórias de morte, propagandas, premonições, ritos comuns, formas de equilíbrio, reciprocidade. Os valores morais, éticos e espirituais.

Metodologicamente, para tratar dos saberes tradicionais a partir do conhecimento coletivo pesquisados no Quilombo Mesquita, é preciso entender o conhecimento além da biodiversidade. Contudo, para delimitar o foco da pesquisa, vou dialogar apenas com os saberes referentes ao meio ambiente, especificamente sobre o Cerrado, especialmente os saberes repassados e usados como forma de educação ambiental.

Analiso como as pessoas do Quilombo Mesquita lidam com esse bioma e suas especificidades, como educam seus filhos ao se referirem sobre o cuidado que devem ter com o espaço comum e como é a construção do imaginário das pessoas sobre esse tema, vou seguir o seguinte fio condutor: Tradição oral, História Popular, Calendário Festivo, Ciência tradicional e tecnologia, Sistema de Saúde, Artesanato e Conhecimento do ciclo de vida, frisando que o trabalho se ateve apenas a conhecimentos relacionados à biodiversidade.

5.2.1 Tradição oral

Ao caminhar pela rua principal do Quilombo Mesquita num dia de festa, pode-se observar a troca de saberes que acontece entre as gerações: jovens e crianças, velhos e adultos dividem conteúdos que não consigo listar. A feitura da marmelada, o cumprimento aos mais velhos, a alusão aos mitos e a religiosidade que aparecem em suas falas e atitudes são elementos que fazem parte do patrimônio cultural e tornam-se visíveis por meio da memória, na continuação de uma tradição impregnada de sentidos para a sobrevivência do grupo.

Com olhos atentos, que seguem os adultos enquanto conversam, ou trabalham na lida diária, jovens e crianças se familiarizam com as atividades, absorvendo-as e repetindo-as nas brincadeiras. As conversas entre os membros da família desempenham a função de completar os vazios deixados pela observação.

Para Amorozo (1996), o diálogo entre as gerações é de fundamental importância para conservar essas práticas tradicionais:

> Em sociedades tradicionais, a transmissão oral é o principal modo pelo qual o conhecimento é perpetuado. O conhecimento é transmitido em situações, o que faz que a transmissão entre gerações requeira contato prolongado dos membros mais velhos com os mais novos. (p. 11)

Muitas vezes, os entrevistados falaram que os momentos de conversas mais demoradas estão cada dia mais difíceis, já que os mais jovens mantêm uma relação de trabalho diária com as áreas urbanas vizinhas, perdem o interesse no trabalho rural, que segundo eles "é muito duro", além dos novos desejos de consumo que os atraem para outras coisas. Poucos demonstram interesse em ouvir os mais velhos.

A tradição oral foi definida como um depoimento transmitido oralmente de uma geração à outra. Vansina (2011) afirma que suas características particulares são o verbalismo e sua maneira de transmissão, que não utiliza de fontes escritas. Por sua complexidade, não é fácil encontrar uma definição para tradição oral que dê conta de todos os seus aspectos.

O autor (VANSINA, 2011) continua dizendo que um documento escrito é um objeto, um manuscrito, mas um documento oral pode ser definido de diversas maneiras, pois um indivíduo pode interromper seu testemunho, corrigir-se, recomeçar etc.

Uma definição um pouco arbitrária de um testemunho poderia, portanto, ser: *todas as declarações feitas por uma pessoa sobre uma mesma sequência de acontecimentos passados, contanto que a pessoa não tenha adquirido novas informações entre as diversas declarações. Nesse caso, a transmissão seria alterada e estaria diante de uma nova tradição.*

Nas comunidades étnicas como o Quilombo Mesquita, alguns idosos (griots) possuem memórias referentes a diferentes casos. Houve casos de uma mesma pessoa falar duas lembranças diferentes ao contar sobre o mesmo fato histórico. Um exemplo para a história da legitimação da aquisição da terra no Quilombo:

> [...] *Vieram muitos escravos pra cá, e três escravas registraram a terra depois de medir e pagaram no cartório. Vinha desde o Maria Pereira.* [...] *Uma dessas três escravas era mulher do meu bisavô* (S L C).

> [...] *afirma que a fazenda Mesquita foi "arrematada por oito primitivos". "Não herdou, arrematou".* [...] (S L C)

Duas recordações completamente diferentes, um mesmo informante e um mesmo assunto.

Memória coletiva é

> [...] o grupo visto de dentro, ela apresenta ao grupo um quadro dele próprio que sem dúvida se desenvolve no tempo, pois que se trata de seu passado, mas de tal maneira que ele se reconhece sempre nas imagens sucessivas [...] alguns fatos, personagens podem entrar ou sair da constituição deste memória, o essencial é que os traços que o distinguem dos outros subsistam (HALBWACHS, 1968, p. 78 e 79).

5.2.2 O maior dos saberes: a marmelada do Quilombo Mesquita – uma forma de resistência

A marmelada é o maior símbolo da cultura e tradição mesquitense e um símbolo de Goiás. Porto-Gonçalves (2010) afirma que

> [...] várias línguas ainda indicam que se sabe não só por meio da visão como nos indicam o mesmo radical para saber e sabor - sapere e sapore, do italiano, ou saveur e savoir, do francês. Sabemos que toda cultura se faz transformando o cru – a natureza – em cozido – a cultura (Lèvy-Strauss), no saber criar o sabor.

Há, ainda, muitos saberes inscritos nos fazeres; por exemplo, a marmelada é resultado de um processo histórico, político, cultural e ideológico do Quilombo Mesquita que foi repassado; é um saber que vai além da questão de "cor" ou "raça" da comunidade e de suas especificidades locais. Esse saber do quilombo vem de um longo processo de acumulação de saberes, práticas e experiências de vida de várias gerações ancestrais.

Além de promover o intercâmbio, a solidariedade e a integração entre os quilombolas e os "outros", a marmelada tem um caráter político, e a transmissão desse saber geracionalmente talvez seja a mais importante forma de resistência

A exclusão do negro, no Arraial de Santa Luzia, no período colonial, e sua invisibilidade hoje diante da globalização (representada pelos grileiros e fazendeiros do entorno do Quilombo Mesquita), que tenta invalidar os valores do grupo étnico para assim melhor dominar, a partir das diversas formas de invasão, de ocupação e incorporação de áreas nesse território, do fracionamento em pequenos loteamentos, fazem da Marmelada um instrumento de (re)construção identitária para esse grupo. Por isso defendo que a marmelada é um marco identitário étnico (re)elaborado pelos afro-brasileiros que formaram, e hoje formam, a comunidade Quilombola de Mesquita.

A história da marmelada produzida no Quilombo Mesquita inicia-se com o plantio do marmelo, as práticas de conservação e de armazenagem e o modo de preparar o doce. É um produto imbricado e impregnado de valor social e cultural. A marmelada é a expressão cultural representada num alimento, mas mais intimamente ligada ao sistema cultural mesquitense.

Rafael Pio (2009), engenheiro agrônomo, afirma que, no mundo antigo e no Brasil, poucos frutos como os do marmeleiro tiveram tão relevante papel. Enfatiza o autor que, mesmo com a importância econômica que teve para o Brasil Colônia, atualmente é difícil encontrar uma frutífera com esse valor histórico-social tão pouco difundido e estudado. As causas prováveis desse pequeno interesse devem residir na utilização pouco nobre do marmelo, principalmente como matéria-prima industrial e no incipiente consumo ao natural.

Figura 18 – Cozimento do marmelo

Fonte: foto Antonia Samir

Num dos mais antigos livros de receitas recolhidas entre 1400 e 1500, nos manuscritos da infanta D. Maria, aparecem duas receitas de marmelada: a "marmelada de Ximenes" e a "marmelada de D. Joana", sendo a de Ximenes mais parecida com a que se faz hoje no Quilombo Mesquita.

Na história das navegações portuguesas, são comuns referências às caixas de marmelada sempre levadas nas provisões de viagem. Em 1497, Vasco da Gama, na primeira viagem às Índias, embarcou nas naus a maior quantidade possível de marmelada para alimentação da tripulação que também serviu para presentear os povos que encontrou pelo caminho, os africanos da costa oriental de África, de Moçambique a Calicute.

Bergreen (2004, p. 29) afirma que Vasco da Gama perdeu grande parte da sua tripulação, cerca de dois terços, por causa do escorbuto, na viagem de descoberta porque ignorava que a marmelada que transportava os podia salvar. A doença é mais bem conhecida nas viagens marítimas do século XVI. Pedro Álvares Cabral também transportou o doce na expedição de descoberta do Brasil.

Em 26 de abril de 1500, após a celebração da primeira missa, foi servida marmelada como sobremesa ao jantar a bordo da nau.

Os marmeleiros foram introduzidos ao Brasil, em 1532, por Martim Afonso de Souza, de Portugal (Ilhas de Açores e Madeira), donatário da Capitania de São Vicente, que recebera do rei João. Introduziu, além do marmeleiro, a cana-de-açúcar. A cultura então se disseminou e adquiriu grande importância, tanto que a marmelada passou a ser o principal produto de exportação paulista no Brasil da época colonial, em que os doces eram comercializados em caixas e caixetas; poucos frutos, como os do marmeleiro, tiveram tão relevante papel e tão grande valor histórico-social.

Conforme pude analisar em diversos escritos da época, o cultivo do marmeleiro foi introduzido na Capitania dos Goyases por meio da Picada de Goiás:

> A Picada de Goiás interligava as Minas Gerais e o Rio de Janeiro com os arraiais auríferos goianos. Essa rota iniciava no Rio de Janeiro, passava por Minas Gerais, em São João Del Rei, atravessava uma imensa região pouco povoada, para chegar às minas de Paracatu. Daí adentrava a capitania de Goiás pelo importante registro de Arrependidos, na época localizava-se em Santa Luzia (Luiziânia) [...] (ALVARES, 1996, s/p).

Álvares (1996) afirma ainda que o primeiro pé de marmelo foi plantado, no município de Santa Luzia, em 17 de novembro de 1770, pelo capitão fazendeiro, João Pereira Guimarães na fazenda Engenho de Palma, próxima à região onde anos mais tarde se constituiria o Quilombo Mesquita. É possível que esse marmeleiro deu origem aos demais no estado. No entanto, as lembranças mais antigas dos moradores com relação às extensas plantações de marmelo que se formavam dizem respeito à época em que Aleixo Pereira Braga dispunha de grandes quantidades deste fruto, os quais também ganhavam em qualidade (SANTOS, 2009, p. 8).

Na época das minas, o açúcar era artigo de luxo, assim doces não eram comuns no cardápio dos escravizados, embora eles dessem um jeito de acrescentar à dieta a rapadura, a garapa e o melado. Com a disseminação do marmeleiro e da cana-de-açúcar nas terras de Goiás e o início da produção do açúcar nos engenhos, as senhoras faziam quitutes para serem vendidos nas ruas pelas escravizadas. Desse modo, as negras aprenderam a empregar o açúcar na culinária, e, com o surgimento dos frutos dos marmeleiros, aprenderam a técnica de fazer o doce com as portuguesas, assim nascia a tradição da marmelada no Arraial de Santa Luzia.

Vê-se que a marmelada está vinculada à formação social do Quilombo Mesquita e ao seu processo histórico-cultural. O trabalho é familiar, e os marmelais estão nas pequenas propriedades que restaram aos s quilombolas, ou seja, utiliza-se a terra com mão de obra familiar para produzir de forma artesanal o doce que é símbolo da própria comunidade quilombola de Mesquita. Esse saber/fazer culinário faz referência à autossuficiência e à organização comunitária, por meio da qual esses indivíduos resolveram um dilema fundamental de sobrevivência à época com a venda do produto. A produção da marmelada em Mesquita está imbricada no modo tradicional de a comunidade se organizar socialmente.

Os relatos orais apontam que a produção da marmelada está relacionada ao período colonial, responsável pelos anos de escravidão no Brasil, bem como está vinculada à subsistência das famílias mesquitenses e a um sentimento de pertença que se conserva na comunidade por meio desse saber. Assim o Quilombo Mesquita se torna uma unidade singular. Essa análise decorre da narrativa de um casal, sendo Tina, filha de Mesquita. Sua história de vida fala do tempo passado.

A infância de Tina foi no Quilombo Mesquita, cuidando da horta, das galinhas, dos porcos ao redor da casa, buscando lenha e água, na lógica da sobrevivência. Seus pais viviam da agricultura; por ser na época uma das atividades mais importantes do Mesquita, era comum os filhos seguirem a rotina dos pais no campo. Ela afirma:

> [...] assim que começa a entender o nome, as meninas carrega lenha e água, toma conta dos afazeres da casa, enquanto os meninos cortavam capim para alimentar os animais e ajuda na lavoura.

A produção do marmelo exige muita habilidade, desde o plantio da muda até a brotação das folhas; o preparo da terra é feito, depois abrem-se pequenas covas, coloca-se a muda e aperta-se a terra em volta.

Figura 19 – Marmeleiro

Fonte: foto Antonia Samir

No início, o marmeleiro é muito frágil e exige cuidados especiais; é uma planta de climas amenos. Em Mesquita a narrativa do declínio da produção de marmelo coincide com a época das mudanças ocorridas em função da pressão fundiária da construção de Brasília. O impacto nas relações sociais insidia diretamente nas relações produtivas. A produção do marmelo "ficou cara":

> *A doença do marmelo foi um pouquinho depois de Brasília. O remédio que vinha batia, mas não combatia doença nada! E mesmo da terra. [...] Isso aqui era marmelada pra quem não desse conta de fazer... Deu uma doença e matou. Doença da terra. E broca, foi invadindo. Com o espaço de tempo... Melhorava um pouco tornava a morrer (S L C).*
>
> *Os pés de marmelo foi acabando. Deu broca foi adoecendo aí foi acabando. [...] O povo foi largando de plantar também. [...] juntou com a doença. [...] Tinha que ser uma roça que desse conta de você mesmo tocar. Põe aí dez, vinte, peão pra trabalhar... Hoje você não põe nenhum (C P B).*
>
> *A doença foi essa. O povo parou de plantar e parou de zelar. Quando não zela a coisa aí morre. Acaba tudo (R).*

Existe uma linha de pensamento no Quilombo que atribui o enfraquecimento do cultivo do marmelo aos problemas normais da agricultura no Cerrado, muitos chamam de "doença da terra" e reclamam que a falta de incentivo para produzirem diminui a área plantada. Porém, ouvi de alguns quilombolas que foi a chegada da soja, ou seja, de uma nova lógica de produção no campo. Essa lógica capitalista lentamente entrou subsidiando a construção de Brasília e expandiu seus mercados agroindustriais, depois se impôs sobre a lógica do quilombo. Os produtores migrantes chegavam à vizinhança do Mesquita com novas ferramentas e ofertas de salários que a realidade local não poderia competir.

A marmelada no Brasil, em especial em Goiás, tem quase 200 anos de história e ocupa grande parte do tempo das famílias, estruturando a vida social, a partir de um ritual associado à atividade da preparação do doce. Tradicionalmente, o marmelo é um produto de sequeiro, cultivado anualmente no verão, o que significa dizer o sistema culinário inicia-se com a sementeira do marmelo, passando pela guarda da sementeira, pela monda (capinar erva daninha) e recapinar erva daninha) até a colheita.

Figura 20 – Caixetas com marmelada

Fonte: Slow Food

Sobre o marmelo, um antigo morador, conhecedor das práticas da agricultura tradicional desenvolvida em Mesquita, afirma existir uma "Ciência do Marmelo", pois é uma planta de ciclo longo e requer cuidados específicos no que diz respeito às técnicas necessárias para a plantação, poda e processamento do fruto em marmelada. Tal "ciência" foi apreendida pelos quilombolas de Mesquita ainda quando trabalhavam nos marmelais de José Correia Mesquita, o doador ou vendedor da fazenda Mesquita (SANTOS, 2009).

A marmelada, segundo a tradição oral, remonta ao chamado tempo dos antigos, e denomina-se "Santa Luzia" em referência ao antigo nome de Luziânia, pois é produzida desde antes da alteração do nome da cidade. Embora atualmente, devido às contingências históricas, haja poucos produtores, todos os mesquitenses evocam sua imagem enquanto legitimação do discurso étnico (SANTOS, 2009).

Santos (2009) referenda ainda que esse produto liga o Mesquita do passado ao Mesquita do presente, como uma prática cultural secular, conservada por poucos integrantes da comunidade.

São poucos os que não abandonaram o cultivo do marmelo e a produção do doce de forma tradicional e têm prazer em passar seus conhecimentos para os mais jovens. Ao transmitir esses conhecimentos aos mais jovens, eles herdam o significado simbólico da marmelada, que é ser uma tradição que une todos do Quilombo, passado e presente.

Os mesquitenses que ainda produzem a marmelada só o fazem para manter a tradição, já que pela rentabilidade não é uma atividade atraente, apesar da comercialização da marmelada ajudar em muito na renda de algumas famílias. A produção da marmelada leva muito tempo, além de a planta ter um ciclo longo e precisar de cuidados especiais.

A receita do doce é apresentada detalhadamente por um desses antigos produtores que ainda permanecem na atividade, desde a plantação do marmeleiro até a produção do doce:

> Essa aqui é a primeira muda, a primeira muda depois tira ela daqui, vai pra uma cova de 40 por 40, daí uma média de 5 anos, aí ela já começa a dar o fruto, depois de cinco anos... todo ano tem que podar. No primeiro ano... essa aqui tá no segundo ano, já vai mudar pra cova de 40 por 40, depois dela formada, aí vai levar cinco anos, todo ano podando na primeira crescente de julho e aí após cinco anos que ela muda pra cova, que ela vai ficar já no local certo, após cinco anos aí ela dá no primeiro ano uma quantidade mais pouca aí depois no segundo ano em diante ela só vai aumentando, só vai aumentando de produção e aí depois dela formada aí vem o marmelo pra fazer o doce. Aí tira o marmelo, prepara né, limpa ele, abre ele, cozinha, passa no "tinturador" [triturador], passa na peneira, no mesmo processo de peneirar... antigamente moía na máquina, hoje não mói mais, é no triturador pra moer o marmelo, depois da polpa dela pronta, a gente coloca ela em freezer ou em lata mesmo, lata de 18, 20 litros que é pra guardar de um ano para o outro. Então ela [a polpa] é preparada em sacos de 10 quilos coloca os sacos no freezer, aí ela fica... dura seis meses até um ano no freezer, só tira quando vai fazer o produto, quando vai fazer a marmelada, aí sucessivamente. Pra fazer um quilo de massa e um quilo e meio de açúcar que compõem a composição dela... se for quinze quilos de massa são vinte de açúcar, e aí até chegar ao ponto de colocar na caixete, não tem segredo. Aí coloca o açúcar na calda, faz a calda (no tacho fervente), depois da calda vem aquela puxazinha que engrossa até fazer a puxa, aí que vem a massa já descongelada, coloca na calda pra dissolver pra fazer... aí com trinta minutos já tá a marmelada pronta. A calda já é feita no tacho. Coloca o açúcar, a água, mais ou menos dez quilos de

> *açúcar, uns cinco litros de água, aí dissolve aí ela torna a fazer aquele melado né, aí quando dá o ponto, aí a gente já coloca a massa dentro, aí fica trinta minutos no tacho até o processo de colocar na caixeta.* (Seu João, 2012)

A marmelada é composta por ingredientes que vêm da terra cultivada na comunidade e açúcar, sem conservantes ou outros compostos. A descrição da receita revela a diferença entre o que se produz no quilombo, naturalmente, e o que se compra, entre o doce fresco e o industrializado. Quanto ao preparo, é comum uma só pessoa fazê-lo, mas outra pessoa é necessária na hora de colocar o doce nas caixetas.

Como se pode observar, a marmelada é resultado do cozimento do marmelo numa panela com a calda fervente, até "dar o ponto". Assim que o doce começa a ficar encorpado, é colocado em vasilhas, onde pode ficar por vários meses.

A marmelada se relaciona com a identidade dos moradores do Quilombo Mesquita que a ressignificam, ritualizando-a em um processo de afirmação territorial em defesa da sua permanência no território tradicional.

A marmelada traz em si um saber/fazer, ligado à vida do homem do Quilombo Mesquita, que, além de funcionar como elemento diacrítico, está associado ao passado histórico, ligando-o ao mito de origem. Assim, ela traz valores simbólicos que transmitem a ideia da tradição, que nessa situação é vista como em risco por causa das mudanças, é uma ferramenta simbólica e política. Em diversas ocasiões, a marmelada é lembrada nos discursos, nas denúncias à imprensa local ou nas falas nas atividades relativas a etnicidade do grupo.

Lévi-Strauss (2003) diz que o alimento expressa um sistema linguístico, que indaga sobre convenções e regras que regem os modos de saber-fazer, concebido como signo de um sistema integrado de relações, que nos conduz ao conhecimento das características de uma sociedade.

Há cerca de 15 anos, a oferta do marmelo no Quilombo Mesquita foi fortemente prejudicada pela doença, anteriormente referida, que se instalou nos marmelais. Para as famílias que plantam o marmelo, se originou a partir do início do plantio da soja nas fazendas no entorno da área do Quilombo. A disponibilidade local e sazonal do marmelo parece ser um dos elementos dessa identidade quilombola. Hoje, ainda que flexibilizada por uma maior oferta de marmelo e outros produtos provenientes do exterior, essa relação entre marmelada e sazonalidade permanece entre as famílias, indicando o tempo das coisas.

A permanência dessa relação encontra respaldo em valores simbólicos ligados aos critérios locais de identidade alimentar, associada à organização do trabalho das famílias. O marmelo frutifica de julho a setembro, do verão ao outono; assim, até o próximo verão, será consumido na forma de marmelada e outros doces, revelando vivências construídas e mantidas pela memória coletiva, às quais as novas gerações pertencem pelo simples fato de serem da mesma comunidade.

A marmelada fazia parte do dia a dia das famílias, que costumavam sempre tê-la em casa, tanto para consumo como para as visitas. Hoje, vai assumindo a categoria de sobremesa ocasional, adaptando-se como doce de festa, vendida em ocasiões festivas e para as pessoas de fora pelos poucos mesquitenses produtores. Foi transformada em ritual. Menasche (2009, p. 19) retrata que as "comidas rituais, próprias de festas, comemorações, ritos de passagem, implicam em cristalização. Essas comidas são portadoras de grande valor simbólico e, desse modo, marcadores da identidade do grupo". A autora acredita que essas comidas rituais "[...] são colocadas à mesa para reafirmar uma ancestralidade, uma tradição, um pertencimento à comunidade.

Continua Menasche (2009), afirmando que o que antes era um espaço tradicional, compartilhado por uma comunidade e vivido como natural e inquestionável (o sentimento de pertença), hoje está alterado pelas referências externas ao grupo. As pessoas do lugar perdem antigos referenciais, ao mesmo tempo que passam a ter acesso à liberdade de vivenciar outras experiências pela convivência entre comunidades de diferentes origens e culturas, característica não só de processos migratórios, mas também da globalização.

A marmelada tem funções identitária e normativa, visto que transmite um saber-fazer por meio da receita repassada de geração em geração. Porém, trata-se de uma identidade intemporal de sua ação como passado revelador do homem mesquitense, evocando, assim, a origem desse grupo. É bom frisar que o consumo do doce unifica as trajetórias individuais dos grupos etnoculturais iniciais (africanos e europeus), minimizando os efeitos das diferenças raciais. A marmelada nos remete ao mito de origem do Quilombo e invoca as memórias e identidades iniciais desses dois grupos antagônicos e até contraditórios (escravizado e senhor, pobre e rico etc.). Ela envolve um saber-fazer carregado de significados e emoções, a partir de uma visão simbólica que singulariza a identidade coletiva.

Ao analisar o processo de feitura da marmelada, a partir da etnografia, observa-se que ela cria um apelo que pode ser observado entre a diversidade de doces de mercado. No ato de fazer marmelada, o mesquitense se remete, se realiza historicamente e se mantém como grupo sobre o controle simbólico desse imaginário. Fazer o doce parece provocar uma sensação de bem-estar, uma espécie de retorno a origem, gerando, assim, certo controle sobre a nova geração de mesquitenses, que tende a relegar para o esquecimento o tradicional.

Mintz (2002, p. 18) diz que

> [...] a cozinha ancora-se num lugar onde se tem alguma referência de pessoas utilizando-se de ingredientes, métodos, receitas numa base regular de produtos. Nesse processo de tipificação das cozinhas de um país ou de uma região, alguns pratos se tornam representativos, marcas de orgulho e distinção.

No caso do Quilombo Mesquita, o doce do marmelo, além de ser um prato barato, ganha contorno nacional como representativo de uma região e de um grupo étnico. A marmelada nasceu das relações histórico-culturais entre português e africano. Tudo indica que as receitas foram produzidas de acordo com a realidade local, ou seja, em conformidade os produtos que havia naquele momento. Por exemplo, na falta de rapadura, houve a substituição por açúcar industrializado. Também na forma de conservação; como na safra precisam produzir com toda a fruta disponível, pois existe um período de escassez do fruto, os mesquitenses desenvolveram técnicas simples para a conservação do produto. Levam a polpa ao fogão de lenha e a cozinham com açúcar; antes de dar o ponto, a colocam em latas de 18 ou 20 litros, para guardar de um ano para o outro. Hoje a polpa é preparada em sacos de dez quilos, que são colocados no freezer, onde podem ficar de seis meses a um ano. Só são tirados para fazer o doce, garantindo, portanto, a produção durante o ano.

A marmelada age como indicador da identidade coletiva, além de nos remeter à marcação de fronteiras simbólicas. Como afirma Belasco (2008, p. 8), "[...] a identidade envolve considerações de preferências pessoais e também processos que representam quem você é e onde você está. Identidade inclui fatores, como as memórias pessoais".

Observei, durante a Festa do Marmelo de 2014, a grande afluência de moradores e fazendeiros de Luziânia; em conversas que tive com alguns deles, percebi o sentimento de "compadrio" entre os mesquitenses e os fazendeiros do entorno, sentimento de valorização do grupo étnico e do lugar que fez parte dos seus passeios de infância. Ouvi diversas vezes a frase: "conheço desde menino" ou "me conhece desde eu menino". Também observei a preocupação com a destinação e titulação das terras para os Quilombolas do Mesquita.

A "comida" é um identificador de quem somos, das nossas origens e do que representamos. As maneiras de os grupos se alimentarem e as memórias comuns em torno da comida reforçam as relações de identidade. Desse modo, a memória ligada às impressões corporais evocando percepções físicas trazem o sentimento de pertença: sentir o cheiro da marmelada me faz lembrar da minha história, da minha comunidade, do meu grupo. Os hábitos de uma região são a melhor via para se conhecer a herança histórico-cultural de um povo.

A marmelada e seu ritual de preparo possuem grande relevância social, uma vez que estão vinculados à formação social e histórica do Quilombo Mesquita, trazendo memórias de pertencimento, aconchego e, especialmente, a memória das origens. Apesar da rusticidade de seu preparo, é um doce que expressa um conjunto de práticas e relações histórico-sociais, assim como saberes coletivos, necessários desde a plantação do marmelo, passando pelas técnicas de conservação e de armazenamento, até sua transformação em doce. Entre os produtos culturais, a marmelada acumula uma expressiva significação simbólica, sendo uma das manifestações mais autêntica da identidade do Quilombo Mesquita.

Segundo o sr. C A R, tanto a marmelada quanto o açúcar de forma são produzidos em Mesquita há muito tempo, desde meados do século XVIII; os dois têm a mesma idade.

A produção do açúcar de forma se dá da seguinte maneira (reproduzo aqui trecho da entrevista com o sr. C, antigo morador):

> *Mói a cana e faz a garapa, coloca no tacho, com o tacho lá no fogo, você pega uma cinza de madeira, de preferência uma cinza mais limpa, e aí dependendo do tanto de garapa é o tanto de cinza, aí ela vai juntando todo o cisco, aí com uma escumadeira tira a espuma todinha, fica a garapa limpinha. Aí quando faz o melado, tem um ponto dele, porque se você coloca com ponto fraco dá pouca massa e muito melado, porque aquilo que você colocou lá tem dois sentidos, um é tirar a espuma, o outro é separar a massa do melado do açúcar, quando você coloca lá no cocho pra esfriar aí a massa açucara. Você coloca a forma assim com uma brechinha*

> *no fundo pra escorrer o melado, aí você vai com o bagaço de cana ou então palha e põe lá aí vem e coloca a massa, aí quando enche, você mete o macete, soca bem, arrocha e põe um 'achado' de barro em riba e deixa lá até secar. 15 dias pra secar, porque geralmente é no tempo bom. Quando seca você tira aquele torrão, ele dá uma massa grossa em riba, aquele negócio do barro com o melado, aí você roda e tira, aí fica limpinho aí é só cavucar. Se você quiser branquinho, tira a primeira camada e fofa mais, soca e põe outro barro. Teve uma vez na casa do finado Aleixo que não deu duas arroba de segunda, tudo de primeir ficou na história, tem muito tempo, eu era solteiro ainda.*

Tanto a produção da marmelada como a do açúcar de forma vêm sendo prejudicadas pela mudança no regime de chuvas, pela falta de disponibilidade de terras em quantidade e qualidade e pela nova lógica rural/urbana na qual Mesquita está inserido, principalmente os mais jovens.

De acordo com sr. C.:

> *[...] quando vêm as chuvas é época de plantar milho, arroz, feijão, mandioca. No passado era outubro, novembro e dezembro se plantava, hoje em dia se planta até em janeiro. Desde 85 as coisas mudaram muito, parece que diminuiu as chuvas, antes, em agosto o tempo vinha mudando, mudando, agora não tem mais isso, chovia muito, esses terrenos virava tudo lodo.*
> *A terra é muito porosa, ainda mais em ano de pouca chuva, aí não teve foi marmelo mesmo.*

Porém, outros fatores de ordem não eminentemente físico fazem a diferença para a produção da marmelada e do açúcar de forma. Como foi dito, as terras com vocação para o plantio do marmelo estão indisponíveis, por terem sido griladas ou vendidas. Também a quantidade de terras para plantar cana, que é a matéria-prima para a produção do açúcar de forma, é escassa. A conversa entre alguns quilombolas mostra o problema:

> *Senhor A- o marmelo tem que plantar em terra que aceita plantar marmelo, tipo aquela ali de G?... essa aqui e aquela nossa ali não é boa pra marmelo, aí eu te pergunto: o marmelo tem preferência de terra ou depende de quem planta?*
> *Senhor C - Tem preferência, sabe porque que eu digo pra vocês que tem preferência? Pra baixo é poroso, pra cima até topar lá na Cidade Ocidental pra esse lado aí, qualquer lugar que plantar marmelo dá bem, porque é uma terra barrenta, dura, e eu gosto é dessa, se tiver cascalho também não tem problema.*

> *Senhor B - falta terra também pra plantar cana... tem muitos (quilombolas) que tem o lugar deles e não pode entrar no outro, igual aqui, eles tomou conta do quintal todo dele aqui (quintal de Seu C), onde que ele vai plantar cana?*
> *Sr C - planto mais é pra incentivar, porque aí a gente vai incentivar e aí falam 'mas você não tem marmelo' - não tem, não, a terra é que não permite.*

Outro desafio enfrentado pela comunidade de Mesquita, no que tange ao resgate do plantio do marmelo e à produção da marmelada e do açúcar de forma, diz respeito a uma nova lógica em que aparentemente os mais novos não se interessam em plantar e fazer marmelada, o que coloca em xeque uma ótica essencialmente rural em Mesquita. Tal lógica está inserida nesse contexto urbano/rural ou moderno/arcaico que permeia as relações em Mesquita e em diversas outras comunidades ditas tradicionais, atualmente inseridas em um cenário moderno, marcado pela globalização, modernização e consumo.

5.2.2.1 A marmelada no movimento internacional Slow Food

A Slow Food é uma organização ecogastronômica internacional, sem fins lucrativos, apoiada por seus membros. Foi fundada, em 1989, para combater o estilo de vida Fast Food e o ritmo de vida acelerado. Hoje em dia, a Slow Food tem mais de 100 mil membros em 132 países.

Essa organização tenta impedir o desaparecimento das tradições alimentares locais, contrariar o desinteresse dos indivíduos pela alimentação, alertar para a origem dos produtos e para o impacto que as escolhas alimentares têm no resto do mundo. A Slow Food baseia-se no princípio da qualidade alimentar e do paladar, bem como na sustentabilidade ambiental e na justiça social — em essência é baseada num sistema alimentar "bom, limpo e justo". Essa organização procura catalisar uma mudança cultural ampla que fuja dos efeitos destrutivos do sistema alimentar industrial e do ritmo de vida demasiado acelerado que conduzem a uma degeneração cultural, social e econômica. Desse modo, a Slow Food defende um sistema alimentar sustentável, preservando as tradições alimentares locais e o prazer das refeições à mesa, criando um ritmo de vida mais calmo e harmonioso.

Assim como no Quilombo Mesquita, era no meio social e familiar que o conhecimento dos alimentos, das receitas e dos costumes era transmitido. Hoje em dia, essa transmissão tem se perdido em vários locais, e muitas sociedades lutam para preservá-la. Crianças e jovens raramente conhecem a origem dos alimentos que utilizam. Para a Slow Food, o paladar dos mais novos é formado por aquilo que a indústria alimentar lhes apresenta, assim o movimento defende a "[...] necessidade de promover uma campanha a larga escala para educar o consumidor, permitindo que todos os indivíduos estejam numa posição de escolher uma alimentação saudável".

O entendimento de todo o processo de um sistema alimentar deve acontecer por meio da educação, do estudo e do exercitar dos sentidos. Esse processo deve se dá ao longo da vida, em todas as idades. Todos devem ter o direito de aprender a usar os sentidos, o direito de ver como os alimentos são produzidos e de onde eles vêm. A escola se exime de providenciar uma educação culinária para os futuros consumidores. Por isso, a Slow Food "[...] acredita que os sentidos, quando treinados, possibilitam a escolha de uma dieta adequada, através da primazia da experiência sensorial: visão, audição, olfato, tacto e paladar. O indivíduo adquire os instrumentos de discernimento, autodefesa e prazer, que possibilitam a escolha de uma alimentação saudável e harmoniosa. A Slow Food sustenta que a educação do paladar/gosto é uma forma lenta de resistir à globalização.

Para a associação, o prazer de saborear uma refeição de qualidade deve ser combinado com o esforço para salvar a produção mundial de alimentos, que corre perigo de desaparecer, devido ao predomínio das refeições rápidas e do agronegócio industrial. Por meio de iniciativas, como a Arca do Gosto, Fortalezas e Terra Madre, a Slow Food pretende salvaguardar o inestimável patrimônio gastronômico mundial.

A marmelada do Quilombo Mesquita participou da primeira edição do evento Terra Madre, em Turim, Itália, em outubro de 2004. Esse evento faz parte do movimento Slow Food, que inclui tanto produtores como consumidores. Ele surge para construir uma rede internacional de produtores de alimentos e representantes de comunidades locais, chefes, acadêmicos e jovens com a finalidade de partilhar conhecimentos e costumes entre agricultores, pescadores, produtores e nômades de todo o mundo, que representam os repertórios de conhecimento moderno e tradicionais.

Com o evento da Terra Madre, a Slow Food criou as *Food Communities*, uma comunidade na qual os membros, apesar de distantes geograficamente, podem manter-se em contacto e enriquecerem-se mutuamente, graças a discussões inteligentes. Essa comunidade pretende também servir de suporte e espaço para discussões e trocas de pontos de vista duma forma colaborativa. Durante o evento, tornou-se claro que, apesar de separados por grandes distâncias e de estarem em estágios diferentes de desenvolvimento, esses produtores partilham valores e propósitos similares.

Muitas comunidades criaram laços comerciais e trocas técnicas. A Terra Madre teve, desse modo, um grande impacto nos participantes. Muitos dos pequenos produtores nunca tinham saído das suas pequenas aldeias e se viam no centro de um evento mundial, como o participante que representou o Quilombo Mesquita.

Hoje, a marmelada Santa Luzia está na Arca do Gosto do Slow Food, mas ainda inspira cuidados para que não se transforme apenas em memória, o que significaria uma perda irreparável ao cardápio popular do Brasil.

Segundo o coordenador da comunidade de produtores de marmelada e chefe da Divisão de Agricultura e Pecuária da prefeitura de Cidade Ocidental, João Antonino de Araújo, os contatos feitos com a Empresa Brasileira de Pesquisa Agropecuária (Embrapa) poderão ajudar na implantação de tecnologias que possam estimular a comunidade a retomar a produção. "Se não agirmos agora, essa tradição pode se acabar".

> Hoje, um dos filhos de Aleixo Pereira Braga, nascido na Fazenda Saia Velha, de propriedade do seu pai, dentro do Quilombo Mesquita, faz uma das mais deliciosas marmeladas de toda a região - e confeccionar artesanalmente as embalagens de madeira uma a uma, também inventa outras modas para agradar o paladar dos visitantes. Ele criou também a receita do licor de marmelo, que é feito a partir da água do primeiro cozimento do marmelo ao ser preparado para fazer o doce tradicional. Ele colhe o marmelo, limpa a fruta, tira a semente e põe para cozinhar. "É serviço para um dia inteiro", diz ele. A fruta cozida na água dá á calda e é essa a base da bebida onde se mistura o açúcar e a aguardente de cana. O cozimento é à lenha em fogo brando. O repouso da bebida já fervida se dá em tonéis que ele abre exclusivamente para nos apresentar. Com uma cabaça, ele retira o líquido que, de pronto, perfuma o ambiente. O sabor é levíssimo. Tem a doçura do seu criador e o gosto da tradição. (SLOW FOOD).

Dessa forma, a Slow Food defende uma nova atitude chamada por eles de ecogastronômica. Trata-se de um conceito científico que reconhece a ligação entre o prato e o planeta.

> A eco-gastronomia considera o consumidor como um
> co-produtor e não como um simples consumidor, pois ao
> ser informado de como os alimentos são produzidos e ao
> apoiar activamente aqueles que os produzem, o consumidor
> passa a fazer parte do mesmo processo de produção.

5.2.3 História popular

Quando falam do passado do Quilombo, os moradores costumam enfatizar um período, que se refere à prosperidade que existia no lugar, o tempo bom era o tempo de Aleixo. Santos (2009) afirma que o tempo do Aleixo era a época em que a plantação do marmelo existia na maioria das casas dos moradores daquele povoado; é relembrado, pelos mesquitenses, como o período em que as pessoas sobreviviam à custa da terra, em que era possível retirar boa parte de seu próprio sustento mediante a comercialização da marmelada, da farinha de mandioca, bem como da plantação de roçados, como feijão, arroz, milho e outros produtos destinados ao sustento daquela unidade familiar.

O Relatório do Incra (2011) fala que um vasto plantio e a preparação do doce eram orquestrados por Aleixo Pereira Braga, que, à frente da família, liderava a comunidade. Sua importância é tão elevada para a memória do quilombo que, assim como opera o mito de origem conectando todos os indivíduos de Mesquita às ex-escravizadas herdeiras, as "heroínas fundadoras", todos também descendem da força organizadora e produtiva do marmelo personificada em outro herói, Aleixo Pereira Braga.

Esse é um período que sinaliza um tempo de abundância de desenvolvimento e união social. Aleixo Pereira Braga foi o lendário líder comunitário que, com seu olhar empreendedor, deu uma organicidade a Mesquita. Catalão (2011) afirma que, entre o macrocosmo e o microcosmo, inscrevem-se as mitologias buscando reatar natureza e cultura, tal como um centro virtual, que se encontra em toda parte, e cuja função é exprimir uma experiência total do mundo que transborda os limites do pensamento racional. Sua linguagem é o símbolo, e sua origem, a imaginação.

Afirma ainda Catalão (2011) que a função simbólica, embora ancorada na realidade material, permite dar um sentido ao que não está imediatamente presente. Por meio dos mitos, cita Mircea Eliade (1999), que diz que as comunidades contam sua "verdadeira história", recuperando pela repetição da narrativa o sentido dado desde a primeira ocorrência de um fato. O mito conta uma história sagrada; relata um evento acontecido em um tempo primordial, o tempo fabuloso das origens; assim, graças à façanha de seres sobrenaturais, uma realidade ganha existência. O mito é sempre uma narrativa da criação.

Entre o céu e a terra, entre o sólido e o etéreo, encontra-se a água, assim como, entre a matéria e o espírito,, encontra-se o mito. Entre dois mundos, situa-se a terra encantada dos mitos, diz Joseph Campbell (2005). Nessa confluência dos espaços interior e exterior, são engendrados os símbolos, na cavidade uterina da morada da alma, como percebia Novalis. Os mitos revelam que as leis que regulam o espaço exterior estão inscritas dentro de nós. Os ciclos das estações também regulam nosso corpo, mesmo quando pretendemos desconhecê-los. Como percebia Teilhard de Chardin, em sua obra *O fenômeno humano*, nossos olhos são como olho.

A identidade quilombola foi reforçada no povoado de Mesquita principalmente pela ligação com a terra, pelo parentesco e origem comum e pelas necessidades políticas no que diz respeito ao reconhecimento dos direitos das minorias antes invisibilizadas pelo Estado.

O exercício de memória coletiva que explica a atual situação crítica é a lembrança e a reconstrução do passado como comunidade, forte nos tempos do Aleixo e atualmente fraca, por conta do encolhimento dos lugares disponíveis para a reprodução social e da baixa autoestima da comunidade diante da especulação imobiliária e dos fazendeiros, que representam as forças históricas e hegemônicas de opressão.

Os jovens conhecem a história, e há um grupo que se articula para interagir e dar prosseguimento às lutas pela posse da terra tradicional de seus pais e avós. É um grupo musical, autodenominado Som do Quilombo, que se reconhece como descendente e divulga as ações culturais do quilombo. Inclusive produz documentários e reportagens sobre o grupo étnico do qual fazem parte

O Instituto de Estudos Socioeconômicos (Inesc)[21] lançou o programa de rádio "O desafio de educação para comunidades quilombolas", elaborado por jovens moradores do Quilombo Mesquita, o mais próximo da Capital Federal. A iniciativa desenvolvida pelo projeto Onda, adolescentes em movimento pelos direitos, foi toda concebida pelas oficinas do projeto e pelos próprios jovens. Por meio do programa, os participantes trazem dados sobre o investimento na educação quilombola e mostram os costumes, a cultura, as tradições e a realidade do quilombo.

---

[21] É uma organização não governamental, sem fins lucrativos, não partidária e com finalidade pública. Tem por missão: "Contribuir para o aprimoramento dos processos democráticos visando à garantia dos direitos humanos, mediante a articulação e o fortalecimento da sociedade civil para influenciar os espaços de governança nacional e internacional".

Figura 21 – Fotografias feitas por jovens quilombolas para a revista *Descolados* – Inesc

Um evento que ocorreu em Mesquita entre os caminhos de acessos à Santa Luzia foi a História da Cruz de Simeão. É válida enquanto destaque, pois o trajeto em que se desenrolou seu enredo tomou-se sagrado para a comunidade.

> *Um [mesquitense] fez um trato com outro assim: se eu adoecer primeiro que você, você vai me levar pra Luziânia doente: o outro foi e adoeceu, e chegou no caminho ainda ia de 'bangue (você sabe, né? A rede). Aí chegou ali na Saia Velha, nas Lages — você vê uma cruz lá [antigamente]. Aí o que ia levando o outro doente, o sadio, foi que morreu naquele lugar. Aí foi naquele lugar enterrou lá e fizeram a cruz, chama cruz de Simeão. Aí o outro seguiu pra Luziânia doente e sarou ainda. Deve fazer uns 70 ou 80 anos. Quem me contou foi o finado Ageu. [... Eu lembro que quando nós ia de pé pra Luziânia a gente passava por essa Cruz de Simeão. A cruz não existe mais porque o povo arou tudo, tomou tudo, era cheio de aroeira...* (M.T.M./RELATÓRIO..., 2011, s/p).

Um enfermo é carregado por um homem sadio. No meio do caminho, o sadio adoece e morre. O doente finca uma cruz no lugar em que o amigo morre e, com esforço, consegue chegar sozinho ao destino. Esse caminho, até outro dia era considerado sagrado pela comunidade.

> *O povo de Mesquita em tempo de chuva colocava lata de água na cabeça, pedra na cabeça, ia tudo por lá no pé da cruz lá, rezar né, o povo tudo rezando e punha as pedras lá tudo* (HTM/ RELATÓRIO..., 2011, s/p).

As práticas religiosas executadas nesse trajeto perduraram até a perda de parte do território. Com o acesso a esse local restringido, falam que o povo foi desacreditando.

> *Eu lembro quando eu era pequenininho, tinha uns oito anos, vamos pra cruz de Simeão. As vezes naquela época que não chovia, e o povo queria que chovesse, e seca era meio grande, aí fazia a penitência, ia com lata d'água na cabeça, outro com cabaça d'água na cabeça, despejava lá tudinho, rezava lá tudinho, eles tinha fé e chovia. [...] O tempo foi mudando, o povo parece que vai não acreditando mais, nem rezar eles gostam mais* (MT. M/RELATÓRIO..., 2011, s/p).

> *[Este lugar da Cruz de Simeão] Fica fora, fica no fim de Mesquita [da terra ocupada atualmente]. E que o Mesquita antigamente era do Saia Velha pra cá, aí depois foi retalhando tudo e só ficou esse miolinho [...]* (MTM/RELATÓRIO..., 2011, s/p).

Foi também depois da perda substancial de suas terras que a comunidade desenvolveu outro tipo de relação com os ritos funerários e que a salvaguarda de sua memória foi abalada. Expressam dor em relação a essa situação:

> *O cara lá da 'Toca do Leão' mandou a gente exumar os corpos porque ia passar trator em tudo. Aí deu três dias pra gente ir lá tirar os ossos. A gente fez. Cavou, tirou os osso do meu avô todinho, pro trator não passar em cima* (SLC/ RELATÓRIO..., 2011, s/p).

Antes o local de enterro de seus mortos era na fazenda do núcleo familiar, junto aos mais antigos negros. Basta uma leve passeada no território de Mesquita para ver alguns pontos com cruz edificada.

> *Quando morria enterrava nas fazendas, junto com os antigos. Só depois que o povo começou com cemitério. Luziânia... Hoje enterra na Cidade Ocidental, mas antes era aqui mesmo, cada um no seu lugar. Tudo era diferente* (CBP/ RELATÓRIO..., 2011, s/p).

Hoje estão inseridos em um novo contexto e não lhes é permitido enterrar seus mortos no quintal de casa, nem expressam esse desejo. Porém, expressam um sentimento de injustiça e se sentem ofendidos quando algum local em que estão enterrados seus antepassados é desrespeitado.

Muitos desses locais não se encontram mais sob posse da comunidade, o que gerou uma perda de memória significante, pois as atuais gerações de Mesquita tiveram que romper com o culto e o conhecimento de seus ancestrais. Quando são perguntados sobre as localidades em que estão enterrados seus mortos, referem-se a muitos, mas sentem-se capazes de localizar apenas alguns dos pontos, em geral os mais próximos da área de circulação habitual.

> *Ih! Tinha é muito, porque cada um era num lugar, mas muito do povo já não sabe mais onde é. Perdeu tudo, né? Aí fica difícil de lembrar. Só mais velho lembra e lembra daqueles. Tem gente que vai saber falar... Mas de todos é difícil. Que era pra todo canto* (R./ RELATÓRIO..., 2011, s/p).

Os eventos futuros chegaram com força suficiente para invisibilizar boa parte da história da região e reduzi-la ao mínimo. A imponência da transferência da capital provocou uma grande reconfiguração de toda a lógica local.

5.2.4 Calendário festivo

Mesmo com o território comprometido pelas invasões, os quilombolas têm costumes e práticas culturais importantes para a socialização da comunidade. Tais práticas se materializam especialmente nos mutirões nas terras de domínio quilombola e nas festas tradicionais (Folia de Nossa Senhora D'Abadia, Folia de Reis, Folia do Divino Espírito Santo e Festa do Marmelo), que simbolicamente instituem relações e redes sociais que andam por todo o território quilombola, até mesmo o ultrapassa. Presenciei, durante a festa do marmelo, em Janeiro de 2014, a presença de membros da sociedade urbana de Luziânia, como gerente do banco, dono do cartório, médico, todos de famílias históricas e que durante a infância participaram com os pais e avôs das festividades no Quilombo. Essas relações se dão a partir do contato frequente ou esporádicos dessas pessoas que buscam participar das festividades religiosas e das festas tradicionais, muitas delas possuidoras de terras nas áreas circundantes ao Quilombo há várias gerações. Essa situação contribui para gerar um processo de construção do sujeito quilombola, construindo assim sua identidade a partir do outro, agregando valores ideológicos, percebidos a partir da corporeidade dos visitantes, nesse caso o visitante urbano.

Tive oportunidade de ouvir várias histórias sobre a região, inclusive pude estar presente numa conversa durante a festa do marmelo de 2014, em que antigos moradores de Luziânia condenavam a pretensão dos quilombolas de ter acesso à totalidade da terra por eles pleiteada. Por isso, o território reivindicado é avaliado como "[...] a menor parcela digna à sobrevivência, manutenção da memória, assegurando o caráter cosmológico, e as manifestações culturais próprias e manutenção da identidade em Mesquita". É contestada a reprodução física e cultural em Mesquita só no espaço que ocupam hoje com suas moradias e onde precariamente desenvolvem suas atividades culturais e de cultivo.

Figura 22 – Antiga Igrejinha Nossa Senhora D'Abadia

Fonte: foto Antonia Samir

As festividades começam em janeiro com a tradicional Festa do Marmelo, a qual se iniciou em 2002 para trazer visitantes para o quilombo e para celebrar o doce característico da região. O evento é realizado no espaço da igreja, onde, após uma missa, acontece o almoço e um tradicional leilão de prendas doadas pelos moradores e fazendeiros vizinhos. A Festa do Marmelo é um momento em que os antigos moradores de Luziânia, moradores de Cidade Ocidental, e de outras cidades da região, e os moradores do Mesquita se encontram. Observei, em conversas, que existe um profundo conhecimento entre os grupos, formado por fazendeiros e seus filhos das propriedades das áreas circundantes ao Quilombo; como eles se referiam: *"Nois se conhece desde moleque"*.

A festa termina com uma cavalgada pela manhã e um baile à noite com a escolha da rainha do marmelo.

Figura 23 – Participante quilombola da Folia de Reis

Fonte: foto Daiane Souza (Flickr-2012)

A folia de Nossa Senhora D'Abadia ocorre no mês de agosto, mais precisamente entre os dias 6 e 15, que é o dia de Nossa Senhora D'Abadia em Goiás e Minas Gerais. A folia consiste em fazer um percurso entremeado por pousos em residências, que podem ser tanto de quilombolas como de não quilombolas, fazendeiros, inclusive, para agradecer e louvar a padroeira do quilombo.

O contexto das festas no quilombo revelou uma comunidade que realiza um movimento consciente e planejado de conservação das tradições como importante herança. Algumas festas são reconhecidas em outras regiões como patrimônio imaterial. A Festa do Marmelo, por exemplo, além de um momento de confraternização comunitária, promove a educação ambiental, quando defende a preservação das áreas dos marmelais e a manutenção cultural e formação identitária, para valorização da tradição.

Ainda cabe dizer que o sentido de família chama grande atenção na comunidade: os familiares mantêm um pacto de solidariedade no qual auxiliam uns aos outros nas diversas funções comunitárias. As festas em São Pedro, por exemplo, são famosas pelos mutirões, nos quais os homens constroem a estrutura para os eventos, e as mulheres se responsabilizam pela comida.

O Relatório do Incra (2011) relata que a festa acontece com os foliões sendo conduzidos por um guia, que, por meio de versos, faz as saudações ao morador do pouso, também chamado de barraqueiro, aos Santos e à Nossa Senhora. O guia é o responsável pela liturgia da folia, por toda a cantoria aos santos. Na comitiva também seguem os cantadores. Nos pousos, a comida e a bebida são disponibilizadas pelo morador, também é nos pousos em que a catira (dança da região) tem seu momento de acontecer, após a novena. Depois da catira, começa o forró, que vai até a madrugada. A figura do cruzeiro de madeira, conduzido à frente da folia, com o retrato da santa, e a fogueira do último dia de folia são centrais na liturgia do ritual. O último pouso é na Capela de Nossa Senhora D'Abadia, situada no centro do território onde acontece a novena e uma grande festa.

A Folia de Reis e a do Divino Espírito Santo seguem o mesmo padrão, porém a primeira acontece em janeiro e tem como personagens centrais os Reis Magos; já a segunda ocorre em maio.

Muitos foliões e cantadores são de fora do quilombo, formando uma "rede" de folias e intercâmbio de informações, experiências e técnicas. Um antigo morador conta que viu guias de folia mulheres e dançarinas de catira, dança então reservada aos homens, em outras folias de Minas Gerais e Goiás. As folias também reafirmam as redes internas e a solidariedade entre as famílias do próprio quilombo de Mesquita. Como afirma Brandão (2008, s/p):

> O que acontece durante cada situação do ritual popular de uma Folia de Santos Reis, tão afetivamente envolvida de música, orações e trocas de bens entre foliões e moradores, não é mais do que a aglutinação de gestos e atos corriqueiros, que a situação ritual soleniza e oferta a todos os presentes

como uma cerimônia marcante e fortemente carregada de afetos, de símbolos e de intertrocas de bens, de serviços e de sentidos. Todos os "do lugar" compartilham crenças e conhecimentos comuns. Pouca coisa pode ser improvisada, e é porque desigualmente se sabe o que vai acontecer e desigualmente se sabe como proceder, que o rito recria o conhecido e, assim, renova a tradição; aquilo que se deve repetir todos os anos como conhecimento, para consagrar como valor comum. Renova um saber cuja força é ser o mesmo para ser aceito. Repetir-se até vir a ser, mais do que apenas um saber sobre o sagrado, um saber socialmente consagrado.

Figura 24 – Cantoria em pouso de folia

Fonte: foto Sandra Pereira

O preparo e a organização dos pousos são tarefas do morador, que recebe ajuda e doações de outros quilombolas; as redes são fortalecidas, e a coesão interna é reforçada por meio do ato simbólico de comerem juntos, orarem juntos e dançarem juntos. As comidas são parte importantíssima de todo pouso, pois seu preparo, sua doação e degustação revelam a generosidade e fartura da família que as oferta. Representa momento de compartilhamento da alegria e gratidão pela bênção recebida. Nesses espaços de sociabilidade, várias relações se estabelecem, planejam-se uniões, e indagam sobre casamentos.

Tal como são criadas nas folias relações entre foliões de diversos povoados do interior mineiro e goiano, tecem-se também laços, apadrinhamentos e relações de poder e trabalho entre os mesquitenses e fazendeiros que participam desses eventos.

A organização da Festa do Marmelo, por exemplo, fica a cargo de fazendeiros e quilombolas, não é só da comunidade. Na verdade a festa é feita pelos fazendeiros que possuem o papel principal; eles promovem discursos e leilões de reses de sua propriedade (para ajudar na construção da igreja matriz). Os quilombolas são expectadores e têm pouca atuação nessa festividade.

Ainda que os fazendeiros exaltem o marmelo e seu doce, são eles que realizam ações concretas em descrédito da tradição, por meio da ocupação do solo com plantações de milho e soja, além da especulação para a construção de condomínios, atos que inviabilizam a continuação da tradição e a composição social que lhe é própria.

Figura 25 – Sede da associação

Fonte: Facebook Quilombo Mesquita

Até nas folias, quando o protagonismo dos quilombolas é evidente, ocorrem situações que refletem as relações sociais estabelecidas em Mesquita desde meados do século XX. Segundo relato do sr. João Antonio Pereira, que consta no trabalho de Neiva (2007, p. 5): "Tem guia que chega na casa de um pobrezinho e faz uma cantoria singela. Mas na casa de um Barão, de um fazendeirão, aí vai saudar todo mundo e todos os santos. Aí perde o ponto da meada".

A corrida do marmelo, evento importante dentro da Festa do Marmelo, que era disputada na comunidade de Mesquita, atualmente é realizada na Cidade Ocidental, distanciando sua razão de origem.

A festa que sucede a última novena no último pouso (Capela da Nossa Sr1 D'Abadia) representa mais uma dimensão da dicotomia urbano/ rural que se instaurou em Mesquita e dos novos e mais abrangentes circuitos que os quilombolas começaram a interagir. Acontece nos moldes das "modernas" festas de peão, patrocinada pela Prefeitura de Cidade Ocidental e por outras parcerias, com direito a imensos palcos e famosos grupos e duplas sertanejas. A festa atrai centenas, senão mais de mil, de pessoas dos arredores para Mesquita. Na última edição, o número de não quilombolas foi bem maior do que de quilombolas, consistindo em um grande evento social da região.

Mesquita é um dos poucos locais no entorno de Brasília onde ainda sobrevivem aspectos culturais que não sofreram totalmente o desaparecimento das tradições pelos padrões hegemônicos ocidentais. Goiás viu a extinção de várias culturas por todo o seu território em prol do indiscriminado desenvolvimento e ascensão econômica pós 1950. Esse desenvolvimento foi alcançado muitas vezes com o aniquilamento e destruição do meio ambiente e dos grupos tradicionais que existiam por todo o território goiano. Nesse contexto, os moradores do Quilombo Mesquita lutam durante os últimas anos para recuperar as tradições e os vínculos culturais perdidos. De tal modo, a realização das festas tradicionais pelo grupo é uma prática na qual a comunidade relata sua importância como eventos que precisam ser mantidos para a manutenção e resgate dos valores, apego ao território pelas novas gerações e impedimento da usurpação total desses territórios.

Observei que todos os responsáveis pela organização das festividades o fazem com a intenção de que o evento não seja só de lazer, mas um meio para a manutenção da cultura, de defesa do território e do fortalecimento dos laços comunitários. Esses momentos ritualísticos são também ocasiões de formação da cidadania e comprometimento de seus moradores com o território onde vivem. Busco aqui analisar as palavras de Carlos Rodrigues Brandão (1974) sobre a festa como um momento de se aprender o amor: A festa trata do acolhimento do 'outro', na hospitalidade desses momentos além da doação da festa e do espaço, tem a doação de si mesmo, criando um elo de sintonia onde se trocam gestos de reconhecimento, momentos de aprendizagem de saberes e declarações de respeito e gentileza e, do mesmo modo, doam-se a si próprios (BRANDÃO, 1974, p. 43).

5.2.5 O terreiro de casa, lugar de saberes

> [...] E o seu fruto servirá de alimento e a sua folha de remédio.
> (Velho Testamento - Ezequiel, 47:12)

A ciência tradicional engloba todos os conhecimentos da comunidade associados ao uso da biodiversidade. Tais conhecimentos trata-se de maneiras e técnicas de manejo de recursos naturais, métodos de caça e pesca, até conhecimentos sobre sistemas ecológicos e espécies com propriedades farmacêuticas, alimentícias e agrícolas.

Figura 26 – Galinheiro em quintal quilombola

Fonte: foto Antonia Samir (2011)

No Mesquita, hoje, os espaços usados como alternativa segura para o plantio e a criação de animais são os (terreiros) quintais, substituindo as áreas comunais, que todos podiam usar para diferentes fins (pasto, plantio, lenha, remédios etc.). As terras de uso comum, acessíveis à comunidade, com a expropriação advinda da construção de Brasília e com a grilagem crescente, se reduziram, fato que vem se agravando com o aumento da demanda por áreas para parcelamentos de caráter urbano, afetando as práticas tradicionais de acesso e convívio com a terra e o Cerrado circundante.

É preciso memorar que a noção de propriedade para a comunidade de Mesquita se diferenciava da prática governamental que se lançava com hegemonia. A comunidade tenta se adequar a essa realidade restritiva em relação ao seu meio ambiente e ao seu contexto social. A limitação dos recursos e a busca de segurança diante dos novos "vizinhos" levou os moradores da comunidade a desenvolverem estratégias de uso desse espaço, buscando utilizar os recursos agora reduzidos de uma maneira mais eficiente.

> *Aqui era só Cerrado e tinha muitos animais. Hoje eu ando e só vejo casas, Tudo se desenvolveu muito, mas também aumentou a violência e isso também afeta o Mesquita. (O. P. B. 76 anos).*

Para Amorozo (2006), cultivar e cuidar das plantas envolve muito de afetividade. Em comunidades agrícolas tradicionais, as crianças aprendem desde quando acompanham os adultos às roças e tomam parte nas atividades cotidianas. Quem aprende a plantar não abandona o hábito tão facilmente, mesmo quando se muda para ambientes mais urbanizados. "Se as antigas roças estão sendo substituídas por monoculturas altamente mecanizadas, resta ainda o quintal, o jardim, o pomar, a horta, que retratam a conservação desse modo tradicional de vida" (AMOROZO, 2006, s/p).

É nesse contexto que desenvolvi esta pesquisa, visto ser os terreiros de casa o lugar onde as famílias se socializam e vivem sua cotidianidade, categoria cunhada por Tuan (1983) para se referir à experiência com o lugar de uma pessoa ou grupo, a familiaridade com aquele espaço, criando ali relações e intimidade.

Observei, durante minha pesquisa de campo, que, além de os quintais estarem substituindo as áreas usurpadas da comunidade, o local também é onde são repassados os saberes tradicionais arquivados por aquela família. Constitui um importante meio de repasse de saberes, por meio da criação de animais domésticos, do cultivo de hortas e produção de frutas (MATOS, 2007). Dessa forma, os quintais rurais funcionam como verdadeiras despensas naturais, onde as mulheres podem recorrer durante o preparo das refeições diárias (OKLAY, 2004). Esses quintais além de proporcionarem segurança e qualidade alimentar para os agricultores do município, desempenham diversas funções socioambientais, pois, em quase todas as casas, existem, agregadas às outras plantas, árvores típicas do Cerrado — algumas com função alimentícia, outras farmacológicas e outras simplesmente pela beleza.

A produção diversificada de alimentos garante a soberania alimentar da comunidade. Em cada época do ano, frutas, verduras e legumes diversos cultivados na própria terra compõem a mesa dos moradores. Dessa maneira, além de uma garantia nutricional, traz economia para as famílias.

Observei que nos quintais são preservadas algumas árvores do Cerrado de valor alimentício, muito respeitadas pela comunidade, como o jatobá, o pequi baru, guariroba (gueroba) e o buriti. Plantam também mandioca, milho, abóbora, cana e feijão. Em todos os quintais que visitei, cultivam-se frutas, como tangerina Ponkan, abacate, laranja, goiaba, banana, manga, limão e mamão.

> *O pequi se morder enche a boca de espinho, tem que roer, porque ele tem espinho entra na língua* (ELC 13anos).

> *Eu ajudo minha vó a tratar dos bichos, eu sei cuidar, aprendi com ela, sei quando a galinha botou ovo, sei quando ela tá choca.* (W 16 anos)

Os animais são criados em cercados ou soltos, para isso os moradores utilizam processos que impedem a saída da área delimitada, como: cortar asas, amarrar os pés ou as patas (pear). Existem também os "chiqueiros", onde se criam porcos para a produção de carne e banha para o consumo familiar anual; termina de engordar um, já entra outro "capado" para engorda. Já a criação de galinhas caipiras e umas poucas galinhas d'Angola são para o consumo da família.

A união de várias plantas em um mesmo quintal é uma forma de facilitar os cuidados, pela proximidade com "a porta da cozinha". Nesse "terreiro" imediato, sempre tem o plantio principalmente de alimentícias e medicinais *"prá despesa"*.

Entre as espécies de ervas e condimentos, observei cebolinha, cheiro verde, mastruz, poejo, boldo, erva cidreira, sabugueiro e legumes (chuchu, abóbora, mandioca). O que é produzido nos quintais serve também para a "troca" num sistema de intercâmbio e ajuda que existe na comunidade e da sua função de regulação e união social.

> *Minha família dizia que antigamente tinha muito mais frutinha no Cerrado do que hoje, hoje as frutas a gente tem aqui no quintal mesmo, mas se não tem aqui tem no vizinho, que é mesmo que ser nosso. Aqui a gente divide essas coisas que dá no quintal...* (W, 16 anos jovem da comunidade).

No cotidiano da família, os intercâmbios dos saberes sobre ervas medicinais produzidos e o resgate desse saber local são citados e avaliados pelos jovens como patrimônio que os enriquecem na comunidade.

O QUILOMBO QUE GEROU BRASÍLIA: OS ACONTECIMENTOS SILENCIADOS E A HISTÓRIA CONTADA A PARTIR DA PERSPECTIVA DO QUILOMBO MESQUITA

Quadro 1 – Espécies medicinais encontradas nos quintais do Quilombo Mesquita, parte utilizada e forma de uso

Espécie	Nome científico	Modo de propagação	Parte utilizada	Forma de uso
Açafrão	*Curcuma longa*	Rizomas, estacas de rizoma, em viveiro	Rizoma	Chá (infusão), gargarejo, compressa, bochecho
Alecrim	*Rosmarinus officinalis*	Sementes ou estacas em viveiros	Folha	Chá (infusão), banho, bochecho, gargarejo, compressa
Alfavaca	*Ocimum sp.*	Sementes ou estacas de galho em viveiro	Folhas	Chá (infusão), banho, bochecho, gargarejo, compressa
Anador	*Justicia pectoralis*	Sementes, estacas de galho, em viveiro	Folhas	Xarope, infusão
Babosa	*Aloe vera*	Brotos direto no campo	Folhas (suco)	Maceração, cataplasma, compressa, pó da folha
Boldo	*Plectrathus barbatus*	Estacas de galho, em viveiro	Folha	Infusão, maceração
Capim limão	*Cymbopo-gon citratus*	Divisão de touceiras	Folha, rizoma	Infusão
Erva cidreira	*Lippia alba*	Estacas em viveiro	Folha	Infusão, inalação
Erva de Santa Maria	*Chenopodi-um ambrosi-oides*	No campo, por sementes	Ramos	Sumo da folha, compressa, chá, cataplasma, repelente
Guaco	*Mikania glomerata*	Estaca de folhas, mergulhia	Folhas	Infusão, xarope
Hortelã vick	*Mentha x arvensis*	Estaca de galho ou divisão de touceira	Parte aérea	Infusão, inalação, compressa, banho

Espécie	Nome científico	Modo de propagação	Parte utilizada	Forma de uso
Hortelã rasteira	*Mentha x vilosa*	Estacas em viveiro	Parte aérea	Infusão, folhas frescas
Maracujá	*Passiflora alata*	Sementes	Folhas	Suco dofruto, infusão das folhas
Poejo	*Mentha pulegium*	Estaca de ramo em viveiro	Parte aérea	Chá
Quebra pedra	*Phyllantus niruri*	Sementesou muda coletada nomato	Parte aérea	Chá
Romã	*Punica granatum*	Sementes em viveiro	Frutos	Decocção casca do fruto, bochecho, gargarejo
Tanchagem	*Plantago major*	Sementes em viveiro	Folhas	Banho, chá

Fonte: adaptado de Bieski (2008)

Alguns quintais possuem hortas no sistema mandala. Essa técnica consiste em plantar os vegetais em um círculo concêntrico em que há pequenos caminhos para que os agricultores possam transitar sem pisotear os frutos, as leguminosas e as verduras. Os alimentos mais comuns nas hortas são alface, tomate, mandioca, abóbora e cebola.

O cultivo de hortas foi construído com o apoio de instituições. Associação Renovadora do Quilombo Mesquita promoveu várias capacitações junto aos moradores para a agricultura familiar, consistindo tanto em formação de áreas de plantio e produção de hortaliças quanto para o viveiro de mudas, os processos de reflorestamento e educação ambiental. Ao apoderar-se desses saberes, os quilombolas adquirem uma atividade de complementação da renda.

A produção é levada toda semana para a área comunitária onde se processam a pesagem e o agrupamento para, em seguida, ser recolhida por escolas e organizações sociais e beneficentes. Esse trabalho é todo voluntário pelos próprios quilombolas que destinam um tempo para sua execução.

O quilombo se associa ao Programa de Aquisição de Alimentos (PAA), do Ministério de Desenvolvimento Social, e ao Programa Nacional de Alimentação Escolar (PNAE), do governo federal. Também tem parcerias com a ONG Rede Terra e Companhia Nacional de Abastecimento (Conab). Atualmente estão tentando vender a produção ao Ceasa, pois, graças às boas terras, os produtores têm conseguido produzir além do que os programas citados e a venda em feiras da cidade conseguem absorver.

Figura 27 – Horta em Mandala

Fonte: foto Antonia Samir (2012)

A confecção de artesanato com madeira é feita por um morador tradicional do quilombo. Seu Zé reproduz na madeira todos os instrumentos usados na sua época de infância, como carro de boi e engenho de cana, além de fazer o açafrão de forma artesanal e secular, de onde ele tira a renda para sua família. Esses produtos são comercializados na própria comunidade a visitantes e aos moradores.

5.2.4.1 O viveiro e as mudas para reflorestamento

A comunidade quilombola de Mesquita desenvolve ações de reflorestamento. Existe hoje um viveiro com cerca de mil mudas de diferentes espécies para serem plantadas nas áreas desmatadas e nas margens dos córregos e riachos da comunidade. É notório o desejo dos moradores de aumentar essas produções de mudas, pois o local tem uma grande área a ser replantada e retornar a ter o seu potencial natural. Sobre o assunto:

> Os conhecimentos das formas de manejo e de uso das espécies, de rios, lagos e solos por esses grupos de antiga ocupação têm, na nossa percepção e sensibilidade, grande importância, pois, na afirmação positiva de complementaridade e alternabilidade entre extravismo e agricultura em sistemas ecológicos particulares (e

sempre que a irracionalidade de mercado não compromete seus níveis de reprodução biológica), encontra-se a chave de economia e preservação da Amazônia. [...] Esse saber valioso sobre manejo e preservação geralmente não é incorporado pelas empresas e por órgão oficiais [...] (ACEVEDO; CASTRO, 1998, p. 31).

Uma das antigas moradoras se refere assim ao viveiro:

> – *Aquele Viveiro lá, é pra reflorestar a nascente, pra render mais a água pra trazer pro local, então é um trabalho que vem com este projeto. Nós estamos com outro projeto que é do Viveiro Ornamental e estão fazendo pro quilombo, pra gerar renda, pra trazer alguma coisa que beneficia o quilombo, e a Rede Bartô. A rede é forte, tem gente demais... Foi um curso que nós fomos lá e nós pensamos uma forma que podia fazer com o rio, [...] ai nós fez esta rede, que é todas as águas que vem aqui em volta cai dentro do rio, e o rio tava ficando muito degradado e os projeto está trabalhando pra trazer um futuro melhor pro rio, pra mais água, mais limpeza no rio, que o rio tá bem degradado de sujeira e estas coisas, vai ter tudo isso, que é preservando a natureza o rio aparece mais, é protegido o rio e cria mais parte de suas terras não chega água porque o córrego foi desviado por um fazendeiro o que deixou sem água os demais moradores(SP, liderança quilombola))*

Figura 28 – Viveiro no Quilombo Mesquita

Fonte: Rede Bartô (2013)

O viveiro existe em associação à Fundação Banco do Brasil com a Rede Bartô, que colabora na comercialização de plantas ornamentais, na permacultura e na proteção do rio São Bartolomeu.

5.2.5 Sistema de saúde

Mesmo com um posto de saúde na comunidade, eles fazem uso do conhecimento da medicina popular dos seus ancestrais, que são repassados aos mais jovens, mediante as ervas medicinais.

Existe uma grande variedade de plantas no quilombo, e os moradores têm um enorme conhecimento sobre ervas medicinais, que são usadas na terapêutica local, Além disso, há as rezas tradicionais e benzeções que revitalizam a identidade comunitária, algumas doenças são tratadas com "remédio de farmácia".

Cuéllar (1997) observa que a relação entre natureza e cultura deve fundamentar-se no conhecimento tradicional das comunidades locais, buscando incentivar projetos de educação ambiental e a gestão sustentável dos bens coletivos, visando, dessa forma, unificar o conhecimento empírico ao científico. Além disso, o conhecimento popular sobre o uso de espécies vegetais nativas pode contribuir para o resgate e a preservação da cultura popular (BOTREL *et al.*, 2006).

> *Quando eu era criança era muito sofrido, muito trabalho, a escola não tinha grau alto, só estudava até a quinta série que o professor só podia lecionar até a quinta série [...] e trabalhar- ai o trabalho nosso aqui era na roça. E dava pra sobrevier da roça, dava; a gente sobrevivia bem, comia tudo natural mesmo, era tudo que se plantava, não tinha química nenhuma na comida. Agora hoje tá cheia de química a comida, as pessoas vivem doente. O remédio era no campo, a gente ia aprender. O meu remédio eu uso porque aprendi. À vezes, tá doente...a gente mesmo faz e toma, nós temos alguns curativos [...] "velano branco", um bocado de raízes, muita raiz. Eu não sei de onde vem este conhecimento deste povo – do pessoal mais velho, dos escravos pra cá, da África? Pode ser.*
>
> *È tem muita gente que tem conhecimento da raiz, tem muita gente que trabalha com a garrafada e se dá muito bem; aqui tem um negro que se curou da cirrose, tem um monte de gente que vem do hospital pra morrer aqui, mas chegou aqui e dava o remédio e está aqui até hoje pra contar a história. E aqui no quilombo é muito bom, é tão bom que o povo ta querendo invadir, mas nós não deixa, nós estamos trabalhando. E querem tirar das pessoas, – nós não aceita, nós somos quilombo até o fim, não adianta. (depoimento de Morador ao site Ancestralidade Africana)[22]*

As ervas mais usadas são: erva-de-santa-maria, cujas folhas são fervidas como chá ou xarope para verminoses, expectorante, estimulante e diurético; hortelã-do-campo, chá para dores estomacais e vermes; arnica, cujas folhas e ramas são colocadas no álcool, usada para machucados, e erva-cidreira,

---

[22] Disponível em: http://ancestralidadeafricana. org. br/?page_id=132. Acesso em:

chá calmante e antigripal. Do broto de goiabeira, usam-se as folhas mais novas e as cascas para um chá para combater diarreias, disenterias, dores de dente e aftas. A casca do caule do barbatimão é fervida e transformada num chá para diarreias. Esses conhecimentos foram adquiridos com seus antepassados e diariamente são repassados aos mais jovens (POTT, 2004).

É comum o uso de ervas na pinga em alguns bares do quilombo. O saber tradicional, em relação a alguns tratamentos que fazem parte da crença popular, ainda são passados de geração em geração. Com a diminuição da área de Cerrado no entorno do Quilombo Mesquita, plantas medicinais nativas não são mais encontradas com facilidade, a busca então é feita em lugares mais distantes, ou encomenda-se a quem vem de fora, assim fazem mudas, que são plantadas no quintal.

Figura 29 – Mastruz ou Erva-de-Santa Maria

Foto: Flickr (2014)

O saber local sobre plantas e ervas medicinais é, na maioria das vezes, demonstrado em conversas com os mais idosos da comunidade (incluindo as donas de casa, os raizeiros, as benzedeiras, as avós etc.), que trazem esses conhecimentos recebidos dos antigos. A recuperação dessas informações é indispensável, pois esse conhecimento serve de ajuda para saber a potencialidade medicinal da flora do Cerrado, ajudando no debate ao uso dos recursos ambientais e utilizado como um instrumento para educação ambiental.

Hoje em dia, as plantas medicinais são estudadas sob diferentes enfoques, A interdisciplinaridade é um caminho para se conhecer o potencial e a riqueza vegetal e para orientar as atividades de educação ambiental com essas populações.

5.2.6 Conhecimento do ciclo de vida

No Quilombo Mesquita, a vida social está organizada em função da divisão do trabalho no cotidiano das famílias. A mulher tem um papel fundamental no que diz respeito à satisfação das necessidades da família e à manutenção da casa. Ela também é responsável pelo cuidado com a horta e os animais. A casa não fica restrita só ao espaço construído, mas inclui também "o terreiro", local que rodeia a casa e onde se criam pequenos animais, como: cabra, galinhas e porcos, para o sustento da família. Essas atividades não são um trabalho só da mãe, inclui também os filhos.

A mãe, detentora de um saber adquirido, colabora para o fortalecimento e a reconstituição da tradição oral, incentivando os filhos, durante a lida cotidiana, a "fazer do jeito certo" o manejo com as plantas e os animais do quintal.

Na preparação da horta, a mulher faz uso de ciscos que varrem do quintal e esterco de gado para fertilizar a terra com adubos naturais. É desse modo que a maioria das mulheres mesquitenses acaba sendo guardiã de saberes locais em relação ao ambiente. Junto à porta da cozinha, é comum cultivarem ervas para remédios, como losna, sabugueiro, alecrim, arruda etc., usados em "casos de precisão" para a própria família ou para a comunidade.

Antes, as famílias no quilombo usavam as panelas de ferro, fortes e apropriadas para o fogão de lenha; hoje, a maioria usa panelas de alumínio. Observa-se também a presença de fogões a gás, o que indica assimilação de meios da modernidade ainda que muitas famílias cozinhem no fogão de lenha.

Figura 30 – Fogão típico em casa quilombola

Fonte: foto Antonia Samir (2012)

A lenha para o fogão fica guardada no canto da cozinha. Sempre há, perto ou no "rabo" do fogão, bancos para a família se sentar; nas conversas "ao pé do borralho", as mães, avós, os mais velhos transmitem conhecimentos aos filhos e netos, em forma de causos e estórias. São saberes e experiências de vida repassados de geração a geração. Nesse caso, tem-se o cruzamento entre identidade étnica, saberes, modos de fazer e produção e reprodução da biodiversidade, conforme apontado por vários autores, para áreas indígenas e camponesas (EMPERAIRE, 2005).

A relação entre cultura e diversidade biológica, no caso do Quilombo Mesquita, é muito presente. A territorialização realizada pelas famílias, após a chegada de Brasília, e a pressão sobre as terras implicaram uma relação de exploração muito mais racional e consciente dos agora pouco recursos do Cerrado disponíveis e, ao mesmo tempo, de produção de técnicas e conhecimentos voltados para a escassez das matérias-primas naturais antes utilizadas. O aprendizado do uso dos recursos do Cerrado é fruto de prática que acontece ao longo de gerações, resultado do aprimoramento dos saberes diante das lógicas que se apresentavam para o grupo. O saber local, como procedimento daquela comunidade, é que tem permitido ainda alguma exploração dos recursos disponíveis no Cerrado para fins de consumo. Após 200 anos da fundação da comunidade, as famílias do Quilombo

Mesquita permanecem a explorar e a consumir frutos, raízes e folhas do Cerrado porque esse conhecimento foi incorporado ao seus saberes e tem garantido a sustentabilidade dos recursos naturais na região.

Lugares são considerados saberes aqui, pois descrevem os bens culturais associados ao território onde se encontra o quilombo, importantes para a memória histórica da comunidade, para as atividades cotidianas e de geração de renda e para a imaginação artística e lúdica.

São bens identificados, como rios, cachoeiras, áreas de plantio antigas e atuais, morros, caminhos históricos e atuais, cemitérios, grutas e pedras. Esse conjunto constitui referências espaciais que tornam o território um campo repleto de significado.

Existe um lugar em Mesquita considerado sagrado para a comunidade, pois se refere a um fato que ocorreu em um dos caminhos que chegavam à Santa Luzia, conhecido como a História da Cruz de Simeão:

> Um mesquitense fez um trato com outro assim: se eu adoecer primeiro que você, você vai me levar pra Luziânia doente: o outro foi e adoeceu, e chegou no caminho ainda ia de 'bangue' (você sabe, né? A rede). Aí chegou ali na Saia Velha, nas Lages — você vê uma cruz lá [antigamente]. Aí o que ia levando o outro doente, o sadio, foi que morreu naquele lugar. Aí foi naquele lugar enterrou lá e fizeram a cruz, chama cruz de Simeão. Aí o outro seguiu pra Luziânia doente e sarou ainda. Deve fazer uns 70 ou 80 anos. Quem me contou foi o finado Ageu. [...] Eu lembro que quando nós ia de pé pra Luziânia a gente passava por essa Cruz de Simeão. A cruz não existe mais porque o povo arou tudo, tomou tudo, era cheio de aroeira... (MTM).

> Um doente, carregado por um sadio. Na estrada o sadio adoece e morre. O doente o enterra e finca uma cruz no lugar da morte e depois chega sozinho ao destino e sobrevive. O caminho ficou então sendo considerado sagrado pela comunidade.
> O povo de Mesquita em tempo de chuva colocava lata de água na cabeça, pedra na cabeça, ia tudo por lá no pé da cruz lá, rezar né, o povo tudo rezando e punha as pedras lá tudo (HTM).

O território onde essa prática religiosa acontecia foi expropriado, e, com essa restrição ao local, o povo foi desacreditando.

> Eu lembro quando eu era pequenininho, tinha uns 8 anos, vamos pra cruz de Simeão'. As vezes naquela época que não chovia, e o povo queria que chovesse, e seca era meio grande, aí fazia a penitência, ia com lata d'água na cabeça, outro com cabaça d 'água na cabeça, despejava lá tudinho, rezava lá tudinho, eles tinha fé e chovia. [...] O tempo foi mudando, o povo parece que vai não acreditando mais, nem rezar eles gostam mais (MTM).

> *[Este lugar da Cruz de Simeão] Fica fora, fica no fim de Mesquita [da terra ocupada atualmente]. E que o Mesquita antigamente era do Saia Velha pra cá, aí depois foi retalhando tudo e só ficou esse miolinho [...]* (MTM).

> *Foi também depois da perda substancial de suas terras, que a comunidade desenvolveu outro tipo de relação com os ritos funerários e a salvaguarda de sua memória foi abalada. Expressam dor neste tipo de situação: O cara lá da 'Toca do Leão' mandou a gente exumar os corpos porque ia passar trator em tudo. Aí deu três dias pra gente ir lá tirar os ossos. A gente fez. Cavou, tirou os osso do meu avô todinho, pro trator não passar em cima* (S L C).

Antes o local de enterro de seus mortos era na fazenda do núcleo familiar, junto aos mais antigos negros. Basta uma leve passeada no território de Mesquita para ver alguns pontos com cruz edificada.

> *Quando morria enterrava nas fazendas, junto com os antigos. Só depois que o povo começou com cemitério.*
> *Luziânia... Hoje enterra na Cidade Ocidental, mas antes era aqui mesmo, cada um no seu lugar. Tudo era diferente* (C P B).

Hoje estão inseridos em um novo contexto e não lhes é permitido enterrar seus mortos no quintal de casa, nem expressam esse desejo, mas um sentimento de injustiça; se sentem ofendidos quando algum local em que estão enterrados seus antepassados é desrespeitado.

Figura 31 – Cemitério da família Pereira Braga

Fonte: foto Antonia Samir (2013)

Muitos desses locais não se encontram mais sob posse da comunidade, o que gerou uma perda de memória significante, pois as atuais gerações tiveram que romper com o culto e o conhecimento de seus ancestrais. Quando são perguntados sobre as localidades em que estão enterrados seus mortos, referem-se a muitos, mas sentem-se capazes de localizar apenas alguns dos pontos, em geral os mais próximos da área de circulação habitual.

5.3 CONFLITOS NO QUILOMBO MESQUITA

> [...] o outro me olha e, como tal, detém o segredo de meu ser e sabe o que sou; assim, o sentido profundo de meu ser acha-se fora de mim, aprisionado em uma ausência; o outro leva vantagem sobre mim [...] Sou experiência do outro: eis o fato originário.
> (SARTRE, 1999, p. 453).

Iniciei este capítulo a partir de uma necessidade de categorizar os diversos "embates" vividos no Quilombo Mesquita. No meu contato com a comunidade durante a pesquisa de campo, notei que permeabilidade do espaço transfronteiriço traz um conjunto de conflitos socioambientais que ocupa grande parte dos problemas vivenciados por eles, assim surgiu a necessidade de categorizar estes três termos: Fronteiras, alteridade e conflitos.

A categoria conflitos é um campo de estudo da Ecologia Humana e é definida como

> [...] confrontos que envolvem atores socais que têm diferentes lógicas e formas de pensar a relação entre o ser humano e natureza, e surgindo nas sociedades concepções distintas e muitas vezes divergentes sobre o uso e sentido do ambiente e dos recursos naturais. (Muniz, 2009).

Em função disso, a questão ambiental torna-se conflitiva. Segundo Muniz:

> Nesse aspecto, tem-se a evidencia de que o conflito ambiental se dá no embate entre grupos e atores sociais de interesse e ação divergentes. Dessa forma, os conflitos ambientais envolvem grupos e atores sociais com diferenciados modos de apropriação, uso e significação do território, de modo que um determinado grupo se sente ameaçado em suas formas sociais de apropriação e distribuição dos recursos naturais por impactos indesejados ocasionados por outro grupo ou atores (2009, p. 190).

Esse espaço conflitivo é vivenciado hoje pelas diferentes lógicas de uso do território pelos quilombolas e pelos grupos sociais envolventes (fazendeiros, moradores dos condomínios, população da Cidade Ocidental). A realidade é apreendida de forma diversa, cada um dentro da sua lógica de apropriação do espaço, numa clara referência às fronteiras étnicas definida por Barth (1998). Aqui se faz a dicotomização entre "os fora e nós do quilombo". É uma via de mão dupla; se, por um lado, o contato dos quilombolas com grupos de cultura diversa da sua — com mescla das realidades rural/urbano em Mesquita — desagrega a comunidade no plano social, por outro, fortalece a construção coletiva sobre sua identidade étnica e a consciência política sobre seus direitos.

Isso torna possível a compreensão de uma forma final de manutenção de fronteiras, por meio da qual as unidades e os limites culturais persistem.

> Situações de contato social entre pessoas de culturas diferentes também estão implicadas na manutenção da fronteira étnica: grupos étnicos persistem como unidades significativas apenas se implicarem marcadas diferenças no comportamento, isto é, diferenças culturais persistentes. Contudo, onde indivíduos de culturas diferentes interagem, poder-se-ia esperar que tais diferenças se reduzissem, uma vez que a interação simultaneamente requer e cria uma congruência de códigos de valores — melhor dizendo, uma similaridade ou comunidade de cultura Assim, a persistência de grupos étnicos em contato implica não apenas critérios e sinais de identificação, mas igualmente uma estruturação da interação que permite a persistência das diferenças culturais (BARTH, 1998, p. 196).

O conflito nos indica que o problema ambiental no Quilombo Mesquita é um produto da relação entre os homens, que, por sua vez, incide sobre a questão ambiental (território) ou pela posse dele. É assim que o conflito ambiental aparece na comunidade: mostrando que existem estruturas sociais de poder naquela área. Acselrad define conflitos ambientais como:

> Aqueles envolvendo grupos sociais com modos diferenciados de apropriação, uso e significado do território, tendo origem quando pelo menos um dos grupos tem a continuidade das formas sociais do meio que desenvolvem ameaçada por impactos indesejáveis – transmitidos pelo solo, água, ar ou sistemas vivos – decorrentes do exercício das práticas de outros grupos (2004, p. 26).

O autor se refere ao conceito de território já que o que está em confronto são "os modos diferenciados de apropriação, uso e significado do território". Nesta pesquisa prefiro me referir a conflitos territoriais, ou "conflito ambiental territorial", de acordo com a diferenciação proposta por Zhouri e Laschefski (2010, p. 12).

> A noção de conflitos ambientais territoriais evidencia situações de "injustiças ambientais relacionadas à apropriação capitalista da base territorial de determinados grupos sociais e as tensões entre diferentes territorialidades.

São vários os conflitos que podem ser observados na relação da comunidade do Quilombo Mesquita com os outros, representados pelos poderes hierarquizados (governo federal, Incra, Prefeitura e governo do Distrito Federal), como: atritos políticos (não aceitação da condição quilombola por parte da comunidade); desmatamento do Cerrado, uso inadequado das áreas nativas, loteamentos, condomínios e fazendas dentro do território em área pleiteada como de quilombo, entre outros.

A região de Cerrado circundante ao quilombo vem sofrendo um antigo e intenso processo de fragmentação e degradação, desde a colonização portuguesa, mas muito mais intensamente após o surgimento de Brasília. Hoje mais de 80% das áreas de Cerrado foram substituídas por núcleos habitacionais, pastagens, soja, Exemplificando, cito um relato frequente que fazem os idosos da comunidade sobre a compra que o senador Sarney fez, em 1980, de uma área desapropriada irregularmente que pertencia ao Quilombo Mesquita. Chama-se "Maria Pereira" por causa do ribeirão do mesmo nome que corta essas terras. Sarney já era proprietário da fazenda Pericumã, contígua à comunidade e que unia parte da fazenda "Água Quente", lugar que também há muito fora tirada do quilombo.

> O Sarney, quando foi presidente... Antes ele tinha um sítio, a fazenda Pericumã, ao lado da fazenda que ele comprou, que se chama Água Quente. E nisso depois que ele passou a ser presidente ele comprou uma área de terra do Seu Antônio de Melo, que foi umas terras também tomada do pessoal do Mesquita. Tomada por Seu Antônio de Melo.
> Seu Antônio de Melo comprava, por exemplo, cinco alqueires e fechava dez. Se comprava dez, fechava vinte, trinta alqueires. Nisto o Sarney quando entrou na presidência ele passou a comprar esse terreno. O Antônio de Melo já tava muito doente

> *e se ofereceu a vender a sede dele. Porque a sede própria do Antônio de Melo, o Maria Pereira. Fazia cachaça, serrava muita madeira pro pessoal.*
>
> *E essa Maria Pereira, então ele ofereceu pro presidente Sarney. Só que o presidente Sarney, porque não comprava em nome dele. Ele comprava pra outras pessoas, outras pessoas* (JAP/RELATÓRIO..., 2011, s/p).

O que representa para eles (os de fora) o meio ambiente? A terra é apenas um mero sustentáculo às suas atividades econômicas, a tal ponto que desmatar uma área referente a 40 campos de futebol não lhes causa nenhum constrangimento, nem moral, nem ético; só se incomodam com o meio ambiente por causa da exigência de licenciamento ambiental, desconhecem se existe povo nesse território.

Para essas pessoas, o Cerrado na área do Quilombo Mesquita significa terra barata e passível de ser loteada e vendida a bom preço pela proximidade com a capital federal, assegurando lucros na grilagem. Decididamente, não veem nela um território étnico ocupado por uma comunidade centenária, historicamente relacionada com o bioma Cerrado.

Assim, nos diferentes tipos de conflitos observados durante a pesquisa de campo na Comunidade de Quilombo do Mesquita, pude constatar que aquele território assume diferentes significados para os grupos que o disputam. Significa área que possibilita fácil escoamento de produtos devido à abertura de estradas, significa lenha para os desmatadores que a vendem para fornos de padarias, lavanderias e carvoarias, significa áreas para exploração de lazer sem planejamento, significa terra para grilagem, mas não um território reconhecido e protegido na Constituição brasileira.

A comunidade pede apenas que sua forma de vida seja respeitada, inclusive por acadêmicos e estudiosos que "se mudam" com suas ideologias para o Quilombo, interferem na dinâmica do grupo ao fazerem o que chamam de "pesquisa-militante", que veem, nas reinvindicações e demandas do grupo, apenas material para manipulação, e não parte da história do povo negro no Brasil, que nunca fazem a devolução do que foi pesquisado à comunidade.

Faz parte do conflito também a postura do governo do Distrito Federal, quando considera a área do território alternativa para alocação de populações trabalhadoras e pobres, mão de obra geograficamente acessível à capital, mas suficientemente longe para não afetar sua popularidade nem a estética do previsto para Brasília pelos projetos homogeneizantes. Age assim permitindo ou fazendo vistas grossas a loteamentos clandestinos levando o quilombo a se tornar "zona de sacrifício", que não tem outra alternativa senão articular sua luta tradicional pela titulação do território com a luta ambiental.

5.3.1 O impacto das estradas

A impressão que se tem, quando se pavimenta ou se abre uma estrada em uma localidade, é a de que houve um reduzido impacto ambiental, já que a área ocupada é relativamente pequena. São claros os benefícios de uma estrada em uma região, ao facilitar a entrada de pessoas e produtos, permitindo acesso a bens e serviços que podem melhorar a existência do grupo. No entanto, temos que levar em conta os impactos a médio e longo prazo da implantação de estradas, seu alargamento e asfaltamento.

A facilidade de acesso aumenta o fluxo de pessoas, criam-se assentamentos urbanos, e intensifica-se a pressão sobre os recursos naturais. Além disso, desorganiza o padrão tradicional de propriedade de terra, com o desenvolvimento de estradas vicinais. Isso tem sido planejado e executado em muitos países. Milton Santos (1994) acentua os efeitos integrativos dos transportes nos conjuntos da economia capitalista mundial, sua necessidade de expansão futura e os "meios sutis com que os transportes promovem a penetração em áreas rurais". O autor (Santos, 1994, p. 54) mostra ainda que a "penetração não é meramente a introdução de novas maneiras de produzir", mas "implica a destruição daquilo que já existia anteriormente no local" e a "introdução ou no desenvolvimento de termos punitivos de troca", que reorientam o comércio rural para uma rede mundial. É o conjunto de toda a economia que é obrigado a mudar, frequentemente pela distorção de linhas de desenvolvimento estabelecidas há muito tempo e mais adequadas às necessidades do país:

> Esta modificação proposital das formas espaciais introduz um novo ritmo nas trocas e, em compensação, introduz nova regulação do tempo nos vários estágios da produção. A troca é cada vez mais mediada pelo dinheiro, provocando a circulação mais rápida tanto do capital- mercadoria como do capital-dinheiro. A necessidade de financiamento cresce e a necessidade de dinheiro vivo rapidamente se toma frenética. Além disso, a monetarização e as novas facilidades propiciam a entrada e o consumo de produtos modernos no campo (SANTOS, 2003, p. 190- 192).

Figura 32 – Estrada vicinal dentro do quilombo

Fonte: Internet (2012)

No período desta pesquisa (de 2010 a 2013), a prefeitura da Cidade Ocidental pavimentou as ruas internas do povoado usando uma espécie de asfalto, substituindo as antigas vias de acesso, como a estrada que se iniciava, desde o tempo da fundação do povoado junto à igreja Católica, e seguia rumo às propriedades, mas o trabalho foi realizado sem consulta prévia à comunidade sobre o tipo de material adequado às características do povoado:

> *Não estamos contra as melhorias, mas acredito que a Prefeitura poderia ter perguntado ou pelo menos comunicado o que ia ser feito, nada... Quando vimos os homens e as máquinas estavam aqui, o pior é que agora temos outros problemas que vieram com esse asfalt sem antes ter feito serviço de drenagem das águas da chuva.* (SPB, líder quilombola)

Apesar disso, no Plano Diretor da Cidade Ocidental, está estipulado, no Título II - Do Desenvolvimento Sustentável do Município - Capítulo I - Das Diretrizes do Desenvolvimento:

> *XIII- preservação, recuperação e valorização do Patrimônio Cultural, no âmbito da política de desenvolvimento municipal e da Política Urbana, em consonância com o disposto no inciso XII do Artigo*

2º do Estatuto da Cidade, respeitando e reconhecendo os valores culturais e os territórios tradicionais, em especial o quilombola de Mesquita, além de outros elementos que compõem o Patrimônio Cultural de Cidade Ocidental;(PDOT 2014- Cidade Ocidental)

5.3.2 Extração ilegal de madeira e incêndios

Próximo ao quilombo, ainda sobrevive Cerrado, são áreas pequenas (menos que 20 ha), rodeadas, principalmente, por casas, balneários, fazendas de soja, que sofrem intensa pressão por grileiros e empreiteiras que buscam terras para fins urbanos.

Nesse cenário, vive a comunidade do Quilombo Mesquita, grande parte em condições econômicas difíceis e sem documento que formaliza o direito à terra. É natural que nessas condições as áreas de Cerrado sejam defendidas pelos quilombolas, pois é onde se pode conseguir água, onde se pode extrair a lenha, onde se pode coletar plantas medicinais, frutas e, muito raramente, encontrar animais que ainda resistem ao ambiente antropizado.

Figura 33 – Cerrado envolvente à comunidade

Fonte: foto Antonia Samir (2011)

A pressão antrópica refletida com a proximidade de tanta moradia leva o Cerrado a ser periodicamente queimado, por diferentes motivos. O fogo, colocado em lixo, coivaras e mesmo por pontas de cigarro jogadas no mato seco, pode atingir as beiradas do quilombo e fazer com que as poucas áreas naturais se tornem cada vez menores e mais degradas.

Nesse panorama, reduz-se cada dia mais o que ainda resta de cobertura de Cerrado no Quilombo Mesquita. De fato, o Cerrado e a comunidade sofrem os impactos da extração de madeira, da pressão fundiária, dos casos de incêndios, isolando-os de outros territórios de Cerrado que são, na maioria das vezes, ambientes muito alterados e pouco representativos do bioma original.

O Cerrado é um dos biomas com maior biodiversidade do planeta, ostenta um elevado nível de endemismo para plantas; 4.400 espécies, das 10 mil conhecidas, são endêmicas, representando 1,5% da flora de todo planeta. A autora enfatiza das 1.268 espécies dos animais 117 endêmicas. Porém, Machado *et al.* (2004) afirmam que a situação do Cerrado é crítica e, com essa forma de ocupação, ele poderá ser totalmente destruído até 2030.

5.3.3 Áreas de lazer nos ribeirões

A mercantilização das áreas de lazer, como ribeirões e córregos no quilombo, é mais um fator de alteração das práticas dos moradores, demonstrando a inserção de uma lógica comercial privada para os recursos ambientais. Isso cria diversas formas de acessibilidade para "os de fora", que resultam na transformação paisagística dos ribeirões e córregos, ao mesmo tempo que dá outros sentidos de uso para eles. Nesse caso não serve apenas como espaço de lazer, mas também como espaço econômico.

Os balneários acontecem em chácaras dentro do quilombo, que são usadas como áreas de lazer e exemplos do uso privado dos recursos naturais como objetos de valor de troca, significando a dimensão econômica desses lugares, onde os benefícios não são repartidos com o grupo. Esses usos não são feitos com consulta ao grupo étnico nem significam preservação do ambiente físico, muito pelo contrário geram lixo e poluição sonora, esses sim socializados com todos. Além disso, trazem problemas em relação à segurança dos moradores.

5.3.4 Condomínios

Condomínio Porto Rico

A partir do final da década de 1970, começaram a surgir os primeiros loteamentos para os futuros condomínios, que hoje se apresentam de forma bem visível em quase toda área envolvente ao Quilombo Mesquita.

Na Região Administrativa de Santa Maria/DF, surgiu o Condomínio Porto Rico (hoje, Setor Habitacional Ribeirão). Essa área foi regularizada como núcleo urbano pela Lei Complementar Distrital 650, de 24/12/02, que regularizava a venda de lotes naquela região. A área onde esse loteamento foi considerado legal pelo GDF, no entanto, desde 1857, foi certificada por certidão de registro paroquial como de famílias quilombolas que ainda hoje vivem em Santa Maria/DF e no Quilombo Mesquita. São terras comprovadamente ocupadas secularmente por famílias quilombolas que têm seus descendentes vivendo ainda hoje no povoado, fato que pode ser comprovado nos estudos do pesquisador goiano Paulo Bertran.

Esses estudos identificam as propriedades fundiárias estabelecidas na região, procurando associar a quantidade de pedidos, as dimensões das terras e suas finalidades aos diferentes momentos da sociedade colonial que se formava no Planalto. Mais do que isso, com base em antigos memoriais descritivos, o pesquisador identifica os limites, traça o mosaico das antigas sesmarias e acompanha sua fragmentação durante um século, até o registro paroquial de 1857.

> [...] Já outros permaneceram, como os Pereira de Oliveira, os Espínola de Athaide, os Pereira Braga, os Camelo de Mendonça e os Gomes Rabello, estes últimos fundadores de Planaltina, e todos eles, em breve, com 250 anos de existência no Planalto. (BERTRAN, 2000, s/p).

A área em litígio, apesar de não ter edificações, é historicamente utilizada pelos quilombolas. Representando o espólio de ancestrais da família Pereira Braga, uma das herdeiras (representando o quilombo) ingressou com uma ação reivindicatória de que é a legítima proprietária da área e que o GDF regularizou a área e deu posse a outros injustamente.

A regularidade da sucessão entre herdeiros, desde o falecimento do mais remoto proprietário, em 1858, e a validade da matrícula do imóvel, feita exclusivamente com o documento denominado de registro paroquial, estão sendo questionadas pelos pleiteantes ao terreno, incluindo o governo do Distrito Federal, as maiores contradições sobre os direitos dos herdeiros quanto ao terreno.

Em 1960, por sentença, foi feita a partilha geodésica da fazenda Santa Maria cabendo aos herdeiros o Quinhão 23, área que ora está sendo esbulhada no Condomínio Porto Rico, Santa Maria/DF.

A área onde hoje está o Setor Habitacional Ribeirão foi administrativamente apossada pela extinta Fundação Zoobotânica, há mais de 50 anos. A Companhia de Saneamento Ambiental do Distrito Federal (Caesb) ajuizou posteriormente ação de desapropriação indireta, o que impediu a quilombolas herdeiros o exercício da posse.

Pessoas continuam vendendo lotes no Condomínio Porto Rico, mesmo havendo uma "sentença de embargo", proferida em 21 de janeiro de 2003, que veda tal prática. Para o mesmo caso, há uma petição inicial de ação civil pública proposta pelo Ministério Público perante a Vara de Registros Públicos do Distrito Federal, em que este postula cancelamento das matrículas e registros de averbação relativos ao terreno, reivindicando que:

1. em 10 de outubro de 1985, foi aberta a matrícula do imóvel, a partir da exibição de certidão de registro paroquial datado de 1857, o qual mencionava situar-se o imóvel no "perímetro do Distrito Federal", época em que ainda, sabidamente, não havia tal denominação, surgida apenas com a primeira Constituição da República em 1891. Disso, decorrendo suspeitas de invalidade de tal documento;

2. a matrícula do imóvel não reproduz o teor do assento eclesiástico, mencionando artificiosamente no texto, transcrevendo trecho de decisão judicial proferida em 20 de dezembro de 1960, pelo MM Juízo da Comarca de Luziânia/GO, por ocasião do julgamento de divisão judicial da fazenda Santa Maria. Relata, ainda, que tal prática fora usada ardilosamente para dar seguimento à cadeia dominial, na qual se verifica haver quebra do princípio da continuidade do registro imobiliário, havendo, quanto a isso, hiato entre o período que media o registro paroquial de 1857 e a sentença judicial de 1960. Esses são os aspectos fundamentais da arguição de nulidade da matrícula do imóvel aos quais são somados outros no âmbito daquela ação civil pública.

Existem variadas alegações que buscam não legitimar o direito de propriedade que os quilombolas têm sobre a propriedade da área. Os reclamantes são pessoas e empresas com extensa atuação na grilagem de terras nas áreas do Distrito Federal e entorno.

Uma das alegações é que, por cerca de 150 anos de processo sucessório, os quilombolas jamais tomaram posse da área e afirmam que até mesmo os autores reconhecem que nunca deram à área destinação compatível com sua natureza original (agrária), nem fê-la cumprir com seus fins sociais. Questiono aqui, enquanto pesquisadora, essa alegação uma vez que a lógica de uso do território para uma comunidade étnica não é a mesma que os "de fora", é a lógica dos "diferentes":

> [...] Os povos ditos "diferentes" encontram muitas dificul- dades no reconhecimento na valorização de sua identidade cultural, peculiar e imensamente importante para a concre- tização dos ideais de proteção do meio ambiente e para a sobrevivência física desses povos. Essa multiplicidade étnica e cultural é por vezes ignorada pelo Estado, que se mostra ineficiente no desenvolvimento de políticas públicas em prol desses grupos. Em nome de liberdade e igualdade de todos os indivíduos, o que ocorre é a cegueira do Estado diante da diferença, dos direitos coletivos de grupos que merecem atenção e respeito (SPAREMBERGER; BERGER FILHON, 2008, s/p).

Os herdeiros do Mesquita que vivem na área quilombola localizada no que hoje é Santa Maria/DF lutam para proteger as terras da ação de grileiros e especuladores e não perderem ainda mais território em área já reconhecida.

Em 2010, foi assinado um Termo de Ajustamento de Conduta (TAC) entre governo do Distrito Federal, Terracap e os herdeiros. A partir desse acordo, o Condomínio Porto Rico tornou-se área pública passível de regu- larização. Em contrapartida, em vez de indenizar os quilombolas, o governo optou por apresentar uma proposta pela qual a Companhia de Desen- volvimento Habitacional do Distrito Federal (Codhab) se comprometia a elaborar projeto urbanístico para a área que atualmente não está habitada, para efeito de compensação de valores.

Assim, os herdeiros entraram na Justiça para ter o direito ao recebi- mento de indenização pela desapropriação das terras localizadas dentro do Condomínio Porto Rico e esperam o plano urbanístico para que possam construir na área ainda não habitada. Parte da cidade de Santa Maria foi construída em território quilombolas, e o governo acordou com seus her- deiros o pagamento de indenização.

Figura 34 – Placa colocado por herdeiros do Quinhão 23, em Santa Maria/DF

Fonte: Antonia Samir

Em reunião com a Agência de Fiscalização do Distrito Federal (Agefis), os herdeiros comprovaram que a área em questão é alvo de grilagem a partir de fotografias: *"Estamos sendo obrigados a proteger as nossas terras, pois já temos inclusive construção de igrejas e outras edificações novas em área que alegam ser do Pró-DF, quando na verdade nos pertence"*, alertou um dos representantes do quilombo.

A Associação dos Herdeiros de Anastácio e João Pereira Braga, Quinhão 23, busca o pagamento da indenização devida pelo governo pela desapropriação das terras pertencentes ao grupo quilombola e destinada para o condomínio Porto Rico. O governo do Distrito Federal emitiu os termos de posse (TCUs) aos moradores atuais sem ter pagado aos herdeiros dos antigos donos o valor do terreno.

Hoje muitos dos 354 herdeiros do terreno de 473 hectares localizado na região de Santa Maria passam por dificuldades financeiras e dependem da indenização. Os membros da associação receiam que se repita o que aconteceu quando parte do terreno (162 hectares) foi desapropriado e erguidas no local 5 mil casas das quadras 300, 440 e 500 de Santa Maria. Eles nunca receberam a indenização pelo que lhes é de direito.

De acordo com o gerente de condomínios do DF, não há mais impedimentos jurídicos na questão da indenização. *"Falta apenas que a Terracap decida se vai pagar apenas pela área do Condomínio Porto Rico ou se também vai querer as áreas vazias"*, explicou Paulo Serejo. Questionado pelos herdeiros do espólio, o então governador Arruda garantiu que os pagamentos seriam feitos.

A Constituição da República Federativa do Brasil de 1988, no artigo 683 do ADCT, dispõe que às comunidades de quilombos que estejam ocupando suas terras é reconhecida a propriedade definitiva, devendo o Estado emitir-lhes os respectivos títulos.

O Decreto n.º 4. 8874, de 20 de novembro de 2003, que trata da regulamentação do procedimento para identificação, reconhecimento, delimitação, demarcação e titulação das terras ocupadas por comunidades quilombolas, no art. 68 do ADCT, em seu artigo 13, prevê que

> [...] incidindo nos territórios ocupados por comunidades dos quilombos título de domínio particular não invalidado por nulidade, prescrição ou comisso, e nem tornado ineficaz por outros fundamentos, será realizada a vistoria e avaliação do imóvel, objetivando a adoção dos atos necessários à sua desapropriação, quando couber.

Jardim Edite, Chácaras Nova Canaã, Condomínio Bem-te-vi e Grota d'água

O Jardim Edite é um loteamento urbano ocupado, em sua maioria, por famílias carentes que ganham abaixo de um salário-mínimo e outras que sobrevivem com auxílio de programas sociais dos governos federal e estadual. As casas são simples, e não há infraestrutura básica, como posto de saúde, escola, creche e posto policial. Algumas casas ficam vazias durante toda a semana, em função de os proprietários passarem a semana no trabalho, no Distrito Federal, só retornando no final de semana. Existem muitos lotes vazios sem nenhum tipo de construção e identificação.

Foi constatado que, no Jardim Edite, só quatro ocupantes são descendentes de quilombolas. Os outros moradores sabem que são detentores, possuidores ou proprietários das áreas localizadas dentro do perímetro do território da comunidade quilombola Mesquita.

Chácaras Nova Canaã

O núcleo de Chácaras Nova Canaã está em uma gleba de terras com área de 66,7661 hectares situada na fazenda Mesquita, registrada no Io Cartório de Registro de Imóveis de Luziânia sob a matrícula n.º 146. 397. O terreno foi parcelado inicialmente em 30 glebas de no mínimo dois hectares, hoje, porém, essas mesmas glebas foram redivididas; em campo observam-se áreas ocupadas de dez a 5 mil metros quadrados.

Condomínio rural Chácaras Bem-te-vi

O condomínio rural Chácaras Bem-te-vi foi implantado por meio da 3A Empreendimentos Imobiliários LTDA. Pelos documentos dos ocupantes da área, observa-se que é um imóvel adquirido por meio de Escritura Pública de Compra e Venda no I Cartório de Registro de Imóveis de Luziânia. A área de 40 alqueires é objeto do Registro n.º 51 sob a matrícula n.º 60. 925 do livro 2-IT, folhas 211 v do Io Cartório de Registro de Imóveis de Luziânia. Possui alguns lotes vazios.

Condomínios Alphaville, Dhama

O apelo ambientalista usado atualmente pelo mercado para influenciar o consumo, por meio do chamado marketing verde, é a estratégia usada para a comercialização dos empreendimentos sofisticados nos territórios identificados e pleiteados como terras quilombolas. O marketing é feito ressaltando os benefícios de se aproximar da natureza a fim de obter maior qualidade de vida. Tais empreendimentos caracterizam-se como as novas formas de habitar e obter lazer, em condomínios horizontais e loteamentos fechados, além do turismo gastronômico, rural e ecoturismo.

Dessa forma, as áreas "naturais" pertencentes ao Quilombo Mesquita são urbanizadas devido ao reencantamento que algumas pessoas têm pela natureza mitificada, o que as motiva a abandonar o dia a dia urbano e procurar tranquilidade próximo às áreas verdes.

Figura 35 – Áreas dos condomínios Dhama e Alphaville em áreas requeridas como território quilombola

Fonte: Google Earth (2013)

Portanto, temos a apropriação das áreas verdes como mercadoria, acessível apenas àqueles que podem pagar. Uma vez que abrigam uma forma de morar com acesso restrito, a segregação socioespacial consolida-se.

Um dos condomínios mais recentes e de grande apelo comercial que está na área quilombola é o do grupo Alphaville Urbanismo S.A, um dos vários grupos imobiliários existentes no Brasil vinculados à produção desses condomínios. Foi criado há apenas 15 anos e atualmente, possui empreendimentos distribuídos em todas as regiões do país, totalizando 16 estados, e configura-se hoje como um grande alavancador de empreendimentos ao longo da BR-040. O ritmo de construções continua aquém do esperado pelos administradores do condomínio, mas a tendência a médio prazo é uma certa polarização da área que o envolve.

É bom lembrar que o Alphaville é uma forma de condomínio diferente dos demais, pois foi projetado tendo como referente o de São Paulo. O intuito é que os moradores só precisem sair para trabalhar, pois no espaço encontram-se restaurantes, escolas, faculdades, clubes entre outros empreendimentos, facilitando assim a vida dos moradores. Esse condomínio é referência de uma "minicidade". Os demais condomínios são apenas para moradias permanentes, sem uma infraestrutura como a do Alphaville, o que implica maior impacto para o território quilombola, pois necessita de maior quantidade de equipamentos e serviços para existir.

5.3.5 Divergências quanto à titulação das terras como de quilombo

Tradicionalmente, a posse da terra era transmitida por herança entre as três famílias que fundaram o Quilombo Mesquita e que ainda reconhecem uma ancestralidade comum: os Pereira Braga, os Lisboa da Costa e os Teixeira Magalhães. Com o avanço da especulação imobiliária na região, muitos moradores se desfizeram das suas terras. Hoje, há duas posturas antagônicas na comunidade: de um lado, a Areme; do outro, alguns poucos moradores, liderados por especuladores externos, que também se organizam em uma associação a Associação dos Produtores do Mesquita (Apromaq). Em 2012, inclusive, esse grupo passou a gerenciar o espaço da Associação, o galpão que fica no terreno contíguo à Igreja e onde acontecem as festividades (Galpão Comunitário Aleixo P. Braga). A Apromaq reivindicava o galpão alegando que havia sido construído por eles, mais uma vez a situação está à espera de decisão judicial.

Os moradores do Quilombo Mesquita se reconhecem como membros de um mesmo grupo, não excluindo sua característica étnica. Porém, existem posições contrárias à titulação de suas próprias terras. No debate que envolve o reconhecimento dos direitos conferidos aos quilombolas, nota-se uma situação de conflito acirrado por diferentes interesses econômicos. O território está localizado em uma área muito ambicionada pelos empreiteiros, sobretudo imobiliários. Fica a menos de 50 km da Capital Federal e a 20 km do bairro mais valorizado de Brasília, o Lago Sul. Isso faz desse lugar um dos mais valorizados do entorno do Distrito Federal.

A comunidade vivencia esse conflito dividida. Uma parte dos moradores, liderada pela Areme, responsável pelo requerimento para a ação de reconhecimento e titulação de seu território, é ansiosa pela titulação. Outra parte dos habitantes da comunidade, sob o controle de dissidentes locais e investidores externos, organizados mediante a Apromaq, colocam-se contra a ação de titulação de suas terras, com o argumento de que tal evento impediria o desenvolvimento econômico local, e os impediria de ter acesso à documentação individual de seus imóveis.

Figura 36 – Página de rede social do Quilombo Mesquita denunciando a invasão do Galpão Comunitário – 2 de agosto de 2012

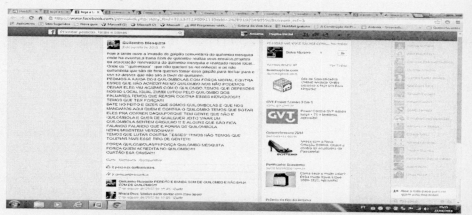

Fonte: Facebook[23]

Esta seção buscou, ao explicitar os conflitos ali existentes, referendar as agressões ambientais sofridas e o processo de descaracterização do território étnico do Quilombo Mesquita. Entende-se que esse processo

---

[23] Disponível em: https://www.facebook.com/quilombo.mesquita.904. Acesso em: 27 abr. 2014.

é um gerador de "conflitos territoriais", visto que o que está em jogo são diferentes lógicas de uso e apropriação do espaço. No entanto, da mesma forma como os que tentam expropriar o território quilombola no Mesquita se munem da articulação dos poderes financeiros e da omissão do Estado, acredito que a comunidade também articula suas formas de resistência, a partir da identidade quilombola e das formas de (re)produção dos saberes tradicionais.

As ideias aqui apresentadas procuram demarcar diferentes formas de ver e estar no mundo. A partir dos conflitos aqui mostrados observa-se as injustas estruturas sociais que atuam na invisibilização desse grupo étnico.

Os quilombolas são portadores de valiosos saberes e representantes históricos do processo de ocupação da região central do Brasil, eles resistem por meio da solidariedade que transforma saberes em ferramentas de resistência. O reflexo espacial é um território inclusivo e repleto de saberes, sabores e poderes (PORTO-GONÇALVES, 2006), resistindo às lógicas perversas do agronegócio.

5.3.6 Uso da água

A conservação de cursos d'água no território do Quilombo Mesquita, diante dos empreendimentos que avançam sobre a área, é um grande problema, pois as alterações de origem antrópica na qualidade das águas naturais acontecem com o lançamento de águas residuárias e com as infiltrações vindas das fossas e aterros sanitários.

Os principais poluentes dos recursos hídricos no quilombo são os efluentes domésticos. As chuvas carregam o lixo gerado pelas residências que se fixam em torno da comunidade que é jogado em áreas impróprias. Os pesticidas e fertilizantes usados na agricultura pelas fazendas de soja, os materiais vindos da erosão causada pelo desmatamento, tudo isso provoca a contaminação dos córregos no Mesquita.

O surgimento de núcleos urbanos, como o Jardim Edite, os loteamentos Bem-te-vi e Nova Canaã, entre outros, foram feitos sem nenhum estudo dos possíveis impactos sobre o ambiente, assim a perfuração de poços para abastecimento de água na comunidade impacta a disponibilidade desse recurso para o quilombo. A ausência de coleta de lixo doméstico e de captação do esgoto das residências também traz grandes problemas à comunidade quilombola, proprietária histórica daquelas áreas.

A perfuração indiscriminada de poços e cisternas traz grandes problemas sanitários, devido à propagação de animais e microrganismos causadores de doenças para os seres humanos.

Figura 37 – Áreas de preservação permanente desmatadas em propriedades não quilombolas dentro do território étnico

Fonte: Relatório Técnico de Identificação e Delimitação – Comunidade Quilombo Mesquita – Brasília 2011

Os loteamentos Jardim Edite, Bem-Te-Vi e Nova Canaã se localizam em terrenos de quilombos, os quais, segundo a legislação, têm prioridade na reivindicação de posse, conforme o Decreto n.º 4887/2003:

> Art. 10. Quando as terras ocupadas por s das comunidades dos quilombos incidirem em terrenos de marinha, marginais de rios, ilhas e lagos, o INCRA e a Secretaria do Patrimônio da União tomarão as medidas cabíveis para a expedição do título.
> Art. 11. Quando as terras ocupadas por s das comunidades dos quilombos estiverem sobrepostas às unidades de conservação constituídas, às áreas de segurança nacional, à faixa de jronteira e às terras indígenas, o INCRA, o IBAMA, a Secretaria- Executiva do Conselho de Defesa Nacional, a FUNAI e a Fundação Cultural Palmares tomarão as medidas cabíveis visando garantir a sustentabilidade destes comunidades, conciliando o interesse do Estado.
> Art. 12. Em sendo constatado que as terras ocupadas por s das comunidades dos quilombos incidem sobre terras de propriedade dos Estados, do Distrito Federal ou dos Municípios, o INCRA encaminhará os autos para os entes responsáveis pela titulação.
> Art. 13. Incidindo nos territórios ocupados por s das comunidades dos quilombos título de domínio particular não invalidado por nulidade, prescrição ou comísso, e nem tornado ineficaz por outros fundamentos, será realizada vistoria e avaliação do imóvel, objetivando a adoção dos atos necessários à sua desapropriação, quando couber. (BRASIL, 2003).

Dessa forma, o órgão municipal, no caso a Prefeitura da Cidade Ocidental, não poderia ter autorizado os empreendimentos, já que, para se fazer um empreendimento dessa natureza, deveria haver a concordância jurídica. Além disso, a comunidade tradicional deveria ser previamente consultada, pois as mudanças significam transtornos ao cotidiano do grupo étnico.

A maioria dos quilombolas cultiva em pequenas áreas sem manejo, mas outros proprietários ostentam em grandes áreas, intenso uso de insumos químicos e/ou máquinas de irrigação e tratores de último tipo, como a Divitex Pericumã - Empreendimentos Imobiliários, a Taquari Empreendimentos entre outras. A maioria em áreas sobrepostas ao terreno dos quilombolas.

Figura 38 – Desvio do córrego Mesquita feito por não quilombola, prejudicando os moradores a jusante

Fonte: RELATÓRIO... (2011)

    Entre os moradores não quilombolas, alguns criam cavalos da raça Crioulo e Manga Larga; em algumas dessas grandes propriedades, áreas são usadas para criação de peixes, com tanques de tilápia, piracutinga, tambaqui e surubim. Tudo isso usando os recursos da área sem apresentar licença ambiental, de acordo com a legislação ambiental vigente.

Com o descaso do poder público, essa população não quilombola já estão há um certo tempo no local. Os quilombolas contam que a presença de alguns proprietários causa um impacto negativo na qualidade de vida do grupo, entre as principais questões está a da água.

O uso intenso por parte dos não quilombolas e a perfuração indiscriminada de poços artesianos trazem escassez de água, dificultando o acesso da população tradicional ao recurso antes abundante. A legislação diz que, na incerteza dos impactos ambientais gerados pela perfuração de poços em larga escala, deve ser aplicado o princípio da precaução, o que não está acontecendo nesse caso. Conforme relatos da comunidade quilombola, ao longo dos anos, vem acontecendo uma diminuição no volume de águas nas nascentes e até mesmo o desaparecimento de algumas. Uma das hipóteses levantadas como causa são as diversas perfurações de poços artesianos que trazem o rebaixamento do lençol freático, diminuindo o nível da água, o que pode atingir até a umidade da terra.

Figura 39 – Poços artesianos em propriedades não quilombolas dentro do território étnico

Fonte: RELATÓRIO... (2011)

Além disso, o Jardim Edite, de acordo com os moradores descendentes dos quilombolas, é uma área habitacional que possui sistema de coleta de esgotos e resíduos domésticos, o que causa poluição do lençol subterrâneo e do solo, porque o lixo é colocado no ambiente sem nenhum controle de poluição ou de reciclagem desses resíduos.

CAPÍTULO VI

AQUI CHEGAMOS

Além de sustentabilidade, é preciso haver justiça social, para que nenhum grupo seja desrespeitado em sua dignidade em nome do progresso econômico.
(Marcelo Firpo)

O marco norteador deste livro foi compreender se os saberes tradicionais dos moradores do Quilombo Mesquita são usados como ferramenta para transmissão de saberes ecológicos e como podem contribuir para a educação ambiental.

Partindo do princípio de que, desde a Constituição de 1988, os quilombolas, sujeitos da pesquisa, foram reconhecidos como populações tradicionais e vêm, historicamente, lutando pela preservação de sua cultura e garantia de seus direitos, buscou-se compreender, dentro de um território específico — no caso a comunidade Quilombo Mesquita — os modos de vida e expressões culturais de seus moradores.

A pesquisa apresentada teve como pontos centrais os processos usados por essa comunidade tradicional para a manutenção da sua identidade, a transmissão dos seus conhecimentos e tradições e as ações em defesa do direito à terra. Especialmente, a urgência da titulação do quilombo diante da intensa pressão e grilagem de suas terras, intensificada a partir da década de 1960, devido à valorização das terras no entorno de Brasília. Assim, algumas questões me mobilizaram; a questão central que orientou a investigação indagava sobre que práticas ligadas ao meio ambiente e à educação ambiental são utilizadas no Quilombo Mesquita e que contribuições os saberes tradicionais dessa comunidade trazem para esse tipo de educação?

A pesquisa de campo demonstrou que os espaços coletivos da comunidade do Quilombo Mesquita, além das práticas tradicionais, aliam ações pedagógicas de transmissão de conhecimentos. As roças e o processo de produção da marmelada e da farinha são espaços em que são trabalhadas também formas de apropriação e uso dos recursos naturais. Esses espaços carregam em si potencial de construção/reconstrução das práticas, processos e saberes das comunidades tradicionais.

No Quilombo Mesquita, são essas reconstruções de saberes que orientam as práticas sociais e os processos de trabalho, demarcando a diversidade da cultura quilombola. A terra é compreendida não só como espaço de trabalho, mas também de moradia, sobrevivência, convivência comunitária e educação.

Mesquita luta para não ceder à ação desagregadora do seu território e aos impactos ambientais da pressão fundiária sobre suas terras, sobre sua cultura. É um povo que luta para sobreviver ao paradigma da modernidade ocidental de forma digna, no seu jeito próprio de construir a cidadania local, de preservar a natureza, o Cerrado, com o cultivo de sua terra. Sua cultura local é repassada na experiência diária, tendo a produção da marmelada a mais forte tradição do quilombo, de fundamental importância nesse processo de preservação da identidade e a autonomia da comunidade.

Articulando a história desse território, os processos e as dinâmicas territoriais pesquisados, é possível afirmar a ancestralidade de ocupação dessa comunidade no lugar onde se encontra. Assim a defesa territorial, a resistência à expropriação do seu território pela comunidade, não é apenas uma reação contra a ganância constante e crescente do negócio de terras no entorno de Brasília. Aponta que a terra deve ser entendida além de um meio e lugar de produção, como um lugar "identitário, relacional e histórico", construído nas lutas e demandas sociais da comunidades que ali vive e se reproduz.

A convivência na comunidade, durante a pesquisa de campo, mostrou que os moradores criam estratégias de resistência e que não existe um confronto direto contra os expropriadores para combater o processo de mercantilização das terras da comunidade. Apesar da expropriação do território, a resistência do grupo se dá com o uso do território, manifestado na agricultura orgânica (comercializada coletivamente) nas dinâmicas comunitárias (festas, reuniões, cumpadrio, mutirões), assim é que a comunidade resiste. Essa ideia de resistência da qual falo não se refere apenas à defesa do território, mas também à defesa das formas de sobrevivência, do modo de vida comunitária na qual procuram evidenciar a identidade quilombola.

Importa realçar que o caminho percorrido pelos quilombolas do Mesquita e suas conquistas históricas expressam a identidade social e política, que, num processo de articulação com o passado, podem se inserir no presente, ressignificando suas tradições na sua relação com a natureza.

Concluo que as ações cotidianas da comunidade do Quilombo Mesquita são resultantes de um saber-fazer coletivo e que sua transmissão é um exemplo de pedagogia ambiental. Essa tradição se recria hoje no quilombo numa recombinação com a modernidade (por exemplo, os contatos com Slow Food, viveiros, agricultura orgânica, páginas em redes sociais), adquirindo maior visibilidade e legitimidade, repassando as lições de vida no cuidado com a natureza e buscando unir, no uso e na conservação do ambiente, a tradição e a modernidade.

Assim, o diálogo entre saberes na transmissão desses conhecimentos implica um encontro entre tradição e modernidade em novos termos; ou seja, mesmo que seja preciso reinventar as tradições, elas devem ser ressignificadas, criando o novo. A educação Ambiental implica um olhar para o futuro e o passado; é ver de onde se está vindo que envolve a riqueza das tradições e conhecimentos do passado, mas sem ir para trás. Agregar o novo sem perder a grandeza dos conhecimentos seculares.

Nesse diálogo entre o moderno e o tradicional, o uso da memória, das vivências socioeducativas e dos saberes ambientais no quilombo permite a realização da educação ambiental informal a partir da troca de conhecimentos e da descoberta de tradições culturais sobre o ambiente em que se vive, expondo a identidade de um povo.

Essa educação ambiental informal mostra que resgatar tradições e fortalecer a cultura pode auxiliar com reflexões que levem a comunidade a problematizar sua própria experiência, suas práticas culturais, sociais e ambientais, unindo-a com o debate de direito ao território historicamente ocupado.

Esse esforço de agregar o novo para preservar o tradicional no Quilombo Mesquita busca o diálogo entre diferentes. Diálogo entre o moderno e o tradicional, diálogo entre os diferentes atores e sujeitos dessa questão e diálogo entre as diferentes áreas de conhecimento e atuação humanas.

A educação ambiental não se refere exclusivamente às relações vistas como naturais ou ecológicas, como se as sociais fossem a negação direta dessas, recaindo no dualismo, mas sim a todas as relações que nos situam no planeta e que se dão em sociedade, dimensão inerente à nossa condição como espécie (LOUREIRO, 2005 p. 79).

Mesmo assim a comunidade do Quilombo Mesquita resiste a tudo, aprenderam com as histórias de seus pais, que compartilharam seus valores, suas crenças, costumes e mitos, a religiosidade, a cultura, e procuram, atualmente, repassar a seus filhos, netos, bisnetos, preservando e cultuando as tradições dos seus antepassados. Mesmo sofrendo forte pressão fundiária e cultural a oralidade, é valorizada pelos seus membros.

Durante o processo de itinerâncias, busquei interligar as dimensões sociais, políticas e naturais. O quilombo lida há anos com invasões, tanto de fazendeiros quanto de loteamentos e condomínios, que acarretaram perda de território, desmatamento, poluição dos córregos e riachos, perda cultural. O riacho que dá nome ao quilombo não serve mais para o abastecimento doméstico devido ao assoreamento e à extrema poluição causados pelas várias ações no seu leito. Com essa destruição ambiental, existe também a falta de políticas públicas para melhorar a qualidade de vida na comunidade. "A desigualdade ambiental é uma das expressões da desigualdade social que marca a história do nosso país" (ACSELRAD, 2005, p. 43).

Os princípios da Conferência Intergovernamental sobre educação ambiental, realizada em Tbilisi (EUA), em 1977, ajudaram a referendar a necessidade de um olhar moldado por uma nova consciência sobre o valor da natureza que reoriente a produção de conhecimento baseada na inter-disciplinaridade e na complexidade. A construção desse diálogo de saberes historicamente é vivenciada, de modo interno, pela comunidade de Quilombo Mesquita; foram contextos de luta e resistência, além de importantes atos pedagógicos de educação ambiental.

A tradição no Quilombo Mesquita tem tido um papel importante para os moradores da comunidade e para o comportamento delas com relação ao Cerrado circundante, já que a tradição mantém essa população no seu território mediante o conhecimento repassado sobre o meio ambiente e seus recursos, bem como o modo de se relacionar com eles.

A finalidade deste livro não era simplesmente analisar essa comuni-dade, mas valorizar os saberes dos moradores locais como uma maneira de conservação dos recursos naturais ali existentes. O desafio proposto nesta pesquisa em educação é o diálogo com seus saberes, dando visibilidade a esse grupo e reconhecendo suas especificidades, baseadas na educação e no respeito recíproco às diferenças.

Os mitos e costumes observados são básicos para a riqueza da diver-sidade e abrem um caminho para a descoberta de novos estudos que possam formar uma base documental para o grupo.

A educação ambiental busca dialogar com esses mitos e costumes, produzindo um diálogo de saberes. Todos aprendemos e humanamente crescemos como seres respeitadores da diversidade e de todas as formas de vida existentes no meio ambiente.

Assim, o foco sobre os saberes tradicionais no uso dos recursos naturais dessa comunidade buscou identificar as maneiras usadas cotidianamente por eles enquanto grupo étnico e apontou que são recursos para uma educação ambiental.

O uso e a conservação dos recursos naturais, sociais e das tradições na comunidade do Quilombo Mesquita estão ligados à educação ambiental, o que pode ser observado pelos conhecimentos repassados durante as experiências diárias vividas na comunidade.

Ao concluir este livro e rever todo o processo de conversas, entrevistas, observações e pesquisas bibliográficas, confirmo que a comunidade do Quilombo Mesquita, mesmo com a forte influência externa, não perdeu suas origens e até hoje conserva a lavoura de subsistência, a coleta de frutos e ervas que encontram no Cerrado, as danças, as folia, as rezas, a produção da marmelada, da farinha e de outros alimentos, peças e utensílios, tanto para o trabalho como para o lazer, para completar a renda da família.

O conjunto de saberes sobre o mundo natural e sobrenatural, que é transmitido oralmente, de geração em geração, é um elo entre o mundo natural, o sobrenatural e a organização social. Essa forma de viver as tradições que permanecem no Quilombo são indicadores de sustentabilidade e educação ambiental.

A modernidade presente na relação fronteiriça com a Capital Federal, os movimentos organizados e a academia trouxeram o diálogo entre os saberes tradicionais e os conhecimentos científicos. A análise dos conflitos observados no Quilombo Mesquita é importante para referendar novas práticas científicas e políticas de conservação, e abre possibilidades para novos estudos.

O diálogo aqui proposto e analisado é um desafio e uma necessidade para a educação ambiental, problematizando o conhecimento em sua relação com a realidade para melhor entendê-la, explicá-la e transformá-la.

No Quilombo Mesquita, vive-se a conquista cotidiana desse diálogo no presente, conquista que se faz reatualizando o passado. Essa reatualização, por sua vez, se faz com ensinamentos práticos que permitam um reencontro das novas gerações com a natureza e consigo mesmas em bases sustentáveis. O escritor mexicano Otávio Paz sugere o uso da "poética do agora", articulando passado, presente e futuro para a invenção e reinvenção do movimento da história.

REFERÊNCIAS

ABREU, Oraida Maria Machado de. Comunidade Quilombola Mesquita: Políticas Públicas de Promoção da Igualdade Racial – na busca da equidade. 2009. Dissertação (Mestrado em Ciências Ambientais e Saúde) – Pontifícia Universidade Católica de Goiás, Goiânia, 2009.

ABREU, João Capistrano de. **Capítulos de História do Brasil**: os caminhos antigos e o povoamento do Brasil. Brasília: Editora da Universidade de Brasília, 1963.

ACEVEDO, Rosa; CASTRO, Edna. **Negros do Trombetas**: guardiões de matas e rios. 2. ed. Belém: Cejup/UFPA-NAEA, 1998.

ACSELRAD, Henri. Novas articulações em prol da Justiça Ambiental. **Revista Democracia Viva**, [S. l.], n. 27, jun./jul. 2005. Disponível em: http://www.ibase. br/pubibase/media/dv27_artigo2_ibasenet. pdf. Acesso em: 12 mar. 2014.

ACSELRAD, Henri; HERCULANO, Selene; PÁDUA, José Augusto (org.). **Justiça ambiental e cidadania**. 2. ed. Rio de Janeiro: Relume Dumará: Fundação Ford, 2004.

ÁGUAS, Carla L. P.; ROCHA, Nilton. Cerrados rebeldes: a festa e os rostos da resistência no Planalto Central. **Cabo dos Trabalhos**, 2012. Disponível em: http://cabodostrabalhos. ces.uc.pt/pdf/24_Carla_Aguas_Nilton_Rocha. pdf. Acesso em: 2014.

ALENCASTRE, José Martins Pereira de. **Anais da província de Goiás**. Goiânia: Convênio SUDECO: Governo de Goiás, 1979.

ALIER, Joan Martinez. **O ecologismo dos pobres**: conflitos ambientais e linguagens de valoração. São Paulo: Contexto, 2011.

ALMEIDA, Alfredo Wagner Berno de. **Quilombo**: repertório bibliográfico de uma questão redefinida (1995-1996). São Luís: [s. n.], 1997. Digitado.

ÁLVARES, Joseph de Melo. **História de Santa Luzia**. *In*: SIMPÓSIO SOBRE POLÍTICA DO MEIO AMBIENTE E PATRIMÔNIO CULTURAL, 1996, Goiânia. **Anais** […]. Goiânia: UCG, 1996.

ALVARES, Joseph de Melo. **História de Santa Luzia**. Luziânia: Gráfica e Editora Independência, 1979.

ALVARES, Joseph de Melo. **História de Santa Luzia**. Luziânia: Gráfica e Editora Independência, 1997.

ALVES, Daiane Souza. Identidade Mesquita: Tradição e Descendência Colonial. 2005. Trabalho de Conclusão de Curso (Graduação em Comunicação Social) – Instituto de Educação Superior de Brasília, Brasília, 2005.

ALVES, Miriam. **Estrelas no Dedo**. São Paulo: [s. n.], 1985.

ALVES-MAZZOTTI, Alda Judith; GEWANDSZNAJDER, Fernando. **O método nas ciências naturais e sociais**: pesquisa quantitativa e qualitativa. 2. ed. São Paulo: Thomson, 2001.

AMORIM, Antonio Carlos Rodrigues de. Educação. *In*: FERRARO JR., Luiz Antonio (org.). **Encontros e caminhos**: formação de educadoras(es) ambientais e coletivos educadores. Brasília: MMA/Diretoria de Educação Ambiental, 2005. p. 143-147.

AMOROZO, Maria Christina Mello. A abordagem etnobotânica na Pesquisa de Plantas medicinais. *In*: DI STASI, Luiz Cláudio (org.). **Plantas medicinais**: arte e ciência, um guia de estudo interdisciplinar. São Paulo: Edusp, 1996.

AMOROZO, Maria Christina Mello. Agricultura tradicional, espaços de resistência e o prazer de plantar. *In*: ALBUQUERQUE, Ulysses Paulino de *et al*. **Atualidade em etnobiologia e etnoecologia**. 2. ed. Recife: NUPEEA, 2006. v. 1, p. 123-131.

ANJOS, José Carlos Gomes dos. **No territorio da linha cruzada**: a cosmopolítica afro-brasileira. Porto Alegre: Editora da UFRGS: Fundação Cultural Palmares, 2006.

ANJOS, Rafael S. A.; CYPRIANO, André. **Quilombolas**: tradições e cultura da resistência. São Paulo: Aori, 2006.

ANJOS, Rafael Sanzio Araújo dos. **Territórios das Comunidades Quilombolas** - Segunda Configuração Espacial. Brasília: Mapas Editora & Consultoria, 2005.

APARÍCIO, João Paulo da Silva. **Governador no Brasil Colonial**: a administração de Luís da Cunha Menezes nas capitanias de Goiás (1778-1783) e de Minas Gerais (1783-1788). 1998. Dissertação (Mestrado em Letras) – Universidade de Lisboa, Lisboa, 1998.

ARENDT, Hannah. **A condição humana**. 5. ed. Rio de janeiro: Forense Universitária, 1991.

ARRUTI, José Maurício. **Mocambo**: antropologia e história do processo de formação quilombola. Bauru: Edusc. 2010.

ARRUTI, José Maurício. **Mocambo**: antropologia e história do processo de formação quilombola. Bauru: Edusc, 2006.

BACHELARD, Gaston. **A Formação do Espírito Científico**. Rio de Janeiro: Contraponto, 1996.

BAIOCCHI, Mari de Nasaré. **Kalunga**: Povo da Terra. Brasília: Ministério da Justiça: Secretaria de Estado dos Direitos Humanos, 1999.

BARBIER, René. **A pesquisa-ação**. Brasília: Líber Livro Editora, 2004.

BARBIER, René. **A pesquisa-ação**. Tradução de Lucie Didio. Brasília: Plano, 2002. (Série Pesquisa em Educação, v. 3).

BARBOSA, Altair; TEIXEIRA NETO; Antônio; GOMES, Horieste. **Geografia**: Goiás-Tocantins. Goiânia: UFG, 2004.

BARTH, Fredrik. Grupos étnicos e suas fronteiras. *In*: POUTIGNAT, Philippe; STREIFF-FENART, Jocelyne. **Teorias da etnicidade**. São Paulo: Fundação Editora da UNESP, 1998.

BAUMAN, Zygmunt. **Em busca da política**. Rio de Janeiro: Jorge Zahar, 2000.

BELASCO, Angélica. Qualidade de vida: princípios, focos de estudo e intervenções. *In*: DINIZ, Denise; SCHOR, Nestor (ed.). **Qualidade de vida**. São Paulo: Editora Manole, 2008. p. 1-10.

BERGER FILHO, Airton Guilherme; SPAREMBERGER, Raquel Fabiana Lopes. Os Direitos das populações tradicionais na ordem constitucional brasileira e sua relação com o acesso aos recursos genéticos. **Revista Direito em Debate**, [*S. l.*], v. 17, n. 29, 2013. Disponível em: https://www.revistas.unijui.edu.br/index. Acesso em: 2 jan. 2013.

BERGREEN, Laurence. **Além do fim do mundo**: a aterradora circunavegação de Fernão de Magalhães. Rio de Janeiro: Objetiva, 2004.

BERTRAN, Paulo. **História da Terra e do Homem no Planalto Central**: Eco--História do Distrito Federal – do indígena ao colonizador. Edição revista e atualizada. Brasília: Verano, 2000.

BERTRAN, Paulo. História Econômica de Goiás. **Revista do Instituto Histórico e Geográfico de Goiás**, Goiânia, n, 8, p. 97-104, 1979.

BERTRAN, Paulo. **Notícia geral da Capitania de Goiás**. V. 1 e 2. Brasília: Solo Editores; Goiânia: UFG, 1997.

BERTRAN, Paulo. **Uma introdução à história econômica do centro-oeste do Brasil**. Brasília: Codeplan; Goiás: UCG, 1988.

BIESKI, Isanete. **Conhecimento botânico tradicional**: história de vida de uma raizeira do Quilombo Mata Cavalo, Nossa Senhora do Livramento–MT. 2008. Monografia (Especialização em Ciências Florestais e Ambientais) – IB/UFMT, Cuiabá, 2008.

BOAVENTURA, Deusa Maria Rodrigues. **Arquitetura religiosa de Vila Boa de Goiás no século XVIII**. 2001. Dissertação (Mestrado em Arquitetura e Urbanismo) – Universidade de São Paulo, São Paulo, 2001.

BOAVENTURA, Deusa Maria Rodrigues. **Urbanização em Goiás no século XVIII**. 2007. Tese (Doutorado) – Universidade de São Paulo, 2007. p. 25.

BORGES, Magno Rodrigues. Conhecimento Popular sobre plantas do Cerrado como subsídio para propostas de Educação Ambiental. 2009. (Dissertação) Mestrado em Ecologia e Conservação de Recursos Naturais. Uberlândia, 2009.

BOSI, Ecléia. Cultura e desenraizamento. *In*: BOSI, Alfredo. **Cultura Brasileira**: temas e situações. São Paulo: Ática, 1994a. cap. 2, p. 16-41.

BOSI, Ecléia. **Memória e Sociedade**: lembranças de velhos. 3. ed. São Paulo: Cia. das Letras, 1994b.

BOTREL, Rejane Tavares; RODRIGUES, Luciene Alves; GOMES, Laura Jane; CARVALHO, Douglas Antônio de; FONTES, Marco Aurélio Leite. Uso da vegetação nativa pela população local no município de Ingaí, MG, Brasil. **Acta Botânica Brasílica**, [*S. l.*], v. 20. n. 1. p. 143-171, 2006.

BOURDIEU, Pierre. **O poder simbólico**. Rio de Janeiro: Bertrand Brasil, 2002.

BRANDÃO, Carlos Rodrigues. **A clara cor da noite escura**. Goiás: Ed. da UCG: EDUFU, 2009.

BRANDÃO, Carlos Rodrigues. **Identidade e etnia**: construção da pessoa e resistência cultural. São Paulo: Brasiliense, 1986.

BRANDÃO, Carlos Rodrigues. **O que é Educação**. 25. ed. São Paulo: Brasiliense, 1989.

BRANDÃO, Carlos Rodrigues. Sobre a tradicionalidade rural que existe entre nós. *In*: OLIVEIRA, Ariovaldo Umbelino de; MARQUES, Marta Inez Medeiros (org.). **O Campo no Século XXI**: território de vida, de luta e de construção da justiça social. São Paulo: Editora Casa Amarela: Editora Paz e Terra, 2004.

BRASIL. [Constituição (1891)]. **Constituição da República Federativa do Brasil**. Brasília, DF: Presidência da República, [2020].

BRASIL. Educação Ambiental: aprendizes de sustentabilidade. Brasília, Ministério da Educação, março de 2007.

BRASIL, Parâmetros Curriculares Nacionais (PCN) - Ministério da Educação - 1997a, 1997b

BRASIL Programa Parâmetros em Ação - Ministério da Educação - 1998a, 1998b BRASIL - Referenciais Curriculares Nacionais da Educação Profissional de Nível Técnico - Ministério da Educação- 2000).

BRASIL - Proposta de Diretrizes Curriculares Nacionais para a Educação Ambiental -Ministério da Educação- 2007.

BRASIL. [Constituição (1988)]. **Constituição da República Federativa do Brasil**. Brasília, DF: Presidência da República, [2020].

BRASIL. **Decreto n.º 4. 887, de 20 de novembro de 2003.** Regulamenta o procedimento para identificação, reconhecimento, delimitação, demarcação e titulação das terras ocupadas por remanescentes das comunidades dos quilombos de que trata o artigo 68 do ato das disposições constitucionais transitórias.

BRASIL. **Decreto n.º 4. 281, de 25 de junho de 2002**. Regulamenta a Lei n.º 9. 795, de 27 de abril de 1999, que institui a Política Nacional de Educação Ambiental, e dá outras providências. Brasília, DF: Presidência da República, 2002.

BRASIL. **Lei n.º 6. 938, de 31 de outubro de 1981**. Dispõe sobre a Política Nacional do Meio Ambiente, seus fins e mecanismos de formulação e aplicação, e dá outras providências. Brasília, DF: Presidência da República, 1981.

BRASIL. **Lei n.º 9. 795, de 27 de abril de 1999**. Dispõe sobre a educação ambiental, institui a Política Nacional de Educação Ambiental e dá outras providências. Brasília, DF: Presidência da República, 1999.

BRILHANTE, Lorelai. Viajantes e Naturalistas do século XIX. *In*: PEREIRA, Paulo Roberto (org.). **Brasiliana da Biblioteca Nacional** – guia de fontes sobre o Brasil. Rio de Janeiro: Fundação Biblioteca Nacional: Nova Fronteira, 2001.

BULLARD. Robert. **Palestra proferida no III Seminário de Justiça Ambiental, Igualdade Racial e Educação na UERJ-FFP**. São Gonçalo: [*s. n.*], 2013.

BURKE, Peter (org.). Abertura: a nova história, seu passado e seu futuro. *In*: BURKE, Peter. **A escrita da História**: novas perspectivas. São Paulo: Unesp, 1992. p. 7-37.

CASTRO, Edna. 'Território, biodiversidade e saberes de populações tradicionais. *In*: DIEGUES, Antônio Carlos. (org.). **Etnoconservação**: novos rumos para a proteção da natureza nos trópicos. São Paulo: Hucitec, 2000.

CATALÃO, Vera Margarida Lessa. Ecopedagogia: na confluência da Bacia Hidrográfica com a Bacia Pedagógica. **Revista Terceiro Incluído**, Goiânia, v. 1, n. 1, p. 35-43, jan./jun. 2011.

CATALÃO, Vera Margarida Lessa. ; RODRIGUES, Maria do Socorro. (org.). Educação e Complexidade: uma reflexão acerca do conceito de ser humano e da prática pedagógica a partir do pensamento complexo. *In*: SÁ, Laís Maria; BASTOS, Renato. Água como matriz ecopedagógica: um projeto a muitas mãos. Brasília: Departamento de Ecologia da Universidade de Brasília, 2006.

CHAIM, Marivone Matos. **História do Brasil – Geral e Regional**: grande-oeste. V. VI. São Paulo: Cultrix, 1967.

CHAUÍ, Marilena. Política Cultural, Cultura Política e Patrimônio Histórico. *In*: O DIREITO à Memória: Patrimônio Histórico e Cidadania. São Paulo: Secretaria Municipal de Cultura do Município de São Paulo/Departamento do Patrimônio Histórico, 1992.

CHAUL, Nars Fayad. **Caminhos de Goiás**: da construção da decadência aos limites da modernidade. Goiânia: Editora da UFG, 1997. p. 46.

COLAÇO, Thais Luzia (Org.). **Elementos de Antropologia Jurídica**. Florianópolis: Conceito Editorial, 2008.

COSTA, Lena Castello. A Idade do Ouro e a paisagem social goiana. **Revista do Instituto Histórico e Geográfico de Goiás**, Goiânia, n. 5, p. 59-79, 1976.

CUÉLLAR, Javier Pérez de. **Nossa diversidade criadora**. Brasília: UNESCO/MEC/PAPIRUS, 1997.

DENCKER, Ada de Freitas M. **Pesquisa em Turismo**: planejamento, métodos e técnicas. 9. ed. rev. e ampl. São Paulo: Futura, 1998.

DERRIDA, Jacques. **A escritura e a diferença**. São Paulo: Perspectiva, 1971.

DIEGUES, Antônio Carlos S. **O mito moderno da natureza intocada**. São Paulo: Hucitec, 1996. p. 169.

DRUMMOND, José Augusto. A História Ambiental: temas, fontes e linhas de pesquisa. **Estudos Históricos**, Rio de Janeiro, v. 8, p. 177-197, 1991.

EMPERAIRE, Laure. A biodiversidade agrícola na Amazônia brasileira: recurso e patrimônio. **Revista do Patrimônio Histórico e Artístico Nacional**, Rio de Janeiro, n. 32, p. 31-43, 2005.

FAZENDA, Ivani C. A.; SEVERINO, Antonio J. (org.). **O que é Interdisciplinaridade?** São Paulo: Cortez, 2008.

FERREIRA, Lena Castello Branco. O desenvolvimento das comunidades em Goiás. **Revista do Instituto Histórico e Geográfico de Goiás**, Goiânia, n. 6, p. 129-163, 1977.

FERREIRA, Lena Castello Branco. O Vale dos Grandes Rios. **Revista do Instituto Histórico e Geográfico de Goiás**, Goiânia, n, 7, p. 65-73, 1978.

FERREIRA, Marieta de Moraes. Memórias da história. **Nossa História**. Ano 1, n. 8. São Paulo: Vera Cruz: Biblioteca Nacional, jun. 2004. p. 98.

FIRPO, Marcelo. **Saúde, Ambiente e Sustentabilidade**. Rio de Janeiro: Editora Fiocruz, 2006.

FREIRE, Paulo. **Pedagogia da Esperança:** um reencontro com a Pedagogia do Oprimido. 23 ed. São Paulo/Rio de Janeiro: Paz e Terra, 1988.

FREIRE, Paulo. **Educação como prática da liberdade**. Rio de Janeiro: Paz & Terra, 1999.

FUNES, Eurípedes Antônio. **Goiás 1800 – 1850**: um período de transição da mineração à agropecuária. Goiânia: Ed. da Universidade Federal de Goiás, 1986.

GARCIA, Ledonias Franco. **Goyaz**: uma província do sertão. Entre o signo da unidade nacional e a força do isolamento. São Paulo: USP, 1999.

GEERTZ, Clifford. **O saber local**: novos ensaios em antropologia interpretativa. Petrópolis: Vozes, 1997.

GIDDENS, Anthony. **As consequências da modernidade**. São Paulo: Editora da Unesp, 1991.

GIDDENS, Anthony. **Modernidade e Identidade**. Rio de Janeiro: Jorge Zahar, 2002.

GIDDENS, Anthony. Risco, confiança e reflexividade. *In*: BECK, Ulrich; GIDDENS, Anthony; LASH, Scott. **Modernização Reflexiva**. São Paulo: Editora da Unesp, 1997.

GLEISER, Marcelo. **A Dança do Universo** – dos Mitos de Criação ao Big-Bang. São Paulo: Companhia das Letras, 1997.

GOMES, Verônica. Organização social e festas como veículos de educação não formal. *In*: BRASIL. Ministério da Educação. Secretaria de Educação a Distância. **TV Escola**: Salto para o Futuro. Educação Quilombola. Rio de Janeiro: [*s. n.*], 2007. p. 22-26.

GUARIM NETO, Germano. Refletindo sobre ambiente e cultura – a etnobiologia, a etnoecologia, a etnobotânica: o saber tradicional instalado e mantido. **Tangará da Serra**, 2008. Disponível em: need.unemat.br/3_forum/artigos.html. Acesso em: mar. 2014.

GUIMARÃES, Mauro. Educação ambiental e gestão para a sustentabilidade. *In*: SANTOS, José Eduardo; SATO, Michéle. (org.). **A contribuição da educação ambiental à esperança de Pandorra**. São Carlos: Rima, 2001.

GUSMÃO, Neusa Maria Mendes de. Terras de uso comum: oralidade e escrita em confronto. **Afro-Ásia**, Bahia, n. 16, 1995.

GWYN, Prins. História Oral. *In*: BURKE, Peter (org.). **A escrita da história**. São Paulo: Ed. Unesp, 1992. p. 163-198.

HABERMAS, Jurgen. **Teoría de la Acción Comunicativa**. Madrid: Taurus, 1987.

HABERMAS, Jurgen. **Verdad y justificación, ensaios filosóficos**. Tradução de Pere Fabra e Luis Díez. Madrid: Trotta, 2002.

HALBWACHS, Maurice. **A memória coletiva**. São Paulo: Revista dos Tribunais, 1990.

HALL, Stuart. **Identidade cultural na pós-modernidade**. 7. ed. Rio de Janeiro: DP&A, 2002.

HAMA, Boubou; ZERBO, Joseph Ki. Lugar de história na sociedade africana. *In*: HERCULANO, Selene. Lá como cá: conflito, injustiça e racismo ambiental. Fortaleza: [s. n], 2006. Disponível em: http://www.professores.uff. br/seleneherculano/publicacoes/la-como-ca. pdf. Acesso em: 2 abr. 2014.

HESS, Remi. O momento do diário de pesquisa na Educação. **Ambiente e Educação**, Rio Grande, v. 14, p. 64-87, 1996.

HISSA, Cássio Eduardo Viana. **O projeto de pesquisa**: valores e significados. Belo Horizonte: IGC/UFMG, 2009.

HOLANDA, Sérgio Buarque de. **Raízes do Brasil**. 26. ed. São Paulo: Companhia das Letras, 1995.

IDDENS, A. **Modernização reflexiva**: política, tradição e estética na ordem social moderna. São Paulo: Editora da Unesp, 1994.

JACOBI, Pedro R. Educação ambiental, cidadania e sustentabilidade. **Cadernos de Pesquisa**, São Paulo, n. 118, p. 189-206, 2003.

JORNAL Correio Braziliense-Edição 23 Setembro de 2013.

LAYRARGUES, Philipe Pomier; CASTRO, Ronaldo Souza de (org.). **Sociedade e meio ambiente**: a educação ambiental em debate. São Paulo: Cortez, 2000.

LE GOFF, Jacques. Memória. *In*: LE GOFF, Jacques. **História e Memória**. Campinas: Ed. Unicamp, 1996.

LEFF, Enrique. **Saber Ambiental** - Cap. X - A formação do saber ambiental. Petrópolis: Vozes, 2007.

LEFF, Henrique (coord.). **A complexidade Ambiental**. Blumenau: Editora da FURB, 2003.

LEONARDI, Victor. **Os historiadores e os rios**: natureza e ruína na Amazônia brasileira. Brasília: UnB: Paralelo 15, 1999.

LEVI-STRAUSS, Claude. **Antropologia estrutural**. 6. ed. Rio de Janeiro: Tempo Brasileiro, 2003.

LISBOA, Karen Macknow. **A Nova Atlântida de Spix e** Martius: natureza e civilização na Viagem pelo Brasil (1817-1820). São Paulo: Hucitec: Fapesp, 1997.

LITTLE, Paul E. **Territórios sociais e povos tradicionais do Brasil**: por uma antropologia da territorialidade. Brasília: Departamento de Antropologia/UnB, 2002. v. 332, 32 p. (Série Antropologia).

LOUREIRO, Carlos Frederico; LAYRARGUES, Philippe Pomier; CASTRO, Ronaldo Souza. (org.). **Educação Ambiental**: repensando o espaço de cidadania. 3. ed. São Paulo: Cortez, 2005.

MACEDO, Roberto Sidnei. **Etnopesquisa crítica e etnopesquisa-formação**. Brasília: Liber Livro Editora, 2006. (Série Pesquisa, v. 15).

MACHADO, Talita Cabral. **Território e identidade na globalização**: estudo de caso na comunidade de quilombo Mesquita no município de Cidade Ocidental (GO). 2007. Monografia (Bacharelado-Licenciatura em Geografia) – Universidade de Brasília, Brasília, 2007.

MARQUES, Marta Inez Medeiros. Lugar do modo de vida tradicional na Modernidade. *In*: OLIVEIRA, Ariovaldo Umbelino de. **O Campo no Século XXI** – território de vida, luta e de construção da justiça social. São Paulo: Editora Casa Amarela: Editora Paz e Terra, 2004.

MARTINEZ, Paulo Henrique. **História Ambiental no Brasil**: pesquisa e ensino. São Paulo: Cortez, 2006.

MARX, Karl. **Manuscritos econômico-filosóficos**. São Paulo: Boitempo, 2004.

MATOS, G. R. **Sistema de produção de agricultores familiares fruticultores de Itapuranga-GO**. 2007. Dissertação (Mestrado em Agronomia) – Universidade Federal de Goiás, Goiânia, 2007

MATOS, Patricia Francisca de; PESSÔA, Vera Lúcia Salazar. Observação e entrevista: construção de dados para a pesquisa qualitativa em geografia agrária. *In*: RAMIRES, Julio Cesar de Lima; PESSÔA, Vera Lúcia Salazar (org.). **Geografia e pesquisa qualitativa**: nas trilhas da investigação. Uberlândia: Assis, 2009. 544 p.

MATURANA, Humberto R.; VARELA, Francisco G. **A árvore do conhecimento**: as bases biológicas do conhecimento humano. São Paulo: Palas Athena, 2001.

McCALL, Michael K. Political Economy ans Ruaral Transport, a Reappraisal or transportations Impacts. **Antipode**, [*S. l.*], n. 1, 1977.

MEIRELES, José Dilermando. Do Arraial de Santa Luzia à Luziânia de Hoje. *In:* PIMENTEL, Antônio (org.). **História do Planalto** – Coletânea. Luziânia: Academia de Letras & Artes do Planalto, 1996.

MENASCHE, Renata (org.). **A agricultura familiar à mesa**: saberes e práticas da alimentação no Vale do Taquari. Porto Alegre: Ed. UFRGS, 2009.

MINAYO, Maria Cecília de S. (org.). **Pesquisa Social**: teoria, métodos e criatividade. Petrópolis: Vozes, 2008.

MINAYO, Maria Cecília de Souza. Ciência, Técnica e Arte: o desafio da pesquisa social. *In:* DESLANDES, Suely Ferreira; CRUZ NETO, Otavio; GOMES, Romeu; MINAYO, Maria Cecília de Souza. (org.). **Pesquisa social**: teoria, método e criatividade. Petrópolis: Vozes, 1994. p. 9-29.

MINAYO, Maria Cecília de Souza. O desafio da pesquisa social. *In*: MINAYO, Maria Cecília de Souza; GOMES, Suely Ferreira Deslandes Romeu (org.). **Pesquisa social**: teoria, método e criatividade. 27. ed. Petrópolis: Vozes, 2008. p. 9-29.

MINTZ, Sidney. Comida e antropologia: uma breve revisão. **Revista Brasileira de Ciências Sociais**, [*S. l.*], v. 16, n. 47, p. 31-41, 2002.

MONTI, Estevão Ribeiro. As **Veredas do Grande Sertão-Brasília**: ocupação, urbanização e resistência cultural. Brasília: Universidade de Brasília, 2007. 306 p.

MORAES, Maria Candida; FAZENDA, Ivani Catarina. (org.). **O que é Interdisciplinaridade?** São Paulo: Cortez, 2008

MOREIRA, Rafael. **A arte da ruação e a cidade luso-brasileira, séc. XVI- XVIII.** V Seminário da cidade e do urbanismo. São Paulo: PUCCAMP, out., 1998, p. 4.

MORIN, Edgar. **Ciência com consciência**. 9. ed. Rio de Janeiro: Bertrand Brasil, 2005a.

MORIN, Edgar. **Meus demônios**. Rio de Janeiro: Bertrand Brasil, 1997.

MUNIZ, Lenir Moraes. Ecologia Política: o campo de estudo dos conflitos socioambientais. **Revista Pós Ciências Sociais**, [*S. l.*], v. 6, n. 12, 2009.

NASCIMENTO, Abdias do. **O genocídio do negro brasileiro**. Processo de um racismo mascarado. Rio de Janeiro: Paz e Terra, 1978.

NASCIMENTO, Abdias do. **O Brasil na mira do Pan-Africanismo**. Salvador: EDUFBA: CEAO, 2002

NATAL E SILVA, Colemar. Os Sertões Goyazes – A Conquista da Terra e a Catequese do Índio. **Revista do Instituto Histórico e Geográfico de Goiás**, Goiânia. n. 2, p. 15-57, 1973.

NEIVA, Ivany Câmara. Devoção na Folia: comunicação popular, permanências e transformações Intercom – Sociedade Brasileira de Estudos Interdisciplinares da Comunicação XXX Congresso Brasileiro de Ciências da Comunicação – Santos – 29 de agosto a 2 de setembro de 2007.

NOVICKI, Victor; SOUZA, Donaldo Bello de. Políticas públicas de educação ambiental e a atuação dos conselhos de meio ambiente no Brasil: perspectivas e desafios. **Ensaio**: aval. pol. públ. Educ., Rio de Janeiro, v. 18, n. 69, dez. 2010. Disponível em: http://www. scielo.br/scielo.hp?script=sci_arttext&pid=S0104-40362010000400004&lng=en&nrm=iso. Acesso em: 20 maio 2014.

O BRASIL Africano. Diáspora, Quilombos, Território, População. Produção de Rafael Sanzio Araújo dos Anjos. Filme Documentário. [S. l.]: CIGA: UNESCO: Mpas Editora & Consultoria: UnB: Petrobrás e Studio 57-Brasil, 2011.

OKLAY, Emilly. **Quintais domésticos**: uma responsabilidade cultural. **Agriculturas**, Rio de Janeiro, v. 1, n. 1, p. 37-39, nov. 2004.

OLIVEIRA, Hamilton Afonso de. **A construção da Riqueza no Sul de Goiás, 1835-1910**. Franca: Universidade Estadual Paulista, 2006.

OLIVEIRA, João Pacheco de. Uma Etnologia dos Índios Misturados: situação colonial, territorialização e fluxos culturais. **Maná**; [S. l.], v. 4, n. 1, p. 47-77, 1998.

OLIVEIRA, Wesley. **Quilombo Mesquita**: cultura, educação e organização sociopolítica na construção do pesquisador coletivo. 2012. Monografia (Licenciatura em Pedagogia) – Universidade de Brasília, Brasília, 2012.

PÁDUA, José Augusto. **Um sopro de destruição**: pensamento político e crítica ambiental no Brasil escravista (1786-1888). Rio de Janeiro: Jorge Zahar, 2002.

PALACÍN, Luis. Os Três Grandes Povoamentos de Goiás. **Revista do Instituto Histórico e Geográfico de Goiás**, Goiânia, n. 8, p. 81-95, 1979.

PALACÍN, Luis; MORAES, Maria Augusta de Sant'Anna. **História de Goiás**. 6. ed. Goiânia: Editora UCG, 1995.

PALACÍN. Luís; MORAES, Maria Augusta de Sant'Anna. **História de Goiás**. Goiânia: Editora UCG, 2001.

PARAFITA, Alexandre **Histórias de arte e manhas**. Lisboa: Texto Editores, 2005. p. 30.

PELICIONI, Andréa. **Educação ambiental**: limites e possibilidades de uma ação transformadora. 2002. Tese (Doutorado em Saúde Pública) – Universidade de São Paulo, São Paulo, 2002.

PEREIRA, José Saturnino da Costa. **Diccionario topographico do imperio do Brasil**. [*S. l.: s. n.*], 1834.

PHILIPPI JÚNIOR, Arlindo; PELICIONI, Maria Cecilia Focesi (ed.). **Educação ambiental e sustentabilidade**. Barueri: Manole, 2005. 878 p. (Coleção Ambiental).

PIDNER, Flora. **Diálogos entre Ciência e Saberes Locais**: dificuldades e perspectivas. 2010. Dissertação (Mestrado em Geografia) – Universidade Federal de Minas Gerais, Belo Horizonte, 2010.

PIMENTEL, Antonio. **Pela Vila de Santa Luzia ou fragmentos de um passado**. Luziânia: Gráfica e Editora Independências, 1994.

PIMENTEL, Antonio. **Pela Vila de Santa Luzia ou fragmentos de um passado**. Luziânia: Gráfica Master Publicidade, 1996.

PINTO, Júlio Pimentel. Todos os passados criados pela memória. *In*: LEIBING, Annette; BENNINGHOFF-LUHL, Sibylle (org.). **Devorando o tempo**: Brasil, o país sem memória. São Paulo: Mandarim, 2001. p. 293-300.

PIO, Rafael. Cultivo de Fruteiras de Clima Temperado em Regiões de Inverno Ameno. **Fruticultura Tropical**: Diversificação e consolidação, Porto Alegre, 2015.

POLLAK, Michael. Memória e identidade social. **Estudos Históricos**, Rio de Janeiro, v. 2, 1995.

PORTO-GONÇALVES, Carlos Walter. **A globalização da natureza e a natureza da globalização**. Rio de Janeiro: Civilização Brasileira, 2006.

POTT, Sobrinho. Plantas úteis à sobrevivência no Pantanal. *In*: SIMPÓSIO SOBRE RECURSOS NATURAIS E SOCIOECONÔMICOS DO PANTANAL, 4., 2004, Corumbá. **Resumos** [...]. Corumbá, 2004. 16 p. Disponível em: http://www.cpap. embrapa.br/agencia/simpan/sumario/palestras/ArnildoPott. PDF. Acesso em: 4 abr. 2014.

PRANDI, Reginaldo. De africano a afro-brasileiro: etnia, identidade, religião **Revista USP**, São Paulo, n. 46 p. 4, jun./ago. 2000.

QUEIROZ, Eduardo Pessoa de. **A formação histórica da região do Distrito Federal e entorno**: dos municípios-gênese **à presente** configuração territorial. 2007. Dissertação (Mestrado em Geografia) – Universidade de Brasília, Brasília, 2007. 135 p.

QUINTAS, José Silva. Educação no processo de gestão ambiental: uma proposta de educação ambiental transformadora e emancipatória. *In*: LAYRARGUES, Philippe Pomier (coord.). **Identidades da educação ambiental brasileira**. Brasília: MMA, 2004.

RAFFESTIN, Claude. **Por uma Geografia do Poder**. São Paulo: Ática, 1993.

REIGOTA, Marcos. **Meio ambiente e representação social**. 5. ed. São Paulo: Cortez, 2002. v. 41.

REIS, Arthur Cezar Ferreira. Mato Grosso e Goiás. *In*: HOLANDA, Sérgio Buarque de. (org.). **História Geral da Civilização Brasileira**. 2. ed. Tomo II, v. 2. São Paulo: Difel, 1967.

RELATÓRIO **Técnico de Identificação e Delimitação** – Comunidade Quilombo Mesquita Brasília. Brasília: Incra, 2011.

RELPH, Edward C. As bases fenomenológicas da geografia. **Geografia**, Rio Claro, v. 4, n. 7, p. 1-25, 1976.

REVEL, Jacques. Microanálise e construção social. *In*: REVEL, Jacques (org.). **Jogos de escalas**: a experiência da microanálise. Rio de Janeiro: Ed. da FGV, 1998.

RODRIGUES, Adriano Duarte. **Comunicação e cultura** – a experiência cultural na era da informação. 3. ed. Lisboa: Editorial Presença, 2010.

ROSA, Míriam Virgínia Ramos. **Espinho**: a desconstrução da racialização negra da escravidão. Brasília: Thesaurus Editora, 2004.

SAINT-HILAIRE, Auguste de. **Viagem à província de Goiás**. Belo Horizonte: Ed. Itatiaia; São Paulo: Ed. da USP, 1975.

SANT'ANNA, Thiago. Escravas em ação: resistências e solidariedades abolicionistas na Província de Goiás – Século XIX. **Em tempo de Histórias**, Brasília, n. 12, p. 53-67. 2008.

SANTANA, Paola Verri de. A mercadoria verde: a natureza. *In*: DAMIANI, Amélia Luisa; CARLOS, Ana Fani A.; SEABRA, Odette Carvalho de L. (org.). **O espaço no fim do século**: a nova raridade. 2. ed. São Paulo: Contexto, 2001.

SANTOS Milton. **Economia espacial**: críticas e alternativas. São Paulo: Edusp, 2003. 204 p.

SANTOS, Boaventura de Sousa. **A crítica da razão indolente**: contra o desperdício da experiência. Porto: Afrontamento, 2002.

SANTOS, Boaventura de Sousa. **A Gramática do tempo**: para uma nova cultura política. São Paulo: Cortez, 2006.

SANTOS, Boaventura de Sousa. **Epistemologias do Sul**. São Paulo: Cortez, 2010b. p. 31-83.

SANTOS, Boaventura de Sousa. Para além do pensamento abissal: das linhas globais a uma ecologia de saberes. **Revista Crítica de Ciências Sociais**, Coimbra, n. 78, p. 3-46, out. 2007.

SANTOS, Boaventura de Sousa. Para uma sociologia das ausências e uma sociologia das emergências. *In*: SANTOS, B. S. (org.). **Conhecimento prudente para uma vida decente**: um discurso sobre ciências revisitado. São Paulo: Cortez, 2004. p. 777-821.

SANTOS, Boaventura de Sousa. **Um discurso sobre as ciências**. 7. ed. São Paulo: Cortez, 2010a. 92 p.

SANTOS, Boaventura de Souza. **A crítica da razão indolente**: contra o desperdício da experiência. São Paulo: Cortez, 2008.

SANTOS, Boaventura de Souza. **O Fórum Social Mundial**: manual de uso. São Paulo: Cortez, 2005.

SANTOS, Inaicyra Falcão. **Corpo e Ancestralidade**: uma proposta pluricultura da dança-arte-educação. 2. ed. São Paulo: Terceira Margem, 2006.

SANTOS, Ivanise Rodrigues dos. **Tá fazendo marmelada compadre?** Um estudo sobre a cultura do marmelo em Mesquita, Goiás. Brasília: Prêmio Territórios Quilombolas NEAD/MDA, 2009.

SANTOS, Milton. **A natureza do espaço**. Técnica e tempo. Razão e Emoção. 2. ed. São Paulo: Hucitec, 1997.

SANTOS, Milton. **A urbanização brasileira**. São Paulo: Hucitec, 1993.

SANTOS, Milton. **Economia Espacial**: críticas e alternativas. 2. ed. São Paulo: Editora da USP, 2003.

SANTOS, Milton. **Por uma geografia nova**: da crítica da geografia a uma geografia crítica. São Paulo: Hucitec: Ed. da USP, 2003. 236 p. (Geografia, teoria e realidade).

SANTOS, Milton. **Por uma outra globalização**: do pensamento único à consciência universal. 9. ed. São Paulo: Record, 2002. p. 174.

SANTOS, Milton. **Técnica, espaço, tempo**: globalização e meio técnico-científico-informacional. São Paulo: Hucitec, 1994. 190 p.

SANTOS, Milton; SILVEIRA, Maria Laura. **O Brasil**: território e sociedade no início do século XXI. Rio de Janeiro: Record, 2003.

SARTRE, Jean Paul. **O Ser e o Nada**. 7. ed. Petrópolis: Vozes, 1999.

SATO, Michèle; SANTOS, José Eduardo. Um Breve itinerário pela educação ambiental. *In*: SATO, Michèle; SANTOS, José Eduardo (org.). **A contribuição da educação ambiental à esperança de Pandora**. São Carlos: RiMa, 2004.

SATO, Michèle. Apaixonadamente Pesquisadora em Educação Ambiental. **Educação: Teoria e Prática**, *[S. l.]*, v. 1, n. 2, p. 24, 2007. Disponível em: https://www.periodicos.rc.biblioteca.unesp.br/index.php/educacao/article/view/1600. Acesso em: 16 nov. 2014.

SCOTT, James C. Formas cotidianas da resistência camponesa. **Raízes**, Campina Grande, v. 21, n. 1, jan./jun. 2002. p. 10.

SCOTT, Joan. Gênero: uma categoria útil de análise histórica **Rev. Bras. Ciênc. Polít.**, Brasília, n. 5, jan./jul. 2011.

SEIXAS, Jacy Alves de. Percursos de memórias em terra de história: problemáticas atuais. *In*: BRESCIANI, Stella; NAXARA, Márcia (org.). **Memória e (res)sentimento**. Campinas: Unicamp, 2001.

SILVA, Ernesto. **História de Brasília**. Brasília: Ed de Brasília/INL, 1971.

SILVA, Martiniano José da - **Quilombos do Brasil Central: Séculos XVIII E XIX (1719 - 1888). Introdução Ao Estudo Da Escravidão**. Mestrado Em História Universidade Federal De Goiás - Goiânia - 1998.

SODRÉ, Nelson Werneck. **Oeste**: ensaio sobre a grande propriedade pastoril. Rio de Janeiro: José Olympio Editora, 1941.

SOUZA, Luiz Antonio da Silva e. O descobrimento, governo, população, e cousas mais notáveis da Capitania de Goyaz, 1848. *In*: TELES, José Mendonça. **Vida e obra de Silva e Souza**. Goiânia: UFG, 2002. p. 30, 31.

SOUZA, Marcelo José Lopes. O território: sobre espaço e poder, autonomia e desenvolvimento. *In*: CASTRO, Iná E.; GOMES, Paulo Cesar da C.; CORRÊA, Roberto Lobato (org.). **Geografia**: conceitos e temas. Rio de Janeiro: Bertrand Brasil, 1995.

SPAREMBERG, Raquel Fabiana Lopes. Antropologia e diferença: quilombolas e indígenas na luta pelo reconhecimento do seu lugar no Brasil dos (des)iguais. *In*: STURKEN, Marita; CARTWRIGHT, Lisa. **Practices of looking**: an introduction to visual culture. Inglaterra: Oxford University Press, 2001.

TEIXEIRA, Carlos M. Alphaville e Alphaville. 2002. Disponível em: https://vitruvius.com.br/revistas/read/arquitextos/02.021/808 . Acesso em: 2 maio 2014.

THOMPSON, John B. **A mídia e a modernidade**: uma teoria social da mídia. Petrópolis: Vozes, 2008.

TRATADO de educação ambiental para sociedades sustentáveis e responsabilidade global. Rio de Janeiro, 1992.

TRECCANI, Girolamo Domenico. Diferentes caminhos para o resgate dos territórios quilombolas. Territórios Quilombolas - Reconhecimento e Titulação das Terras. **Boletim Informativo do NUER**, Santa Catarina, v. 2, n. 2, 2005.

TUAN, Yi-Fu. **Espaço e Lugar**: a perspectiva da experiência. Tradução de Lívia de Oliveira. São Paulo: DIFEL, 1983.

TUAN, Yi-Fu. **Topofilia**: um estudo da percepção, atitudes e valores do meio ambiente. Tradução de Lívia de Oliveira. São Paulo: DIFEL, 1980.

UEMA, Elisabeth E. Controle social, saber perito e participação. *In*: LOUREIRO, Carlos Frederico B. (org.). **Educação ambiental no contexto de medidas mitigadoras e compensatórias de impactos ambientais**: a perspectiva do licenciamento. Salvador: IMA, 2009. (Série Educação Ambiental, 5).

UNESCO. **Educação Ambiental**: as grandes orientações da Conferencia de Tbilisi. [*S. l.*]: UN ESCO, 1997.

UNGARELLI, Daniella. **A Comunidade Kalunga do Engenho II, Cultura, Produção de Alimentos e Ecologia dos Saberes**. 2009. Dissertação (Mestrado em Desenvolvimento Sustentável) – Universidade de Brasília, Brasília, 2009.

VANSINA, Jan. A tradição oral e sua metodologia. *In*: HISTÓRIA Geral da África. v. I. São Paulo: UNESCO, 1982. Disponível: http://www. casadasafricas.org.br/. Acesso em: 4 abr. 2014.

VELHO, Gilberto. Memória, cultura e sociedade. *In*: LEIBING, Annette; BENNIN-GHOFF-LUHL, Sibylle (org.). **Devorando o tempo**: Brasil, o país sem memória. São Paulo: Mandarim, 2001. p. 11.

VESENTINI, José William. O novo papel da escola e do ensino da geografia na época da terceira revolução industrial. **Terra Livre**, São Paulo, n. 11-2, p. 209-224, 1993.

VITORASSI, S.; CASALE, V.; ALBERTON, L. Programa de Educação Ambiental da Itaipu Binacional: em Busca da Sustentabilidade. *In*: CONGRESSO IBEROA MERICANO DE EDUCACIÓN AMBIENTAL, 6., 2009, San Clemente del Tuyu **Anais** [...].

XIMENES, Cristina Pereira Lyrio - **Bahia e Angola**: redes comerciais e o tráfico de escravos-1750-1808. 2012. Tese (Doutorado em História) – Universidade Federal Fluminense, Niterói, 2012.

ZHOURI, Andréa; LASCHEFSKI, Klemens. **Desenvolvimento e Conflitos Ambientais**: um novo campo de investigação. Belo Horizonte: Ed. UFMG, 2010. p. 11-31.